CHRISTIANISME

ET

SOCIALISME

PAR

A. DE LUSTRAC

PARIS
GUILLAUMIN ET Cie, LIBRAIRES-ÉDITEURS
14, RUE DE RICHELIEU, 14
1863

CHRISTIANISME

ET

SOCIALISME

PARIS. — IMP. SIMON RAÇON ET COMP., RUE D'ERFURTH, 1.

CHRISTIANISME

ET

SOCIALISME

PAR

A. DE LUSTRAC

PARIS
GUILLAUMIN ET CIE, LIBRAIRES-ÉDITEURS
14, RUE DE RICHELIEU, 14

1863

INTRODUCTION

La présomption est toujours inséparable de l'ignorance, dont elle est une suite inévitable : de même une sorte de défiance naît de la science, et les premiers pas que l'on fait dans celle-ci ne servent le plus souvent qu'à mettre à même de mesurer la faiblesse des facultés humaines en même temps que l'immensité de l'inconnu. Aussi voit-on l'ignorant rarement hésiter et enclin à trancher, comme l'on dit, les questions. L'homme de science, au contraire, réfléchit mûrement avant de se prononcer, et, instruit par l'expérience, ne trouve plus rien d'humiliant à tourner, avant de répondre, sept fois sa langue dans sa bouche. Si donc présomption est signe d'ignorance, il devient difficile de nous faire illusion sur nous-mêmes, et nous devons, en toute humilité, en matière politique du moins, avouer notre incapacité; car, sans vouloir en rien déprécier les brillantes qualités qui lui ont été départies, le Français, il faut bien le reconnaître, ne doute de rien et a surtout en lui-même une confiance illimitée. Il y a peu de personnes en France particulièrement qui, munies du plus léger bagage de vulgaire instruction, ne se croient à même d'aborder les plus hautes questions politiques et sociales : tout le monde disserte, discute, et se suppose parfaitement en droit d'avoir une opinion toute personnelle, et cela du premier jet et sans le moindre examen ou recherche préalable. C'est faire preuve d'une vraie modestie que de s'en rapporter, si peu que cela soit, à quelques autorités dont on veut bien respecter les préceptes, mais encore n'est-ce le plus souvent que sous bénéfice d'inventaire et en se réservant le plein droit de les modifier ou de les altérer à son gré et selon sa propre convenance. Tout cela amène, et cela est inévitable, une incohérence dans les idées, une sorte de vague et d'indéterminé, un état de choses, enfin, au milieu duquel il est impossible, avec la meilleure volonté du monde, de se reconnaître. Ce n'est, du reste, qu'en se rendant compte de cette sorte de désordre moral, d'anarchie d'idées, si je peux m'exprimer ainsi, qui dominent à l'époque où nous vivons et qui sont venus remplacer si subitement et si tumultueusement l'ancienne foi ou croyance au droit divin, que l'on peut s'expliquer l'enthousiasme frénétique avec lequel a été dernièrement accueillie une œuvre immense, fruit de la brillante et féconde imagination d'un de nos plus grands poëtes, et sur laquelle toute notre génération s'est littéralement précipitée avec une ardeur dévorante. Nous voulons parler des *Misérables*, ce livre merveilleux de verve et d'inventive imagination, mais qui ne peut être pris au sérieux par des gens dont la raison et la puissance d'observation ne s'arrêtent pas à la surface des choses et à leur apparence première, que pour servir précisément à signaler et prouver l'existence, dans l'esprit des hommes de notre temps, de cette incohérence d'idées dont nous parlions tout à l'heure. Au sein de ce chaos, dans lequel nous semblons momentanément plongés, la raison humaine n'a cependant pas pu être complétement exclue de la partie, et c'est elle qui de temps en temps, faisant entendre sa voix pour appeler une solution, accepte avec une joie fébrile tout ce qui peut ressembler de près ou de loin à cette solution tant souhaitée, en écoute avidement l'exposé, et d'autant plus avidement que cet exposé est mieux paré et entouré, se laisse même aller un instant à l'illusion, à laquelle se prête à merveille l'état de surexcitation nerveuse dans lequel se trouve la société, mais pour retomber bientôt et plus profondément dans l'abîme du désenchantement, rudement précipitée contre terre du sommet plus brillant que réel de cet édifice sans fondements. C'est, au point de vue moral, il faut bien se le dire, une véritable tour de Babel que l'homme s'acharne ainsi à vouloir élever, menaçant d'escalade ce ciel où règnent la vérité et la suprême félicité, maudissant presque ce Dieu qui tient ce ciel si haut et si loin de nous, et se vouant, avec une désolante persévérance, à recommencer éternellement et sur de nouveaux frais son impossible entreprise, au lieu de se résigner humblement et comme un simple mortel qu'il est et sera toujours, à accepter cette voie, longue et étroite, il est vrai, mais sûre et praticable, que Dieu lui-même s'est donné la peine de lui enseigner et qui seule peut donner accès près de lui. C'est cette voie divine, son tracé exact avec tous ses contours et détours que nous voudrions dénoncer, puisque cela devient nécessaire, et faire connaître exactement à tous les hommes, afin de remettre aux mains de tous ceux qui l'ont laissé tomber, le fil conducteur grâce auquel il leur serait donné de diriger sûrement leurs pas dans ce labyrinthe, qui, sans lui, et malgré tous leurs efforts, leur demeurerait à jamais impénétrable. Tel est le but et le sujet de ce livre, où tout est laissé à la révélation, à l'enseignement et à la raison, mais où l'imagination n'a rien à faire, sinon tout au plus à parer et embellir, si cela est possible, aux yeux de ceux qui ne savent pas ou ne veulent pas voir par eux-mêmes, cette œuvre admirable de la Divinité, qui est l'univers entier et notre monde à nous, et l'homme aussi, son ouvrage de prédilection, et aussi les sociétés que, grâce à Dieu par lui et pour lui, l'homme a formées sur terre. En regard de cette œuvre divine, que nous voudrions voir apparaître brillante de clarté aux yeux de tous, nous chercherons toujours à tenir les œuvres qu'a produites l'imagination humaine, et ceux qui oseront comparer nous pardonneront sans peine, nous en sommes convaincu, l'enthousiasme auquel nous nous serons laissé aller dans notre admiration pour la première. C'est d'ailleurs un essai que nous voudrions tenter bien plutôt qu'un travail définitif et complet à livrer à l'appréciation du public, et nous verrions avec bonheur d'autres plus habiles reprendre cette ébauche en sous-œuvre et présenter le tableau sous un jour et un aspect plus propres à lui assurer le succès que nous souhaiterions ardemment lui voir obtenir.

Je voulais d'abord intituler ce livre : *Essais de Philosophie sociale;* mais le mot est nouveau, et peut-être n'a-t-il pas encore, aux yeux de beaucoup de personnes, un sens assez bien déterminé pour le placer en tête d'un ouvrage. Il ne serait donc pas complétement inutile de m'expliquer sur le vrai sens que je lui attribue; ce sera aussi en même temps un moyen de faire mieux connaître le véritable but que j'ai en vue. Le mot *philosophie* est vieux comme le monde : chacun sait au moins à quoi s'en tenir sur le but de cette science, qui a par-dessus tout pour objet l'étude de l'âme humaine. Or voici ce qui arrive : si l'homme a une âme, intelligente et pensante, un certain nombre d'hommes, formant une société, donnent, par leur réunion même, naissance à une âme pour ainsi dire multiple, qui n'est autre que l'âme de cette société même qu'ils ont formée. Maintenant l'âme humaine, celle de l'homme isolé, étant suffisamment examinée, étudiée et en quelque sorte disséquée, faut-il s'en tenir là et la science est-elle au complet? Mais, nous semble-t-il, la réunion de plusieurs de ces âmes ne peut-elle pas et ne doit-elle pas même donner lieu à une infinité de phénomènes nouveaux qui ne sont plus du ressort de la psychologie, et dont l'examen approfondi ne laisse pas que de mériter le plus haut intérêt? Cela est, à mes yeux, indubitable. Si donc j'ai rejeté, pour le livre que je présente en ce moment au public, la qualification d'écrit économique, c'est que précisément j'ai cru m'apercevoir que cette science, dite économie politique, était dans l'opinion publique, et peut-être aussi dans l'opinion de ceux qui la cultivent, restreinte dans un cercle que j'ai le tort ou le malheur peut-être de trouver infiniment trop étroit et resserré. Je ne vois nullement, pour mon compte, pourquoi un économiste ne serait pas en même temps un moraliste et un philosophe; je dirai même plus, c'est que je ne puis comprendre un grand économiste qui ne serait pas en même temps un grand philosophe. Mon antipathie pour le titre donné à ma science de prédilection provient donc surtout de ce qu'ayant à traiter des rapports des hommes entre eux, elle semble condamnée à ne voir et à ne traiter dans ces rapports que ceux qui sont de l'ordre purement et absolument matériel. A qui la faute? un peu aux savants eux-mêmes, beaucoup à ceux qui jugent d'après les apparences et n'approfondissent guère les choses jusqu'à leur dernière conséquence. Et la science, en consentant à se restreindre ainsi qu'elle l'a fait ou semble souvent le faire, ne prêterait-elle pas le flanc à une pareille accusation de matérialisme? Certainement, dira-t-on peut-être, l'économie politique a pour objet unique les intérêts matériels des hommes; mais, comme le bien-être et la richesse procurent à l'homme des loisirs que la pauvreté lui refuse, que ces loisirs peuvent seuls être employés à la culture intellectuelle, et enfin le progrès matériel devant, si l'on veut pousser les choses aussi loin que possible, précéder le progrès moral, et étant une condition indispensable de ce dernier, cette science d'un premier aspect si purement matériel se trouve, indirectement il est vrai, contribuer infiniment plus qu'on ne le croit au développement intellectuel de l'humanité. Il y a du vrai dans tout cela, et je serais le premier à le soutenir avec une conviction pleine et entière. Mais cela ne suffit nullement à mes yeux, et je renonce à faire de l'économie politique pour faire de la philosophie sociale, précisément parce que je trouve qu'il n'y a pas que les intérêts matériels qui soient en jeu dans les rapports des hommes entre eux : l'âme a bien son action et mérite, dans une pareille étude, beaucoup plus de considération que l'on ne lui en accorde d'habitude. Je n'hésiterai donc pas à faire à l'économiste qui croit ses attributions forcément restreintes dans le cercle où se meuvent les intérêts matériels, le même reproche que je serais tenté de faire au médecin qui dans ses travaux n'aurait en vue que le corps humain et ne s'adresserait jamais qu'à lui, laissant totalement de côté, comme n'étant pas de sa compétence, l'âme qui donne la vie à ce corps. C'est quelque chose sans doute que d'être un grand praticien; mais il ne faut pas aller bien loin, pas au delà de soi-même peut-être, pour deviner l'influence énorme que notre âme a sur notre misérable corps ; pour comprendre combien il est souvent utile, indispensable à la santé de ce corps que le moral soit un peu traité aussi, c'est-à-dire calmé, rassuré et relevé de ces craintes qui le frappent et lui ôtent toute énergie et livrent le malade affaibli et comme sans défense aux souffrances physiques. Qui ne s'est une fois ou autre senti retrempé en quelque sorte et réconforté par une simple visite d'un médecin, de celui surtout dans lequel on a le plus confiance et qui n'aura cependant employé d'autre moyen curatif que quelques bonnes paroles? Est-ce donc bien comprendre son rôle de médecin de l'homme que de dire en toute exactitude, mais brutalement et sans ménagements, au malade la nature de son mal et le remède qui peut le guérir ou l'atténuer? Non : la science médicale, bien comprise, est plus difficile que cela, plus compliquée, et aussi, et par suite, d'un ordre plus élevé. Le vrai médecin est celui qui traite l'homme, l'homme tout entier, c'est-à-dire l'âme et le corps, se gardant bien de les séparer dans son esprit, puisqu'à cette union même est attachée cette existence qu'il est en devoir de sauver, et dont la fin, qu'il cherche à éloigner, est précisément l'arrêt de séparation des deux essences matérielle et immatérielle qui la composent. Cessez donc, économistes, de ramper péniblement et timidement sur terre, si vous voulez avoir, sur l'époque où nous vivons, l'influence salutaire que vous devriez avoir sur elle, et lui inspirer la confiance que vous méritez à tant d'égards. Vous sentez tous comme un instinctif attrait pour cette liberté qui est presque à vos yeux, comme aux miens, une panacée universelle. Mais ne laissez pas dire que cette liberté, à laquelle vous aspirez si ardemment, n'a rapport qu'aux intérêts d'ordre matériel, et que tout ce qui est échange entre hommes est exclusivement industriel et commercial. L'échange d'idées et de sentiments ne serait-il donc rien, ou ne mériterait-il pas que l'on s'occupe et s'inquiète de lui? Serait-ce à dire que de semblables transactions sont de trop haute essence pour qu'il soit permis et possible de les observer et régler? La difficulté est-elle donc chose à arrêter et faire reculer? n'est-elle pas et ne doit-elle pas être au contraire un stimulant pour le vrai courage? Il est cependant facile, nous ne le savons que trop, d'influer en mal sur l'âme d'une société, sur une âme surtout aussi sensible et susceptible que celle de la société française; nous n'ignorons pas que quelques méchants livres de nos ennemis personnels, les socialistes, et de quelques fous qu'ils ont admis parmi eux, ont suffi à plusieurs reprises pour mettre le désordre au sein de notre société. Cette âme est donc bien facile à troubler et à effrayer : pourquoi ne serait-il pas aussi aisé de la rassurer et guérir? Quelques hommes, vigoureusement trempés, il est vrai, ont bien pu organiser la Terreur : pourquoi quelques autres, animés tout aussi vivement du désir du bien qu'eux l'étaient de celui du mal, n'organiseraient-ils pas, ou tout au moins ne tenteraient-ils pas d'organiser la confiance? Notre chère liberté, tant rêvée, restera-t-elle donc toujours à l'état de rêve ou d'impossibilité, parce que des millions d'hommes honnêtes, mais timorés et craintifs, et à peine peut-être confiants dans leurs propres droits, se laisseront terrifier par une poignée de meneurs malveillants, mais d'une indomptable énergie? Puisque enfin cette énergie dominatrice se trouve dans le mal, n'est-il pas possible aussi de la rencontrer dans le bien? Faudra-t-il donc toujours, et cela pour contenir quelques centaines d'hommes animés de passions mauvaises, condamner au silence et à la résignation des millions d'esprits honnêtes et voulant sincèrement le bien de tous? Ce n'est pas la terreur qui amène le despotisme et le rend nécessaire, mais bien la peur et la timide honnêteté qu'elle exploite à son profit.

La terreur est le moyen d'action de nos ennemis, des bourreaux de la vraie liberté; que la confiance soit le nôtre. C'est la peur qu'ils ont inspirée qui a rendu indispensable la privation de cette liberté politique, qui a vécu tout juste assez pour montrer combien nous sommes peu faits encore pour nous en servir et en tirer tout le parti qu'on peut attendre d'elle. Confiance! quel mot puissant cependant et quels prodigieux ressorts il est susceptible de donner aux forces sociales! Nous avons tous assisté de près ou de loin aux événements de 1848 : nul n'ignorait, sans cependant en soupçonner l'énormité, que la suite nous a prouvée, les ressources immenses que possédait la France le 23 février, et qui étaient le résultat de quarante ans de paix, de prospérité et d'épargnes. Un jour suffit, néanmoins, pour les faire disparaître, puisque à dater de ce jour le plus petit billet de banque eut de la peine à s'échanger en numéraire. Le 23 donc, richesse, prospérité et abondance partout; le 25, misère, banqueroute et presque disette sur tous les points. Que s'était-il donc passé qui eût pu amener un pareil changement? A quelle effroyable catastrophe fallait-il donc l'attribuer? Toute la catastrophe se résumait en un vieux roi qui s'en était allé; ce n'était pas grand'chose, pour ainsi dire rien, au point de vue matériel; le malheureux prince n'avait certainement rien emporté, rien au moins qui fût capable de laisser après lui un pareil déficit. Mais, au point de vue moral, il emportait tout ou plutôt ne laissait rien après lui, la confiance avait disparu. Cette confiance, la République, qui avait trempé ses mains dans le sang innocent, ne l'avait pas conquise d'avance, elle sut encore moins la conquérir après; ce mot si puissant, elle le prononçait en vain, se tuant à crier sans parvenir à se faire entendre. Un instant, cependant, cette confiance sembla se poser complaisamment sur la tête d'un poëte sublime et un instant presque adoré; mais ce ne fut qu'une ombre, une illusion d'un moment. La raison avait beau jeu cependant et n'avait pas de peine à prouver mathématiquement que le gouvernement de la France par elle-même était aussi possible que tout autre. Mais la raison avait tort tout en étant mathématiquement exacte dans ses conclusions; car la confiance manquait à la République, en dépit des plus beaux raisonnements, et son brillant édifice sans bases s'écroula comme de lui-même; un souffle suffit pour l'anéantir. La foi, dit-on, peut déplacer des montagnes; la confiance est la foi sociale; tout ce qu'elle entoure est inattaquable, immuable, indestructible, et n'a besoin, pour se soutenir, d'aucun déploiement de forces; ce qu'elle abandonne un instant, le plus léger coup de main le renverse.

On dira peut-être, à l'encontre des prétentions que nous avons osé émettre, et tout en admettant les sentiments que nous venons d'exprimer, que la confiance ne raisonne pas, qu'elle se donne. Nous n'ignorons point qu'elle se donne et souvent à tort. Mais, si nous n'avons plus en religion cette foi aveugle qui animait nos pères du moyen âge, si peut-être nous cherchons trop à raisonner pour qu'il nous soit donné de l'atteindre, il n'en est pas moins vrai que le raisonnement est à même d'obtenir de bien merveilleux et bien désirables résultats. Que notre foi soit moins vive, cela est possible, bien que je la croie tout simplement moins aveugle et fanatique; mais il est impossible de nier que la divinité de Jésus-Christ, par exemple, puisse supporter le raisonnement. Il est incontestable qu'il existe, au service de ceux qui n'ont pas la foi pour ainsi dire innée, des preuves à l'appui de cette divinité que la plus sévère raison peut écouter et admettre, et, pour tout dire en un mot, il n'est pas toujours besoin de miracles pour faire croire, et en tout cas ce ne peut être à ceux qui en ont besoin et dont le nombre diminue inconstestablement avec l'extension des lumières et de l'instruction, que nous nous adressons en ce moment. Ce n'est pas à dire pour cela que tous les aveugles, s'il en existe encore, doivent être exclus; loin de là, mais seulement leur tour viendra plus tard.

Notre travail doit donc avoir pour but, nous ne le cachons pas, d'organiser la confiance. Maintenant, quel procédé emploierons-nous? La société n'est point parfaite et est loin encore d'être parvenue au dernier degré de perfection qu'elle est susceptible d'atteindre. Il existe donc des vices sociaux, et le nombre même en est grand. La société étant ou vicieuse ou viciée sous bien des rapports, permis à nous de considérer chaque vice comme une maladie, et de regarder dès lors cette société comme un malade qu'il s'agit de traiter et de guérir. Je ne suis pas, du reste, le premier à parler des misères de l'humanité; on n'a que trop pris plaisir à les étaler aux yeux de tous sans chercher à les atténuer et sans ménager à cet égard les illusions de personne. Le sujet à traiter étant donc la société, sujet, comme nous l'avons dit, à la fois moral et matériel, il s'agit d'observer le mal, d'étudier les symptômes qu'il présente et de nous édifier aussi complétement que possible sur sa nature et son plus ou moins de gravité. La société est malade, c'est ce dont il est impossible de douter. La catastrophe de 1848 a agi sur elle d'une singulière façon, et n'eut en définitive d'autres résultats que d'abattre le peu de moral qu'elle possédait, de lui faire sentir son inaptitude aux affaires politiques et de lui faire découvrir des maux qu'elle ne soupçonnait pas, si même elle ne fut pas amenée à en voir qui n'existaient pas. En butte aux attaques de quelques hardis crieurs et prétendus réformateurs, elle crut un instant son existence menacée; le peu de moral qui lui restait tomba tout à coup devant la menace d'un danger que la peur exagérait, et qui avait pris à ses yeux les dimensions que prend, dans l'obscurité, tout danger inconnu et inapprécié. Elle eut ou crut avoir besoin d'un remède violent que la peur inconsidérée à laquelle elle était en proie rendait seule peut-être indispensable. Elle aspira donc à ce remède, comme à son seul moyen de salut, et se jeta enfin dans les bras de l'absolutisme, se dépouillant joyeusement de cette liberté politique dont la responsabilité l'écrasait et l'effrayait, et le cœur, comme allégé d'un grand poids, donna aussitôt le spectacle de tout ce que la confiance peut produire de force, de santé et de prospérité. Cherchons donc, si nous voulons jamais faire triompher la cause de la liberté, à donner à la société cette confiance en la liberté et en elle-même qui lui a manqué jusqu'à présent; cherchons à la rendre digne de la liberté en lui donnant conscience d'elle-même, en lui faisant mesurer d'un œil calme et sûr, et les forces énormes dont elle dispose, et sa vitalité et le peu de gravité des maux dont on a tant cherché à l'effrayer. Personne, après les preuves qu'elle a données, ne peut douter de ses forces matérielles; ce sont donc les forces morales qu'il faut travailler à lui redonner, en lui prouvant la solidité des bases sur lesquelles elle repose, et la puissante vie qui est en elle, et la met à même de résister à ces maux, maux moins effrayants qu'elle ne les croit, et de surmonter, avec l'aide d'un peu d'énergie et de courage, tous les obstacles et tous les périls qui peuvent s'opposer à sa marche. Nous savons tous aussi combien une connaissance exacte de sa force morale et physique donne de confiance à celui qui l'emploie; combien une croyance sincère à la justice d'une cause donne de force et d'énergie à ceux qui la défendent. Ce ne sont pas de tièdes serviteurs de Dieu qui vont porter en tout lieu la parole évangélique et que n'effraye pas la menace des plus cruels supplices. Faire connaître à chacun ses droits, donner à tous la notion exacte de la rigoureuse équité, convaincre l'honnête homme, honnête dans toute la chrétienne et immuable acception du mot, de la justice de sa cause, ne sera-ce pas, si on y parvient, décupler les forces du bien et le mettre à même de résister au mal, et bien plus de le vaincre et de l'anéantir? Inspirer enfin à la société chrétienne confiance en elle-même, en sa force, en l'origine divine et par conséquent immuable de cette force; en la sainteté et la justice de sa cause et de ses droits, telle doit être, ce nous semble, la tâche que doit s'imposer tout homme juste et sincère que le travail et la science n'ont pu qu'achever d'éclairer et de convaincre. Telle est aussi la tâche à laquelle je me dévoue; heureux si le faible effort dont je suis capable peut contribuer à élever d'un peu, si peu que cela soit, l'édifice de paix et de liberté que mon plus ardent désir serait de voir couronner!

La société est malade: c'est, avons-nous dit, un sujet à traiter. Le nombre est grand des médecins qui aspirent à l'honneur de la soigner et de la guérir; tellement grand même que le choix est embarrassant et qu'elle ne sait trop auquel donner sa confiance. On lui offre tant de remèdes tous souverains et d'une incontestable efficacité. Reconnaître l'habile docteur du charlatan n'est point chose facile, et le cas est assez grave pour ne faire son choix qu'avec la plus grande prudence. Que parmi ceux si nombreux qui se présentent et briguent sa confiance il y en ait ou non qui méritent le titre de trompeurs, ou, comme je disais, de charlatans, cela encore n'importerait guère si les remèdes offerts n'étaient pas tous si différents, si opposés l'un à l'autre, tels enfin que, si l'un fait du bien, l'autre doit faire inévitablement du mal. Mais, d'après ce que j'ai déjà dit, on peut dire que je n'hésiterai pas à en exclure sans appel une secte nombreuse, la plus nombreuse peut-être, celle des médecins *tant pis*. Je crie hautement *haro* sur tous ceux qui s'acharnent à prouver au malade qu'il est atteint de maux effroyables, qui les étalent à ses yeux en les exagérant même pour lui faire illusion dans le mauvais sens, frapper son imagination déjà trop affectée et qui demanderait au contraire les plus grands ménagements, et cela à cette seule fin sans doute de faire valoir leur marchandise. Ce que je voudrais donc voir par-dessus tout, c'est une disposition de la part de la société à accepter de préférence le bien qu'on lui dit d'elle que le mal. Le rôle d'un professeur, d'un précepteur, est d'instruire son élève et de corriger ses défauts, et non pas de lui apprendre à se méfier de lui-même, en lui exagérant ses infirmités morales et physiques et tâchant de lui prouver à lui-même qu'il est incapable et dénué de toute intelligence. Je suis loin de dire que la société n'ait jamais besoin de remèdes; mais de là à dire qu'on doit lui lier tous les membres ou la mener en laisse, il y a loin. Je suis en définitive, s'il est besoin de remèdes, pour les remèdes doux et les soins affectueux, et nullement pour les moyens violents. Il fut un jour, il faut bien l'avouer, où elle abusait singulièrement ou usait bien mal de deux de ses membres, dont elle venait de recouvrer le complet mouvement : la liberté de la presse et la liberté politique. L'agitation désordonnée à laquelle elle les laissa aller ne tarda pas à la fatiguer; elle en vint elle-même à reconnaître qu'elle n'était pas capable de s'en servir avec fruit. Elle offrit elle-même, et plus bénévolement qu'on ne veut le croire, ses poings à lier, et se remit ainsi pleine de confiance entre les mains de l'héritier du grand nom de Napoléon. Mais la société est plus vivace qu'on ne le croit et qu'elle ne le croit elle-même : elle n'a donc pas besoin d'opérations douloureuses et pénibles à supporter. C'est ce que je voudrais arriver à faire croire et admettre de tous.

PRÉLIMINAIRES

I

Le titre de ce volume surprendra peut-être au premier abord et sera plus probablement encore mal compris. Je suis en tout cas fort loin de vouloir dire que ces deux mots, christianisme et socialisme, vont parfaitement ensemble; mon but est, au contraire, de prouver qu'il y a entre eux une complète discordance, et je ne connais pas, dans l'ordre moral, deux idées plus foncièrement antipathiques que celles exprimées par les deux mots en question. Il faut vraiment que tous les deux soient bien mal définis ou bien mal compris pour que cette opposition ne saute pas aux yeux de celui qui les entend prononcer. Et à ce propos il ne serait peut-être pas mauvais de relever, avant d'aller plus loin, une erreur fort en vogue dans le monde un peu léger formant une notable portion de notre société française, erreur qui porte sur la vraie valeur du substantif *socialisme*. Comme c'est en définitive l'ennemi qu'il s'agit ici d'attaquer et de terrasser, si cela est possible, il n'est peut-être pas inutile de montrer exactement ce qu'il est, afin de n'en pas rester à l'idée fausse ou inexacte que l'on s'en est trop souvent faite, et qui n'a malheureusement que trop guidé dans le choix des armes que l'on a employées contre lui. Jugeant, non plus par la froide raison, mais par suite d'une impression première, on en arrive à cette conclusion, fort simple du reste et qui n'expliquerait pas mal la discordance signalée plus haut. Un socialiste est tout modestement un homme que la fortune a toute sa vie, injustement peut-être, regardé d'assez mauvais œil et qui s'étant un jour aperçu que d'autres avaient au contraire plus qu'il ne leur est nécessaire de posséder, pense que les inconcevables caprices de la changeante déesse devraient bien être, par un moyen ou par un autre, contenus dans de plus justes mesures; qu'ainsi donc le monde n'en irait certainement pas plus mal si un peu de ce superflu qui gonfle par trop la bourse de l'un en était adroitement et tout simplement retiré, à cette fin d'aller tout aussi simplement et naturellement combler un peu l'effroyable vide qui se manifeste chez d'autres. Or, l'intention étant réputée pour le fait, le procédé réduit à sa plus simple expression et dépouillé de tous ses ornements n'étant autre que le vol pur, et enfin les mots « tu ne voleras pas » étant inscrits en toutes lettres dans l'Évangile, il s'ensuit évidemment que ce socialiste n'est autre qu'un voleur ou un homme qui aspire à le devenir, et en tous cas en complète opposition avec les préceptes qui servent de ligne de conduite au chrétien.

Mais j'avoue que ce ne serait qu'avec un vif regret que je verrais préjuger aussi légèrement de mes appréciations. Aussi crois-je devoir prévenir que j'ai le plus sincère respect pour toutes les opinions; que je considère tous ceux qui parlent ou écrivent comme parfaitement convaincus de ce qu'ils avancent et dégagés de toute arrière-pensée; et que je raisonne, à tort ou à raison, avec tout venant, absolument comme si la mauvaise foi n'existait pas. On dira de M. Proudhon, par exemple, ce que l'on voudra dans un sens ou dans l'autre, mais il n'en demeurera pas moins à mes yeux un homme sincèrement convaincu que tout propriétaire est voleur ou détenteur d'objets volés. Qu'il pense autrement qu'il ne parle, cela n'est malheureusement pas impossible; mais je préviens que je ne suis point admis dans les coulisses, et que, pour moi, le théâtre se borne strictement à la scène. Je ne puis, du reste, me résigner à croire que des hommes d'un véritable talent puissent écrire une chose et en penser une autre, et cela dans le but unique et franchement bien misérable de faire le mal pour le mal, et puissent consacrer toutes les ressources de leur belle intelligence à d'aussi pitoyables fins. Quelles que soient les opinions des uns et des autres, je les supposerai donc sincères, et, à ce titre, je n'en parlerai, lorsque cela m'arrivera, que le plus sérieusement du monde. Ce que je souhaiterai par-dessus tout, c'est que cette loyauté soit imitée par tous ceux qui se feront mes ennemis, si du moins l'honneur d'avoir des ennemis m'est jamais réservé. S'il est difficile de se maintenir à une grande hauteur, il est encore plus pénible de s'élever et surtout de sortir du néant; ce premier pas est effrayant de difficultés; aussi préférerais-je rencontrer dans le public une hostilité unanime qu'une dédaigneuse indifférence. Que ma sincérité donc me tienne lieu des talents réels qui me manquent peut-être, et me vaille un peu d'attention.

Puisque nous en sommes à causer des opinions des uns et des autres, j'en profiterai pour signaler un fait d'une immense importance pour tout ce qui va suivre, et qui, seul même, peut donner à ce travail une véritable valeur : c'est précisément la multiplicité de ces diverses opinions. Je dis donc que l'on se perdrait indubitablement à tenter de dresser une liste exacte et complète de toutes les nuances d'opinions qui divisent les trente-six millions d'hommes répandus sur le sol de la France. A chaque instant de nouveaux partis se prennent à naître et de nouveaux mots deviennent indispensables pour les désigner. Chaque événement un peu important en suscite un nouveau et nécessite un nouvel appel au dictionnaire de l'Académie. A ce train-là les choses peuvent aller fort loin, et, pour mon compte, je ne doute pas qu'un jour ne vienne où chacun se sente fort humilié de recevoir d'un autre une opinion toute faite et ne tienne à honneur de s'en faire une petite à lui tout seul. La liste dont je parlais tout à l'heure pourrait donc bien n'avoir d'autre limite forcée que le chiffre même de la population. Il est vrai de dire qu'un reste d'habitude fait adopter à chacun une sorte de drapeau, un simple nom le plus souvent, qui lui sert à désigner d'une façon fort générale et fort peu explicite en tout cas, non plus ses opinions, mais bien plutôt et tout au plus encore les sentiments qui dominent en lui, si encore on veut bien donner le titre pompeux de sentiment à ce qui n'est presque toujours que de pures préférences, pour ne pas dire quelque chose de plus négatif encore. Car on ne peut se dissimuler que, dès que l'on sort de la classe nombreuse des indifférents, on trouve chez les exaltés bien plus aisément de violentes antipathies pour tous les drapeaux, à l'exception d'un seul, qu'un profond et sincère dévouement à ce dernier. Malgré cette insouciance réelle ou apparente qui semble dominer en France, les événements qui se sont succédé, les révolutions qui ont précédé notre époque, semblent avoir donné naissance à quatre grands partis distincts l'un de l'autre, en apparence au moins, et qui rangés, si je peux m'exprimer ainsi, par ordre d'ancienneté, seraient les suivants : légitimistes, républicains, napoléoniens et orléanistes. Je suis loin de vouloir prouver que chacun n'attache pas à la dénomination qu'il adopte une idée réelle; mais cette idée est-elle bien sérieusement la même chez tous ceux qui se rangent sous le même drapeau? Voilà pour moi quelle est au fond la vraie question. Que m'importe, en définitive, que l'on se dise, par exemple, légitimiste, si le chef de la branche aînée n'est, pour celui qui prend cette dénomination, que l'instrument qu'il veut bien choisir pour arriver à faire mettre en pratique des théories à lui toutes personnelles et qui, souvent peut-être, en remontreraient aux plus exagérés réformateurs socialistes? Or, cela se voit, que l'on n'en doute pas, et il ne serait certainement pas bien difficile de trouver un type offrant la réunion de ces deux idées en apparence si complètement opposées. Fénelon avait bien écrit *Télémaque* pour l'éducation d'un Dauphin de France. Rien ne serait donc plus facile que de démontrer que deux légitimistes, de même que deux républicains ou tous autres, peuvent parfaitement se trouver, l'un vis-à-vis de l'autre, en complète opposition de but, de principes et de manière de voir.

On est donc fort loin d'avoir tout dit lorsque, interrogé sur ses opinions, on répond que l'on tient pour l'une des quatre couleurs ci-dessus. C'est presque même ne rien dire, et il resterait — ce qui ne serait pas, ce me semble, d'une médiocre importance — à expliquer si l'on est, par exemple, libéral ou partisan d'un pouvoir despotique. N'en déplaise aux légitimistes, que je prends pour exemple en leur gardant tout le respect qui leur est incontestablement dû, de Louis XVIII à Louis XIV la distance ne laisse pas que d'être grande, et bien des nuances trouveraient facilement encore à se loger entre les deux. Si fermement que l'idée religieuse semble vouloir s'attacher à la légitimité, ceux qui en sont animés trouveraient peut-être fort dur de ne pas avoir le droit de choisir entre Louis XV et Charles X. Rien de plus simple que de disposer des gens avant surtout de les connaître et de les avoir vus à l'œuvre; mais aussi à quelles déceptions une pareille légèreté ne donne-t-elle pas lieu? Au fond de tout cela il est incontestable que, à quelque parti qu'on soit censé appartenir, chacun a fort bien ses opinions toutes personnelles. Rendons justice à tout le monde cependant : il est des gens qui, plus humbles ou fort embarrassés d'avoir une opinion parfaitement à eux et de leur propre cru, se résignent à adopter celle d'un autre ; il en est, en effet, qui s'emparent ainsi ou s'affublent des opinions d'un homme connu, qui devient dès lors comme un petit chef de parti, acceptent même d'avance ses jugements sur toutes choses et se plaisent à dire de lui : C'est mon homme. Mais, il faut bien le dire, ce dernier genre, fort rare du reste, semble par son extrême modestie faire partie d'une sorte de *servum pecus* qui ne tardera pas sans doute à tomber sous le plus profond mépris ; et, comme je le disais plus haut, je n'hésite pas à croire qu'un jour viendra bientôt où chacun croira de sa dignité d'homme de ne subir les opinions ni les sentiments de personne et se fera un devoir de donner le jour à un parti, au risque d'en demeurer le seul et unique représentant. Quant aux opinions d'un père, il reste bien entendu et convenu que, le siècle n'ayant pas cessé de marcher depuis lui, elles ne peuvent qu'être en retard de trente ans au moins, durée d'une génération, et être par conséquent, aux yeux du fils, absolument inacceptables. Que faire alors? Que devenir? Légitimiste : c'est vieux et usé ; républicain : c'est bien un peu rouge, quoique le vague et l'indéfini du mot puisse avoir son côté attrayant ; orléaniste : c'est bien bourgeois et garde national et sent par trop la paix à tout prix ; napoléonien : nous n'en dirons rien sinon que ce serait accepter ce qui est, ce qui semble toujours dur aux esprits jeunes et ardents, se déclarer satisfait, ce qui est humble et par trop raisonnable, et en tout cas se priver à perpétuité de l'ineffable jouissance que l'on éprouve à faire de l'opposition. Aussi, au milieu de l'embarras général et réel, qu'arrive-t-il? Que toutes les utopies trouvent accès au milieu de ce vagabondage d'idées et qu'il n'en surgit pas de si incroyables qui ne rencontrent au moins quelques passagers admirateurs.

Fort occupé et préoccupé toute ma vie de tout ce qui est question sociale, je cherchais toujours, soit par lectures, soit par causeries, à m'enquérir des opinions des uns et des autres, désireux de les connaître toutes, soit pour faire mon profit de ce que chacune d'elles pourrait me sembler renfermer de bon à prendre, soit pour en apprécier les côtés faibles, les points vicieux, afin de pouvoir porter des coups plus sûrs à celles que je me serais décidé à combattre. Je ne tardai pas, dans ce travail, à me trouver en face de véritables monstruosités : telles, par exemple, et comme je le signalais plus haut, qu'un dévoué partisan de l'hérédité inviolable, imbu, et cela sans le moindre scrupule, des idées socialistes les plus outrées : tout à côté d'un autre légitimiste animé au contraire du libéralisme le plus vrai et le plus sincère : non loin d'un républicain, fanatique de ses propres idées, et cela au point de vouloir *forcer*, et *le sabre en main*, tout le monde à être libre. Il faut vraiment être né en France pour s'habituer à voir ainsi marcher ensemble et dans la plus douce harmonie les mots de contrainte et de liberté. De pareils contrastes, si propres à renverser toutes les idées que l'on se plaît à se faire d'avance, étaient bien faits aussi pour donner à réfléchir sur la valeur réelle des dénominations de parti adoptées. J'en arrivai donc bien vite à en comprendre le vague et à chercher d'autres procédés de classification. Depuis cette époque, d'autres événements sont venus compliquer la chose : il n'y a pas bien longtemps que nous avons vu naître le parti clérical, et dernièrement un livre m'est tombé sous la main, dont le titre est celui-ci : *Catholiques tolérants et légitimistes libéraux*. Il y a donc dans le monde des catholiques tolérants et d'autres qui ne le sont pas, et aussi des légitimistes libéraux et de non libéraux. On pourrait passer bien des heures à former, avec tous ces mots, des combinaisons diverses qui représenteraient chacune une nuance de chaque parti. Ainsi, par exemple : légitimiste catholique libéral, légitimiste catholique non libéral, légitimiste catholique tolérant libéral, légitimiste catholique intolérant libéral ou non libéral, etc., etc..., et remplacer ensuite le mot légitimiste (ce qui n'est nullement impossible) par napoléonien, républicain ou orléaniste, et recommencer à chaque fois une nouvelle série. Comment espérer arriver à se reconnaître au milieu d'une pareille complication?

La liberté joue un grand rôle en politique : toutes les révolutions se sont faites, se font et se feront probablement au nom de la liberté; on entend ce mot prononcé et répété par toutes les bouches, et tous, avec sympathie ou antipathie, avec respect ou mépris, l'invoquent à tout bout de champ. N'y aurait-il pas là peut-être un moyen de trancher la question? La chose est tentante, et j'avoue que, tout le premier, je m'y suis laissé prendre un instant. Rien de plus simple, en effet, que de diviser tous les Français et même tous les hommes en libéraux d'un côté et antilibéraux de l'autre. Cette classification avait au moins cela pour elle qu'elle était extrêmement simple, et la simplicité exerce toujours sur moi une grande séduction, convaincu, comme je le suis, que rien n'est plus simple que la vérité. Je voyais donc, d'une part, tous ceux qui veulent et réclament la liberté, ayant en elle une foi pleine et entière, et d'autre part ceux qui n'en veulent à aucun prix, la jugeant détestable, fatale à tous, la considérant, en un mot, comme la cause de toutes les misères de l'humanité. Mais, au premier pas que je fis dans cette voie, au premier essai d'examen, je m'aperçus bien vite de l'importance extrême qu'acquérait tout à coup ce mot puissant, séduisant et terrible à la fois : liberté. Qu'est-ce donc que cette liberté que quelques-uns acceptent ou désirent ardemment souvent sans la connaître, et que d'autres repoussent au contraire avec une sorte de terreur instinctive? L'on croit avoir tout dit quand on répète à hauts cris qu'on veut la liberté. Mais quelle liberté? Est-ce celle de tout faire, même le mal, même d'assassiner un voisin gênant? Ce n'est sûrement pas celle que réclamerait l'immense majorité. Serait-ce la liberté de vivre en travaillant? Ah! pour celle-ci, nous la demandons et l'accepterons de grand cœur; mais qu'on y prenne garde cependant, cette liberté est facilement transformable et altérable, et peut arriver par une pente sur laquelle il serait peut-être dangereux de se laisser trop aller, au droit au travail, que peu de gens parviennent à confondre avec la vraie liberté. En un mot, il n'est peut-être pas une seule des nombreuses formes qu'a revêtues jusqu'à ce jour la liberté, qui, profitant certainement à quelques-uns, n'incombe aux autres et au plus grand nombre, et qui, poussée à l'excès, ne dégénère en véritable tyrannie. Rousseau, examinant cette grave question de la liberté, en arrive à cette conclusion, que la liberté, celle du moins qu'il se plaisait à rêver, n'était possible qu'à côté de l'esclavage, et grâce à lui Nous avons trop bonne opinion de nos concitoyens pour admettre un instant que ce soit celle-là après laquelle ils aspirent. On répondra que les livres ne manquent point sur ce sujet, et que la liberté a été suffisamment commentée, discutée et expliquée. Mais c'est surtout cela même qui me donne à penser que les avis sont fort partagés sur son compte; car, si l'on était d'accord sur la vraie signification du mot, on n'aurait pas tant discuté et écrit. Donc baser une classification sur un tel mot, c'était retomber fatalement dans le vague le plus complet; d'autant plus que, même parmi les libéraux avoués et sincères, les uns veulent toute la liberté, d'autres seulement une partie, adoptant ceci, rejetant cela, prétextant en outre que tous les peuples ne sont pas également propres à la même somme de liberté, que cette somme même doit être différente suivant l'âge d'un même peuple et son degré d'avancement. Pour les uns, la liberté est un droit qu'il ne faut que réclamer, pour d'autres un bienfait que le prince accorde s'il le juge convenable et opportun. Tout cela enfin n'amenait que confusion, et ne pouvait arriver à fixer un peu les idées.

Il est inutile d'initier le public à toutes les différentes phases par lesquelles il a fallu passer pour en arriver à la classification adoptée en définitive, et qui est comprise dans le titre même de cet ouvrage. Christianisme et socialisme sont donc, à mes yeux, deux mots non-seulement différents, mais parfaitement opposés l'un à l'autre, et il n'y a rien qui diffère plus au fond, comme nous tâcherons de le faire comprendre, qu'un chrétien et un socialiste. Cette idée, ainsi jetée inopinément et sans préambule, surprendra peut-être au premier abord; mais je ne désespère pas cependant de la faire comprendre et accepter par ceux qui auront le courage et la patience de m'écouter jusqu'au bout. Dieu veuille que le nombre en soit grand!

II

Bien que ce soit aux Français uniquement que j'aie l'intention de m'adresser, il sera facile de voir que tout ce qui sera dit peut s'appliquer aussi exactement, pour le fond même des choses, à tout autre peuple que celui que nous prenons en quelque sorte pour exemple. Néanmoins il n'est pas inutile de dire, ce que l'on a pu déjà prévoir, qu'il ne serait pas possible de dépasser les limites de ce qu'on appelle le monde chrétien. Je n'ai nullement l'intention, en effet, de parcourir et d'explorer toutes les innombrables sociétés qui se sont formées sur la surface de la terre; mes vues sont plus restreintes, et il serait d'ailleurs imprudent de donner au tableau une extension qui le rendrait confus et par trop difficile à juger. Toute mon ambition, du reste, se bornerait à déterminer ce qu'est un vrai chrétien, et le vrai sens que l'on doit attacher à ce mot, afin d'en conclure ce qu'est, à mes yeux, un socialiste. Or on doit comprendre que, dans une pareille discussion, Mahomet et Confucius ne peuvent avoir rien à voir. Ce n'est pas à dire pour cela que tout le reste de l'humanité, hors le monde chrétien dont il s'agit, soit à jamais repoussé et rejeté loin de nous : on fait, au contraire, appel à tous, les appelant à venir prendre leur part des bienfaits de la civilisation chrétienne, mais seulement et avant tout qu'ils deviennent chrétiens, car, sans cette condition expresse, nous ne pouvons avoir rien à faire avec eux, et ceci ne peut en rien les regarder. Du reste, quand on se rend compte des progrès qu'a faits l'idée chrétienne depuis dix-huit siècles et de ceux qu'elle fait encore chaque jour, on se prend à croire et à espérer qu'un jour viendra peut-être où, toute autre religion disparaissant, le monde entier sera réuni dans une seule croyance; mais d'ici là, bien des siècles s'écouleront encore et bien des travaux restent à accomplir avant que les préceptes de l'Évangile aient été entendus, compris et acceptés par tous les hommes.

Afin cependant d'éviter une erreur qui, d'après ce que je viens de dire, pourrait peut-être naître dans les esprits, je commence par déclarer hautement que ceci n'est point un écrit religieux, que je laisse complétement à d'autres le soin de traiter les questions de pure religion, et que catholiques et protestants, de n'importe quelle secte, sont également aptes à me comprendre, s'ils le veulent bien, sans être tenus à apporter le moindre changement dans leurs dogmes et leurs croyances. Je suis donc parfaitement assuré de ne blesser aucune susceptibilité, et cela, non par désir de ménager tout le monde, mais par cela seul que le sujet que je traite est

2.

complétement indépendant de toutes les questions qui, de tout temps, ont agité le monde et amené la formation d'un trop grand nombre, hélas! de petites sociétés au sein de la grande société commune. Il me suffira du reste d'exposer le principe d'où je pars, et qui me sert de base, pour faire cesser toute espèce de doute à cet égard, et ce principe ressortira bien simplement de ce qui va suivre.

Mon but est surtout de détruire, dans l'esprit de beaucoup de gens, l'idée fort enracinée que le Christ est venu en ce monde ayant uniquement pour mission de fonder une religion nouvelle; que, par conséquent, qui parle du Christ discourt sur matière religieuse, et que sa place serait bien mieux marquée à l'église que partout ailleurs. C'est là une véritable erreur, et la plus grave et la plus féconde en erreurs subséquentes, et qui devrait sauter aux yeux de n'importe qui daignerait y regarder d'un peu près. Ce n'est pas la religion seule que le Christ est venu fonder, mais bien la société chrétienne tout entière, dans tout son ensemble et dans tous ses détails, dans ses mœurs et ses coutumes, ses lois protectrices, préventives et répressives. On pourrait même dire que c'est de l'humanité au point de vue social surtout qu'il s'est occupé pendant son court séjour sur la terre; que, la religion ne venant que comme conséquence et comme complément, indispensable il est vrai, ce sont les apôtres auxquels il donne mission de l'instituer. Le principe immuable sur lequel je m'appuie, et qui paraîtra de prime abord peut-être incontestable à ceux même qui le contestent le plus, c'est donc que le

Christ, fondateur de notre religion, ou, si l'on veut, de nos religions, est aussi et surtout le fondateur de notre société. Ce qui découle d'un pareil principe, si facile à accepter au premier aspect, est incalculable, et ce que j'en dis ici est pour prévenir aussi contre une grande légèreté des hommes pour lesquels cette simple acceptation serait la condamnation irrémissible de tout ce qu'ils auraient pensé, dit et écrit pendant toute la durée d'une longue et laborieuse existence. Pour peu que l'on soit au courant des questions sociales qui ont agité les hommes, soulevé les passions et qui les soulèvent aujourd'hui encore plus que jamais, on se refuse presque à croire qu'il eût suffi de l'adoption par tous d'un principe aussi simple et aussi naturel pour les apaiser toutes, et cela eût suffi, il est impossible d'en douter, et eût réduit tout au moins toutes ces graves controverses à de pures questions de détail et d'interprétation, car il est incontestable que deux esprits également justes, et partant d'un même point de départ, doivent forcément, sur des questions identiques, arriver aux mêmes conclusions; que deux esprits justes aussi, mais partant de points de départ différents ou opposés, doivent, s'ils raisonnent constamment juste, arriver à des conclusions opposées. Ceci peut montrer déjà que, bien que les idées fausses abondent dans notre monde, il ne faudrait cependant pas se hâter d'en conclure que les esprits faux y sont en grande majorité, et qu'il ne faut pas toujours juger du plus ou moins de justesse d'un esprit par les idées qui lui sont venues à titre de conclusions. Il est donc raisonnable, avant de condamner un homme doué d'un véritable et notoire intelligence, de s'assurer si des causes indépendantes de sa volonté, éducation, croyances premières, idées préconçues... ne l'ont pas fatalement entraîné à l'adoption de certains principes primordiaux et faux, dont son esprit juste et droit a tiré les conclusions mêmes dont la fausseté nous frappe.

L'important donc, si l'on veut arriver à s'entendre sur une question, c'est avant tout de bien établir la question elle-même et de s'assurer ensuite de la communauté des principes sur lesquels on base ses raisonnements, sous peine de discuter éternellement sans jamais avancer d'un pas vers l'accord commun. Il est donc indispensable, si l'on se sent d'opinions divergentes, de laisser provisoirement de côté toute discussion de détail, pour immédiatement remonter aux sources et s'assurer avant d'aller plus loin, ce qui sans cela serait complétement peine perdue, que les bases, les principes, les points de départ enfin, sont identiques. Agir différemment serait approuver la conduite du médecin qui s'adresserait au mal apparent, négligeant absolument de rechercher et d'attaquer la vraie cause de ce mal. On ne discute sérieusement avec quelqu'un que dans le but de le guérir des erreurs que l'on croit reconnaître chez lui, et, comme le bon médecin, c'est à la cause de l'erreur et non à l'erreur elle-même que le remède doit être appliqué si l'on veut qu'il agisse efficacement.

Sans des bases certaines et inébranlables, les hommes discuteront éternellement sans jamais avancer, et les mêmes questions se reproduiront indéfiniment sans que jamais lumière se fasse. Le pilote qui essayerait de diriger son navire sans boussole, sans se guider sur la plus petite étoile, se perdrait infailliblement et avec lui le navire qu'il gouverne, ou bien ce ne serait qu'un hasard, sur lequel il est prudent de ne pas compter, qui pourrait le conduire au port désiré. Or la société humaine marche, avance ou recule, car Dieu lui a interdit évidemment l'immobilité. Si donc elle veut avancer, il lui faut un guide et un guide sûr ; et plus ce guide sera sûr et entouré de la confiance, plus dans sa traversée pénible et toujours laborieuse elle évitera de retards, de chocs, de blessures et de catastrophes de toute sorte, auxquels elle serait en butte à tout instant si elle n'avait d'autre fil conducteur que son inspiration du moment; ce guide est si absolument nécessaire à l'homme, dans l'ordre moral, qu'on l'a vu de tout temps adopter, et avec une indomptable obstination, les croyances les plus absurdes, préférant tout au néant moral et à la privation totale de toute foi.

Dans l'ordre matériel, depuis le plus humble minéral ou végétal jusqu'au corps de l'homme, tout est soumis à des lois immuables auxquelles force est d'obéir, sous peine de cesser d'exister, et l'on voudrait que l'âme humaine, le monde moral enfin, en eût été complétement déshérité. Dieu n'a point été injuste à ce point et il n'a au contraire apporté que plus de soins à cette partie de la nature terrestre qui sert comme de trait d'union entre le créateur et la créature. Non-seulement il a donné à l'homme la faculté et la force de croire; mais sa bonté est descendue jusqu'à lui indiquer du doigt ce qu'il devait croire. Il a daigné lui montrer lui-même la voie qu'il devait suivre pour arriver jusqu'à lui, lui laissant toute liberté de s'y engager ou d'en choisir une autre, mais promettant misère, déception et condamnation à l'orgueil qui repousse volontairement la lumière, et succès au contraire et récompense à l'esprit droit et sincère qui emploie toutes ses facultés à chercher la vérité et à s'y soumettre.

Oui, je le répète, la voie est toute tracée; Dieu nous a fait cette grâce; les lois morales existent et sont aussi immuables et infaillibles que celles qui régissent la nature matérielle. Mais, de même que celles-ci, il faut les chercher pour les apercevoir, les examiner attentivement pour les comprendre et les bien connaître pour leur obéir et retirer tous les fruits assurés en récompense à cette obéissance. Mais, si ces lois morales existent, si, tombées en paroles tout humaines de la bouche divine, elles ont été précieusement recueillies et transcrites dans ce livre sacré qui est notre code, l'Évangile, pourquoi ne pas ouvrir ce livre quand notre esprit est dans l'embarras et la perplexité; le lire avidement et obéir à ses enseignements et à ses ordres, si l'on a foi en lui et en son infaillibilité, si enfin on est chrétien? Le tout est donc évidemment d'y croire à cette infaillibilité. Une fois la croyance venue, une fois l'esprit pénétré de la vérité du christianisme, l'intelligence, aidée de l'expérience et des enseignements humains, apprendra bientôt à obéir à ses préceptes, apprendra au moins à ne pas tenter de les enfreindre, et tous s'y conformant, chacun selon ses facultés, le plus ou moins d'imperfection de sa nature et la somme plus ou moins grande d'efforts dont il est capable, la société marchera et avancera sûrement. Elle ne sera pas parfaite; une réunion d'êtres imparfaits ne peut jamais former un ensemble parfait; mais elle sera aussi peu imparfaite qu'il est possible de l'espérer sur terre et sera sûre au moins de ne pas rétrograder, de marcher, au contraire, indéfiniment dans le progrès, au lieu d'être exposée à reculer indéfiniment vers le néant d'où elle est sortie et vers lequel les forces contraires tendent à la ramener.

Croyez-vous en Jésus-Christ, fondateurs de notre société, et à l'infaillibilité de la parole divine, l'Évangile, code de lois morales et sociales? A cette condition vous êtes vrais chrétiens, et il sera facile de s'entendre avec vous, et tôt ou tard la plus parfaite harmonie d'idées, d'opinions et de sentiments régnera entre nous. Vous doutez du Christ, niez l'infaillibilité de ses préceptes, au point de vue social sinon religieux. Dans cet ordre d'idées le champ est libre à vos imaginations. Rien ne peut vous borner, vous imposer une fin quelconque. Vous êtes en un mot libérés de toute entrave, mais aussi dépourvus de tout guide, de tout point de ralliement. Vous êtes, en un mot, sans drapeau, sans chef, et il est à craindre au moins que votre armée, si nombreuse, si vaillante et si dévouée qu'elle puisse être, ne perde bien de ses moyens d'action en l'absence complète de toute direction et de toute unité possible. Aussi quel spectacle donnez-vous au monde sinon celui des plus incroyables contradictions, de divergences d'opinions sans nombre, d'incohérences et de divagations inouïes? C'est que le Christ est la lumière : suivre ses préceptes, écouter sa voix, c'est marcher dans la région lumineuse, c'est s'approcher de plus en plus du foyer de toute science et de toute vérité. Le renier, douter de lui et marcher au sens opposé, c'est se plonger fatalement et volontairement au sein des ténèbres éternelles. D'un côté donc, la foi vive et sincère et raisonnable aussi qui sauve ; de l'autre, l'orgueil qui précipite dans l'abîme sans fond.

« Cherchez et vous trouverez, » a dit le Christ : cherchez donc consciencieusement au lieu d'inventer; examinez et étudiez avec toutes les ressources de votre intelligence, au lieu de vous contenter de faire appel à votre féconde imagination. Car tout est créé dans le monde et l'homme ne peut que découvrir ; le poëte, lui-même, n'est grand que le jour où son imagination vagabonde, sous l'impulsion du vrai génie, a rencontré par hasard une vérité. Car la vérité seule est belle, et la vérité existe, et l'homme du plus grand génie ne peut être que le Christophe Colomb d'une partie de cette vérité. Rappelez donc à vous vos imaginations errantes, perdues dans l'admiration naïvement orgueilleuse de leurs propres œuvres, et dirigez vos regards sur ces œuvres de Dieu dont la beauté vous éblouit au point de vous aveugler et dont vous ne parviendrez jamais même à copier la plus simple. Employez toute votre intelligence à tâcher de les comprendre ; cherchez ardemment la cause de toutes choses, dirigez vos pas vers l'origine et la source de toute science et de toute vérité, et à chaque conquête nouvelle posez fermement le pied sur elle et servez-vous-en comme d'échelon pour monter encore plus haut. Croire aux vérités révélées, courir à la découverte de celles que Dieu a laissé à l'intelligence humaine le devoir de chercher, sachant qu'elles sont à la portée de cette intelligence dont lui-même a réglé la force et la puissance; faire une étude approfondie des conquêtes faites avant nous par l'esprit humain, s'en étayer pour se fortifier et faire effort pour gravir un degré de plus; telle est la loi du progrès. Nier tout, et les vérités révélées et les vérités conquises par nos pères; vouloir détruire tout ce qui a été péniblement édifié et toujours tout recommencer sur de nouvelles et incertaines bases, c'est vouloir constamment retourner au chaos, au règne des ténèbres. Le pinceau d'un grand peintre a su donner une forme à ces deux idées; deux tableaux placés côte à côte les représentent avec cette clarté qui est le sceau du génie : l'un, c'est le Christ remettant aux mains de saint Pierre la clef du ciel, cette clef qui doit ouvrir l'entrée de la vraie voie, de la voie de vérité et de salut; l'autre, c'est la tour de Babel et le cruel spectacle de l'abominable désordre amené parmi les hommes par cette audacieuse invention de l'orgueil et de la vanité.

Entre les deux, libre à vous de choisir; mais choisissez tout l'un ou tout l'autre; car la vérité est absolue, et l'on ne peut transiger avec elle. Le Christ ouvre les bras et appelle à lui tous les enfants des hommes. Venez donc tous vivre au sein de cette société qu'il est venu lui-même fonder sur terre; jouissez de ses bienfaits en le reconnaissant pour maître, sans vous sentir en rien humilié d'une pareille domination, et en obéissant sans murmure et avec joie même à ses lois si pures, si claires et si lumineusement simples; et le plus grand bonheur possible sur cette terre de misères, de souffrances et d'épreuves sera votre récompense.

Quant à moi, je le dis hautement, mon code de morale, mon code de lois, c'est l'Évangile : je n'en veux point d'autre ; j'accepte tout ce que je reconnaîtrai être conforme à ses vues et repousserai énergiquement et sans regret tout ce que je reconnaîtrai leur être contraire. Pour moi donc la société que je veux et dans laquelle je veux vivre a été fondée il y a bientôt vingt siècles. Cette société a été, dès sa naissance, en butte à toutes les persécutions, car elle proclamait la liberté, et le monde alors était en proie au despotisme, et l'humanité au plus honteux esclavage : elle a peu à peu surmonté ou brisé bien des obstacles et surmontera et brisera encore tous ceux qui se présenteront et essayeront de l'arrêter dans sa voie de progrès, car sa force est immuable comme tout ce qui vient de Dieu, et les effets de cette force, immuable et constante, sont de plus en plus grands. Aussi, quelque nombreux et puissants que soient ses détracteurs et ses ennemis, quels que soient les périls qui viendront la menacer, jamais le désespoir ne me viendra ; toujours, au contraire, l'espérance remplira mon cœur, convaincu comme je le suis, que Dieu ne voudra jamais laisser périr son œuvre. Dieu existe, et le Christ est le fondateur de notre société : telle est ma sincère conviction, et cette conviction, je ne désirerais rien tant que de la voir partagée par tout l'univers pensant. Je trouve, dans le christianisme, la base divine, le principe de vie des sociétés modernes, et, par une conséquence naturelle, je vois tout leur avenir dans une saine interprétation des lois sociales contenues dans l'Évangile. Quant à ceux qui voudraient persister dans leurs rêves chimériques et qui préfèrent à la vérité évangélique, que je voudrais les voir constater, la satisfaction orgueilleuse de poursuivre une idée personnelle, des plans toujours nouveaux ou toujours exhumés et repris, innombrables et interminables tours de Babel, quant à ceux qui se proclament les égaux du Christ, prétendent même faire mieux que lui, et n'admettent de bonheur possible pour l'humanité que dans la réalisation de leurs inventions sociales, ceux enfin qui n'ont d'énergie que pour s'acharner à détruire un édifice que tant de faits proclament divin, ceux-là, je le dis hautement, sont ennemis du christianisme et de l'humanité; à eux donc ce titre, maintenant si vulgaire et souvent si mal compris de socialistes.

Cherchons donc à nous compter et à nous reconnaître, à marquer en quelque sorte au sceau du christianisme ceux qui combattent véritablement pour la société chrétienne ou repoussent au moins tout ce qui peut l'affaiblir, et au sceau du socialisme tous ceux qui l'attaquent sciemment ou insciemment. Travaillons aussi courageusement à réveiller les indifférents, à éclairer les ignorants et à combattre, par tous les moyens, cette *nuit* qui, au dire de notre grand poëte, est la cause de toutes nos misères.

III

Le progrès social, conséquence du progrès moral et matériel, est le résultat d'une série de conquêtes de la liberté sur l'autorité. L'étude, l'observation, l'expérience, l'histoire des faits accomplis jusqu'à nos jours, tout enfin se réunit pour prouver la vérité de ce principe. Le progrès social réside donc tout entier dans l'extension de l'action privée, au sein de la vie sociale, aux dépens de l'action collective ou force publique instituée. Mais que l'on prenne bien garde ici, en voulant exagérer ou seulement mal comprendre la portée du principe, de tomber dans une erreur dont les conséquences seraient désastreuses pour la cause même que l'on voudrait défendre. Que l'on me permette, pour me faire mieux comprendre, de prendre un exemple dans l'ordre matériel. M. Proudhon, dans sa polémique en faveur de la gratuité du crédit, constate avec raison qu'à mesure que le bien-être se répand dans toutes les classes de la société, la fortune publique s'étant accrue, l'argent devenant de plus en plus abondant, le capital diminue de valeur et l'intérêt baisse. Rien de plus naturel, de plus évident et de plus exact. Mais de là à retourner la question, il y a loin, que l'on ne s'y trompe pas, et il serait parfaitement faux d'en conclure que pour arriver immédiatement au point maximum du progrès matériel, il suffirait de décréter d'un trait de plume la gratuité du crédit. Que l'intérêt, en raison de l'accroissement de fortune et de bien-être, tende indéfiniment vers zéro, cela est sûr; mais c'est précisément là, mathématiquement parlant, une raison suffisante pour qu'il n'y arrive jamais. Donc en tirer la conclusion que M. Proudhon s'était plu à en tirer serait tout simplement prendre le résultat pour la cause. Une erreur analogue pourrait parfaitement, si l'on n'y prenait garde, se reproduire ici; et c'est pour cela qu'en disant progrès social, j'ai eu soin d'ajouter « conséquence du progrès moral et matériel. » Il faut donc bien se garder de conclure du principe énoncé, sous peine de le défigurer et d'en altérer l'essence même, que pour arriver d'un bond au maximum de progrès social, il suffit de supprimer l'autorité. Le progrès social, disons-nous, est le résultat d'une série de conquêtes de la liberté sur l'autorité : cela est vrai, mais il faut bien s'entendre sur les mots : il y a conquête et conquête, et toutes ne sont point obtenues l'épée à la main ; je dirai même plus, c'est que celles dont il s'agit ici ne se sont point faites et ne se font pas avec l'épée, mais bien malgré l'épée. Quelque acception guerrière qu'on pût du reste donner à ce mot, il y aurait là bien plutôt une vérité à déplorer qu'à proclamer ; car la proclamer serait sanctionner l'idée qui fait de l'insurrection le plus saint des devoirs. D'ailleurs je prie qu'on examine avec le plus grand soin cette grave question, dont la solution doit, en définitive, servir de guide dans la ligne de conduite politique que tout homme sincère et dévoué doit tenir. Je demande donc pourquoi cette autorité, que l'on prend toujours le parti de battre en brèche, ne se réduit pas, comme cela serait au premier abord parfaitement possible, à l'état de pure et simple administration? Pourquoi est-elle toujours revêtue d'une somme plus ou moins grande de pouvoirs coercitifs? Précisons, pour être plus facilement compris. Tout ce qui, dans l'État, est en dehors de l'administration, peut sans difficulté, puisqu'il s'agit d'affaires d'intérieur, se personnifier dans le gendarme. Pourquoi donc faut-il tant de gendarmes? S'il y en a trop, à qui la faute? Qui est-ce qui les rend nécessaires? Ce ne sont certes pas les honnêtes gens, qui ne demandent que justice, et le bien pour eux-mêmes et pour tous. S'il n'y avait pas de récalcitrants à la probité, à la justice, si, politiquement, il n'y avait pas de fauteurs de désordre, et toute une secte d'ambitieux intrigants qui ne cherchent à troubler l'eau que pour y pêcher plus à leur aise, et que je n'hésiterai pas, en fait de liberté politique, de qualifier de gâte-métiers, à quoi serait bon un pareil déploiement de forces? Le vrai malheur, dans tout cela, est précisément que l'on soit obligé d'en venir à remettre entre les mains de l'État des pouvoirs si énormes et d'un si dangereux usage. La faute en est, non pas à l'État, qui n'est que mandataire, mais à ceux qui forcent une société à se donner ainsi un maître trop vigoureusement armé. L'État, il faut le croire, puisque nous admettons la bonne foi partout, ne fait usage de ses armes que quand il le faut et à la dernière extrémité; mais, en supposant même qu'il s'en serve par plaisir et sans une absolue nécessité, il n'en reste pas moins vrai que le plus mauvais tour que l'on puisse jouer à un bretteur de profession est de lui ôter ou d'éviter de lui fournir toute occasion d'exercer ses talents et de montrer sa supériorité; et si le pot de fer avait réellement désiré mettre en pièces son malheureux camarade, il n'aurait été que tout joyeux de recevoir un choc de ce dernier. Le guerrier le plus fougueux enfin ne tarderait pas à se lasser de n'obtenir que de trop faciles victoires. Le meilleur moyen incontestablement de combattre la force est de lui ôter toute raison d'être : soyons convaincus que, sans attendre bien longtemps, elle s'écroulerait morceau par morceau en face de sa propre inutilité; et il n'est rien de ce qui coûte et gêne, sans le moindre agrément ni nécessité d'aucun genre comme compensation, qui résiste aux efforts de la raison et du bon sens, et, pardessus tout, du temps : avec ce dernier il suffit d'abandonner, de ne plus entretenir ni soutenir l'objet inutile; il sera donc facile de reconnaître que c'est à l'arme du travail qu'il faut avoir recours pour conquérir la liberté; que l'épée est l'ennemie à combattre et non point l'arme sur laquelle il faut s'appuyer.

C'est du reste une loi fatale du progrès que tout ce qui devient nuisible ou inutile tombe de soi-même, ou, grâce à un effort, dont la faiblesse surprend toujours ceux qui, pour le mettre de côté, n'avaient pas cru inutile de rassembler toutes leurs forces. Que les pouvoirs donc, qui veulent avoir quelque chance de durée, prennent garde de s'oublier, comme Annibal dans les délices de Capoue; leur plus grand ennemi c'est le temps, qui marche toujours, qui un beau jour leur manquera soudain s'ils ne mettent pas le plus grand soin à le suivre d'aussi près que possible. Qu'ils sachent surtout se rendre toujours utiles, indispensables même, s'ils ne veulent pas avoir à redouter que leur seul soutien véritable, la raison froide et calme qui finit toujours par avoir le dessus, ne les abandonne et les laisse tomber. Mais qu'ils n'essayent pas, cependant, d'aller au-devant avec trop de précipitation et de zèle, le jeu pourrait être dangereux, et l'on se perd aisément à vouloir aller trop vite; le temps a sa marche régulière et parfaitement réglée; on s'éloignerait de lui aussi bien en voulant le devancer qu'en avançant trop lentement. C'est donc, on le sait, une tâche rude et difficile que de se maintenir constamment à hauteur du mouvement général, surtout à la tête d'une société comme la nôtre et à une époque où tout semble se précipiter en avant avec une rapidité merveilleuse, et où l'on est tellement pressé de jouir, qu'on escompte l'avenir, ne pouvant plus avoir la patience d'attendre sa venue.

Quoi qu'il en soit, il est facile d'arriver à se convaincre que l'autorité est loin de devoir être anéantie, qu'elle est utile, indispensable même au progrès, mais aussi qu'elle peut aussi bien nuire au progrès qu'y contribuer. Elle peut, en effet, avec les forces dont elle dispose, aussi bien nuire au développement moral et matériel en gênant ou comprimant l'effort privé ou individuel, seul producteur, soit au contraire le favoriser en détruisant ou paralysant, ce qui rentre dans ses véritables attributions, les obstacles moraux ou matériels qui peuvent s'opposer à sa marche. Or tout gouvernement, quelle que soit sa forme, monarchie ou république, et j'avoue que la forme importe fort peu pour la validité de tous mes raisonnements, est également susceptible de gêner ou de favoriser l'action privée, c'est-à-dire d'être ou extrêmement libéral ou extrêmement despotique. Il n'est rien même, on peut le dire sans hésiter, dans une forme de gouvernement projeté qui puisse faire prévoir d'avance le mode d'action qu'il adoptera et la part plus ou moins grande qu'il s'arrogera dans le mouvement social. Aussi les institutions d'un pays, institutions qui se sont pour ainsi dire créées d'elles-mêmes, qui proviennent de ses traditions, de ses prédispositions, de ses préférences, de sa nature, de ses qualités et de ses défauts dominants, et les lois qui en ont été en quelque sorte la consécration en usages et en codes écrits, doivent-elles toujours être prises en grande considération; tandis qu'une constitution sera toujours mort-née ou ne servira le plus souvent, par les résultats inattendus qu'elle produit, qu'à exciter l'étonnement et la sainte indignation des naïfs qui auront eu la faiblesse de croire en leur vertu; et il n'en est certainement pas une de celles si nombreuses qui sont nées ou à naître en France, en tête de laquelle on n'eût bonne envie et aussi le droit d'inscrire ces mots : *Vanitas vanitatum.*

Toute forme de gouvernement étant donc, à nos yeux, également propre au bien et au mal, au progrès et au retard, ce dont au fond bien des gens sont plus convaincus qu'ils ne l'avouent, grâce un peu aux nombreuses et coûteuses expériences que la France a bien voulu faire sur cette matière, on ne doit pas s'étonner que l'on en arrive, quand on ne fait au moins que de la théorie, à faire bon marché de cette forme de gouvernement et à s'armer à cet égard d'une sorte d'insouciance ou d'indifférence, que l'on déplore tout en faisant de vains efforts pour y échapper, et qui un beau jour, sans que l'on s'en doute, vous fait classer dans cette secte de plus en plus nombreuse de gens dénués d'opinion, telle du moins qu'on la comprend. Il en résulte que bientôt un nom, une couleur cessent de satisfaire l'esprit et d'offrir un mobile suffisant à l'action et au dévouement. C'est un grand malheur, diront les uns que les sentiments généreux et dévoués, même aveuglément, aient ainsi fait place à l'indifférence; mais à quelque chose malheur est bon, diront aussi beaucoup d'autres, et il n'est peut-être pas si déplorable que les hommes ne soient plus assez fous de s'entre-déchirer dans le simple but de mettre un nom à la place d'un autre et de changer l'entête des actes publics. Cette nouvelle disposition des esprits laisse mieux d'ailleurs apercevoir la nation derrière l'individu qui l'effaçait et l'absorbait; n'est-il pas enfin plus grand et plus difficile de se dévouer à une nation qu'à un seul homme, et la grandeur même de l'objet du dévouement ne serait-il pas propre à grandir le dévouement lui-même?

Que penser alors, et dans un tel ordre d'idées, de toutes ces prétentieuses désignations de partis dont je parlais plus haut, et que, pour mon compte, je rejette comme parfaitement dérisoires? Que peut m'importer, en effet, le sentiment monarchique, légitimiste, par exemple, de l'un, quand toutes ses idées d'ailleurs me sont parfaitement inconnues et peuvent être aussi bien ou entièrement despotiques ou exagéremment libérales? Quel cas puis-je faire aussi de la profession de foi républicaine de l'autre, lorsqu'elle me laisse ignorer absolument lequel est son dieu de Robespierre ou de Washington? Il n'y a donc évidemment rien dans toutes ces désignations qui puisse servir à faire reconnaître un homme, du moins dans tout ce qui peut intéresser les autres, c'est-à-dire dans ses vues, ses tendances et les idées auxquelles il se dévouera. La société est divisée en deux grands partis, comme j'ai déjà cherché à le faire comprendre: le camp des chrétiens d'un côté, celui des socialistes de l'autre. Or il m'est impossible, avec toute la meilleure volonté, de trouver dans ces qualifications d'opinions un moyen, même douteux, de reconnaître dans lequel des deux camps l'un ou l'autre doit être placé. Je n'hésite pas à dire qu'au sein de la société la confusion et le mélange restent complets aux yeux de l'observateur; qu'un homme de n'importe quel parti peut aussi bien appartenir à un camp qu'à l'autre, et cela souvent à son insu, en ce sens que beaucoup sont dans l'un et fort décidés à s'y tenir, qui se croient fermement dans l'autre. C'est même dans le but de faire autant que possible cesser cette confusion, et de mettre chacun à même de se reconnaître, que ce livre a été écrit ou plutôt cet essai tenté.

Mon but serait donc non-seulement d'étudier la société chrétienne, telle qu'elle est ou devrait être en se conformant aux lois de l'Évangile, ce qui ne peut être ni long ni difficile en tenant compte des admirables travaux auxquels cette étude a donné lieu jusqu'à ce jour; non-seulement aussi d'examiner, à l'aide de ces mêmes travaux, d'approfondir et faire ressortir clairement l'idée contraire, qui est l'idée socialiste, mais encore et surtout de forcer chacun à faire lui-même, pour ainsi dire, son examen de conscience, et de mettre sous les yeux d'un chacun comme une sorte de tableau sur lequel il puisse distinctement voir son nom inscrit en toutes lettres, avec les titres et qualités qui lui reviennent de droit. Le résultat obtenu, si toutefois il est atteint, devra donc être de fournir comme une pierre de touche, grâce à laquelle chacun puisse reconnaître dans lequel des deux camps, chrétien ou socialiste, il doit nécessairement se trouver classé.

Je sens bien que beaucoup de gens souriront de pitié à cette prétention de vouloir enrégimenter tous les hommes et de prouver à quelques-uns qu'ils sont peut-être tout autres qu'ils ne croient. Mais cependant je ne crois pas que le principe, γνῶθι σεαυτόν, soit précisément tellement bien mis en pratique, qu'il n'ait besoin de temps en temps de quelque correctif. On met en général beaucoup de sévérité à juger les autres et encore plus de légèreté à se juger soi-même ; et il n'est peut-être pas inutile de rappeler ici ces mots de l'autorité suprême : « On aperçoit une paille dans l'œil de son voisin et on ne voit pas une poutre dans le sien. » Il est donc plus aisé de juger ses semblables que de se juger soi-même, et ceci prouve qu'il est bon de ne pas avoir trop grande confiance en soi, et de ne pas trop dédaigner les enseignements qui peuvent venir d'ailleurs ; car, on le sait, la vérité sort parfois de la bouche des enfants. Or que peuvent signifier ces paroles sinon que le naïf bon sens est souvent d'excellent conseil et trop souvent négligé, et que l'on va parfois chercher bien loin la vérité que l'on a tout près de soi. Il est vrai du moins que l'érudition n'est pas toujours une preuve de parfaite rectitude de jugement et que la science, qui rectifie les esprits fortement trempés, a aussi souvent, par son excès même, pour résultat de fausser les faibles. Ainsi donc, après avoir poussé jusqu'à des limites extrêmes les investigations et la série des raisonnements, il peut ne pas être inutile de revenir de temps en temps aux simples et primitifs principes, pour, en quelque sorte, résumer les nouvelles forces dont on s'est armé et se rendre compte à soi-même soit des progrès que l'on a fait, soit de l'écartement trop prononcé de la voie directe auquel on se serait laissé entraîner, et qu'il est bon de signaler et de rectifier. C'est ainsi que le touriste explorateur, désireux non-seulement d'étudier la route qu'il parcourt mais aussi d'arriver à un but désigné, doit fréquemment consulter son guide, sa boussole, et rentrer de temps en temps dans la vraie voie directe et sûre, dont il peut se permettre, pour son instruction même, de s'écarter un peu, mais dont il ne doit jamais complétement perdre la trace ou au moins les moyens de la retrouver à coup sûr quand le moment sera venu d'y rentrer.

Depuis le jour où les disciples du Christ entreprirent leur laborieux voyage au travers de ce monde qu'ils avaient mission d'arracher à la barbarie, bien du chemin a été fait, bien des progrès ont été accomplis; mais au prix de combien d'allers et de retours, de fausses routes, de pas rétrogrades, de retards, de pertes et de naufrages! L'humanité a progressé, ceci est hors de doute : l'impulsion divine ne pouvait agir contrairement à ses propres desseins, et elle ne pouvait avoir le mal pour but final. Mais cette impulsion a-t-elle eu tout l'effet qu'elle aurait pu avoir si l'humanité, sans dépouiller son imperfection, dont elle n'est ni coupable ni responsable, lui avait obéi avec plus de soumission ou avec moins de résistance? Il est à croire que l'imperfection humaine, j'entends celle qui est indépendante de la volonté de l'homme, n'est pas seule coupable des retards nombreux au progrès dans tous les siècles, et qu'une grande part doit être attribuée aux fautes commises sciemment et volontairement par les hommes, à des injustices qu'ils commettaient et dont eux-mêmes se rendaient parfaitement compte, sur lesquelles ils passaient légèrement et dont ils faisaient bon marché au profit seul de leur égoïsme et de leur intérêt personnel, presque toujours aussi mal compris que mal étudié.

Quelle que soit l'injustice et quelle que soit la forme qu'elle revête, ne pesât-elle que sur un seul homme, elle nuit à l'humanité tout entière et apporte un retard au progrès. Si adroits que puissent être les procédés employés à la commettre et à la déguiser aux yeux des hommes, si beaux et si séduisants que soient les ornements dont on la pare, il est fatalement faux que cette injustice puisse jamais et en aucun cas être utile, encore moins nécessaire. Une pareille théorie conduirait, si l'on n'y prenait garde, aux conséquences les plus effroyables, et amènerait à sanctionner les actes les plus répréhensibles, en vue seule du but toujours fort problématique qu'ils étaient censés vouloir atteindre. Qui veut la fin veut les moyens, dit-on; et moi, je dis : qui veut une bonne fin doit vouloir aussi de bons moyens, car il est bien plus exact de dire que l'on ne peut arriver à de bons résultats par de mauvais moyens : une telle illusion ne peut provenir que de l'ignorance et de l'impéritie à reconnaître les résultats réellement obtenus et du peu de soin que l'esprit humain met en général à prévoir les conséquences d'un acte quelconque. Et quand je dis mauvais moyen, je ne crois nullement prononcer un mot vague et indéterminé; la conscience humaine est là toujours que l'on ne peut ni étouffer ni altérer, quelque bonne volonté qu'on y mette : la notion du juste et de l'injuste est pour ainsi dire innée dans le cœur de l'homme, et y germera et s'y développera si on ne fait rien pour la gâter et la contrefaire; et encore si cette conscience ne suffisait pas, si cette notion du juste et de l'injuste n'était pas suffisamment claire, la parole divine et révélée est là au besoin pour leur venir en aide et suppléer à leur faiblesse, et aussi les conseils et enseignements ne font point défaut à ceux qui ne sont pas trop orgueilleux pour recourir à eux. Tout acte injuste, et la vérification d'injustice n'est jamais bien compliquée ni difficile à faire, étant forcément, et par cela seul qu'il est injuste, contraire aux préceptes de l'Évangile, contraire à ce code de lois à l'observation duquel le progrès est attaché, cet acte est impitoyablement déclaré fatal au progrès de l'humanité, et, comme tel, nuisible à la société.

Avec ceux qui croient en l'Évangile, il ne sera donc jamais impossible de juger, apprécier, approuver ou condamner un acte quelconque; il suffira en quelque sorte de le soumettre quelques instants au creuset évangélique, duquel, si on le veut bien, il ne pourra sortir que parfaitement dépouillé de tout ce qui pouvait cacher aux yeux et ses défauts et ses qualités. Avec ceux qui n'y croient pas, ou plutôt qui ne croient à rien qu'à eux-mêmes, la discussion ne peut plus avoir de limites; tout point de ralliement manque forcément, en l'absence d'une autorité supérieure et imposante pour tous, et l'on s'exposerait à perdre inutilement son temps et ses forces à des dissertations sans bornes assignables. Dès que l'on se refuse à adopter l'Évangile du Christ, chacun est tenu de s'en faire un à lui-même, et le nombre alors peut en être aussi grand que le nombre même des individus : aussi voit-on parmi ceux-ci les divisions s'élever dès qu'il s'agit d'édifier ; à peine peuvent-ils s'accorder, quand il n'est encore question que de détruire. Aucun principe immuable ne leur servant de base commune, une fois la désunion entre eux, ils ne peuvent, quelques efforts qu'ils fassent, parvenir à se rallier et à faire renaître entre eux le bon accord et l'harmonie d'idées et de vues. Aussi, dès que le moment de l'action est venu, dès que l'heure de construire a sonné, leur faiblesse aussitôt se montre au grand jour et dans toute sa nudité. Leurs efforts n'étant pas combinés, agissant même en sens contraire les uns des autres, l'effet est toujours nul, s'il n'est pas négatif, et toute leur puissance se borne à faire le mal et à empêcher le bien.

Ce sont eux que je condamne si vivement sous le nom de socialistes, non-seulement par pure conviction et par pure foi en l'autorité que je vénère, mais aussi à la vue du mal, sans compensation du moindre bien, qu'ils ont produit jusqu'à ce jour, et par la crainte de celui dont ils nous menacent à tout instant. Les événements qui se sont passés sous nos yeux en 1848 suffisent pour donner une idée de ce que l'on est en droit d'attendre d'eux. D'une réforme simplement gouvernementale, qui était désirée de tous et qui n'avait d'autre but que de mettre obstacle à la corruption électorale, le seul vice réel que l'on eût à reprocher au gouvernement d'alors, ils ont dès le premier jour essayé de faire une révolution sociale. Aussi les esprits, séduits au premier abord par la perspective d'une simple réforme qui ne tendait qu'à donner une plus large part à la liberté en donnant plus de force et de vérité à la représentation, et qui semblait n'avoir rien qui dût effrayer les hommes même les plus conservateurs, les esprits, dis-je, furent saisis de crainte à l'aspect de ces tentatives qui ne tendaient à rien moins qu'à altérer les bases fondamentales de l'ordre social. La confiance disparut, une sorte de terreur lui succéda, cette terreur de l'inconnu qui est la pire de toutes, en ce qu'elle paralyse à la fois le courage et la raison; et la société, qui se sentait menacée dans son existence même, ne songea plus qu'à se jeter, et cela en dépit des plus beaux et des plus vrais raisonnements, dans les bras de la dictature, de l'absolutisme, en invoquant le nom qui mieux que tout autre à ses yeux représentait la force et la puissante autorité. Le calme et la sécurité, ces biens inappréciables, lui furent rendus, mais comme toujours, hélas! au prix de la liberté; et cette liberté, ce sont donc les socialistes qui nous l'ont ravie, ce sont eux bien incontestablement qui en ont rendu le sacrifice nécessaire. Si donc c'est à cause d'eux que la liberté devient, sinon impossible, du moins si difficile à obtenir, comment s'étonner qu'un cœur animé de sentiments vraiment libéraux les tienne en haine et aversion et cherche tous les moyens possibles de les accabler soit en mettant à nu leur propre impuissance et la vanité de leurs prétentions, soit en produisant au grand jour la force des armes que l'on a contre eux et la toute-puissance sur laquelle s'appuie la société qu'ils menacent. Donner à chacun conscience de sa propre force, c'est la décupler déjà, avons-nous dit; faire paraître dépouillée de toutes ses apparences trompeuses la faiblesse de l'ennemi, ce sera aussi ajouter au courage des moins braves, en faisant renaître cette confiance, à laquelle nous attachons une si immense importance, et sans laquelle toute énergie tombe et toute force est comme anéantie.

Le meilleur moyen de l'inspirer à tous, cette confiance, c'est de chercher à prouver que les bases sur lesquelles repose notre société sont inattaquables et immuables comme son fondateur, et que ceux qui tentent de les ébranler ne sont que d'orgueilleux pygmées dont les efforts méritent à peine un sourire de pitié. Les bases sociales ont été examinées, appréciées et jugées depuis longtemps, et je ne me serais pas permis d'y revenir, si les attaques des héros de 1848 n'étaient venues, dans beaucoup d'esprits, tout remettre en question en faisant mettre en doute leur solidité. Peut-être aussi ces bases n'avaient-elles pas été suffisamment bien établies pour être à même de résister à toutes les secousses. Mais je ne me serais pas exposé à me voir reprocher l'orgueilleuse prétention d'inscrire mon nom à la suite des Smith, Say, Comte, Bastiat, etc., dont le génie a jeté une si vive lumière sur cette science qui a pour objet l'étude de l'économie et du mécanisme social; si je ne partais d'une sincère conviction et si je n'avais autant de préférence pour l'arme de la persuasion, si faible que soit la main qui essaye de s'en servir, que de répugnance pour la force, cette *ultima ratio regum*, que les barbares connaissent aussi bien et mieux que nous, cet ennemi naturel de la liberté dès qu'il cesse d'en être la sauvegarde, de cette liberté, l'idole des grands esprits, l'épouvantail des faibles et des ignorants.

IV

L'Évangile est non-seulement notre code de morale, mais aussi notre code social : telle est, avant de rien entreprendre, la vérité que je voudrais voir acceptée de tout le monde, de tous ceux au moins qui se donnent le titre et la qualité de chrétien. Je crains bien un peu de me répéter, à force de vouloir convaincre ; mais je tiens si essentiellement à établir cette base d'opération sans laquelle il m'est impossible de rien faire, que je n'hésite pas, s'il le faut, à user de toute la patience du lecteur. Il est évident, en effet, que ce principe, adopté définitivement, il ne peut plus rester qu'à étudier, examiner et interpréter ce code, obéir à tout ce qu'il ordonne et éviter tout ce qu'il défend. Mais, sans aller plus loin, il devient parfaitement clair que l'Évangile étant code de lois sociales, il a dû servir de base et d'origine à la société au sein de laquelle nous vivons ; que cette société, dégagée de toutes les nombreuses défectuosités provenant soit de souvenirs ou restes de l'ancienne barbarie, soit de nouvelles erreurs qui n'auraient fait que remplacer les anciennes, et dont l'homme reste toujours susceptible, est au fond des choses, puisque Dieu n'a pas pu manquer le but qu'il voulait atteindre, telle qu'elle devait ressortir de l'adoption même dudit code, et telle que son fondateur, qui connaissait les qualités et les vices des hommes, avait prévu qu'elle deviendrait; que par conséquent toute convention purement humaine, je ne dirai pas contraire, mais seulement en dehors des principes qu'il proclamait, n'a pu qu'agir à l'encontre de ses desseins, leur faire obstacle et être une cause de retard dans la marche de cette société vers le progrès. Il suit évidemment de là qu'en principe il ne peut y avoir d'accord possible entre l'Évangile d'une part et l'idée de contrat social de l'autre; qu'admettre l'un c'est inévitablement rejeter l'autre, ou, en d'autres termes, qu'on ne peut accepter l'un qu'à l'exclusion complète de l'autre. En effet, la société type, celle que l'esprit ne peut que voir en rêve, mais de laquelle, en suivant la loi du progrès, nous tendons de plus en plus à nous rapprocher, ayant pour base un code divin, est, par sa provenance divine même, immuable et invariable, et ne peut subir de changements ou d'altérations apportés par la capricieuse main d'un législateur tout humain. L'idée de contrat social, au contraire, c'est-à-dire l'idée d'une société reposant tout entière sur une convention humaine et n'ayant d'autre raison d'existence et de continuation d'existence que cette convention seule, ne peut reposer que sur des bases aussi fragiles que l'imagination de l'homme qui l'aurait conçue, est susceptible par suite de subir tous les changements ou modifications que voudra y apporter le changeant esprit de l'homme, et laisse comme conséquence forcée l'avenir social dans une obscurité et une incertitude complètes. N'oublions pas que c'est toujours la confiance que nous avons pour but d'organiser, or, je demande s'il est possible de la faire naître en laissant planer sur nous un avenir aussi incertain, sinon quelquefois menaçant. Il n'y a donc pas de transaction possible, mais bien un choix définitif à faire entre l'Évangile et le contrat social, l'un étant mathématiquement le contraire de l'autre : choix parfaitement libre du reste, car la première chose que j'exclue, ne serait-ce que pour être conséquent avec mes propres principes, c'est l'emploi de la force en tout ce qui concerne la conscience et la pensée humaine. Je le rejette d'autant plus énergiquement que je suis plus convaincu ; car il est indubitable, à mes yeux, que la vérité finira toujours par se faire jour tôt ou tard et prédominer, que par suite l'emploi de la force ne peut être absolument utile que pour faire momentanément prédominer une erreur. C'est contre la force qu'agissait l'idée chrétienne lorsque à sa naissance elle se trouva en face du paganisme et du colosse romain, et la persécution, la torture et le martyre furent impuissants à en arrêter la propagation ; c'est enfin malgré la force, qui en étouffait l'essor, que furent proclamés les grands principes de 89, et ce n'est qu'avec elle que Robespierre put tenter un instant d'imposer les fausses doctrines que Rousseau son maître lui avait enseignées. C'est, pour tout dire, en peu de mots, la parole seule que le Christ donna pour arme à ses disciples.

Aussi un simple missionnaire est-il plus puissant que les armées les plus nombreuses : les armes européennes, pourront bien remplir de terreur les cœurs de trois cents millions d'hommes, le missionnaire en gagnera un seul à la cause du Christ. Lequel des deux triomphes est le plus profitable au christianisme? C'est donc par la persuasion seule que je voudrais agir; mais c'est aussi la seule arme que je reconnaisse à mes adversaires le droit de porter; et je le dis en toute conviction, que l'on prenne garde d'user de toute autre; car avouer que l'on est dans la nécessité de recourir à la force pour faire triompher une idée, cela suffit pour infirmer cette idée et la proclamer erreur. La vérité même perd à s'en servir, car c'est l'abus que faisait l'Église des pouvoirs terrestres qui donna naissance au protestantisme. Celui qui frappera par l'épée périra par l'épée, est-il dit; mais la vérité ne doit ni ne peut périr; qu'elle jette donc son arme au loin, car elle doit échapper à l'arrêt fatal, et qu'elle laisse l'erreur encourir la condamnation que ses procédés violents lui réservent. L'homme qui rêve, poussé par l'orgueil, ne consent jamais à retirer une erreur qu'il a une fois émise, lors même que ses yeux viennent à se dessiller, et se laisse plus facilement qu'on ne le croit entraîner aux moyens extrêmes : il n'y a donc qu'un pas à franchir, 93 est là pour nous le prouver, du rêve insensé à l'essai de réalisation de ce rêve, de cet essai de réalisation à l'emploi de la force et de la violence. Renonçons donc aux rêves, à la réalisation desquels une déplorable fin est seule promise, et cherchons à comprendre ce qui est; tâchons enfin, de tous nos efforts, d'atteindre à cette vérité qui existe et dont Dieu promet la découverte en récompense à nos laborieuses recherches.

Il est dur, cela est vrai, de renoncer définitivement à rêver, ce renoncement eût-il pour fin la plus brillante réalité. La rêverie est un champ dont le mérite même est d'être illimité, et dans lequel les esprits élevés, poétiques et généreux se plaisent à errer sans que rien puisse venir entraver leur course vagabonde. Cette vague et indéfinie liberté d'imagination est pleine d'attraits et de séduction; mais, hélas! l'astrologue de la fable, qui voulait avancer, sans quitter des yeux ses astres chéris, ne songeant pas à jeter de temps en temps au moins un regard sur terre, finit par tomber dans un puits. Le champ de la vie humaine n'est pas tellement uni et aplani que le songeur trop insoucieux de sa terrestre nature n'y puisse rencontrer encore bien des pierres d'achoppement. Il doit sembler dur aussi à ces mêmes esprits généreux de demeurer spectateurs des misères sans nombre de notre pauvre humanité, de se contenter de leur apporter secours et consolations, et de renoncer à les guérir d'un seul coup, d'un trait de plume, par un simple effort de génie et d'imagination. Il serait si doux de pouvoir un beau jour décréter le bonheur pour tous, la fin de toutes les souffrances. Mais ce n'est qu'avec de la patience, une longue étude et une soigneuse observation que le médecin peut arriver à connaître le mal, à en apprécier les effets et en découvrir la cause. Cette lenteur obligée, impatiente bientôt les cœurs qu'anime une générosité trop ardente; ils ne peuvent supporter plus longtemps le spectacle de la douleur; ils repoussent et éloignent le trop lent observateur, et saisissent eux-mêmes, de leurs inhabiles mains, l'instrument du salut. Leur mouvement est bon, cela est incontestable et dénote sûrement les meilleurs sentiments; mais il aura besoin de toutes ses qualités pour se faire pardonner d'avoir tué le malade que quelques instants de patience encore auraient pu sauver.

Du reste comment les imaginations jeunes et ardentes ne seraient-elles pas séduites? Il serait, en effet, semble-t-il à chaque rêveur, si facile aux hommes d'être heureux, si tous seulement le voulaient et consentaient à se laisser faire heureux; mais voilà précisément où est la difficulté : c'est que tous les hommes ne veulent point consentir à se laisser faire heureux, et que nul n'a cependant le droit de les y forcer; c'est aussi que le bonheur n'est pas le même pour tous, et que chacun peut seul être juge du sien propre, et encore et surtout que les hommes ne sont ni tous bons ni tous pleins de raison, et de bon sens, et qu'il faut, bien qu'il en coûte et bon gré mal gré, tenir compte de leur imperfection. Il faut dire aussi qu'on leur en propose tant de ces bonheurs, tant d'espèce différente : le bonheur Cabet, le bonheur Louis Blanc, les bonheurs Fourier, Proudhon, Considérant, etc., qu'il y a bien de quoi hésiter un peu. Il ne peut y avoir là, il est vrai, qu'embarras du choix; car, au dire de leur inventeur, chacun d'eux est la suprême expression du beau et du bien. Pourquoi donc tant d'hésitation? Ils s'adressent bien cependant en faisant part de leurs trouvailles au Français, car si l'Anglais améliore patiemment ce qu'il a, le Français aime bien innover, bien que ce goût d'innovation ne laisse pas parfois de lui coûter cher.

A qui donc s'en prendre de cette imperfection humaine, qui seule rend impossible la réalisation de ces nombreux projets de félicité? A Dieu incontestablement qui aurait parfaitement pu, s'il l'eût voulu, créer les hommes bons et parfaits, et qui leur a donné, au contraire, les instincts vicieux, pervers et méchants, qu'il faut incessamment contenir, réprimer et combattre. Mais quels que soient les motifs qui l'ont fait agir, le fait est qu'il l'a voulu ainsi, et nous n'avons, je crois, rien à voir ni à discuter dans ses actes. Dire que nous aurions fait mieux que lui, cela est fort contestable d'abord, et ensuite le mal, si mal il y a, est fait et force est à nous d'en prendre notre parti. Résignons-nous donc au moins une bonne fois, si nous ne pouvons nous trouver satisfaits. Sachons donc que des vices moraux existent et existeront toujours chez l'homme en dépit de tous nos conseils et de tous nos efforts, que de ces vices proviennent, sans exception, toutes ces misères que l'on déplore, et que tout notre travail doit avoir pour but d'apprécier ces vices, afin de nous rendre un compte exact de leur degré d'intensité et des conséquences qu'ils peuvent avoir, afin d'apprendre, sinon à les détruire, du moins à en pallier et combattre, autant que possible, les effets. Les causes du mal sont toujours l'ignorance, l'orgueil et l'incrédulité qui en est la suite. L'ignorance dans laquelle l'homme, même érudit, se tient en ce qui concerne ce code évangélique qui doit nous régir, et l'orgueil qui lui fait croire en lui-même et admettre qu'il peut tout par lui-même et sans l'aide de Dieu, font naître en lui cette incrédulité qui lui fait repousser comme inacceptables, absurdes et humiliants même tout ordre et tout conseil venus d'en haut, le font douter que Dieu, s'il existe, ait jamais pu s'intéresser à une créature aussi faible et ait pu condescendre à lui dicter des lois, qu'il n'aurait qu'à observer pour arriver au plus grand bonheur possible en ce monde.

Oh! l'orgueil tient bien son rang en tête des péchés capitaux : c'est lui qui fit déchoir l'ange et le plongea dans les ténèbres éternelles; c'est aussi le plus terrible ennemi de l'homme et le plus difficile à combattre. L'ignorance, qui presque toujours vient de paresse, provient aussi parfois, il faut le dire, de causes indépendantes de la volonté de l'homme, causes contre lesquelles il ne lui est pas toujours possible de réagir, et dont il n'est conséquemment pas responsable; et encore est-on forcé de reconnaître que ces causes diverses disparaissent de plus en plus, et que la lumière gagne tous les jours du terrain sur les ténèbres. Mais l'orgueil est enraciné dans le cœur de l'homme; il croît même, pourrait-on être tenté de dire, en raison précisément des efforts que l'on fait pour combattre l'ignorance, et l'instruction, souvent mal acquise et mal dirigée, n'engendre quelquefois que vanité. C'est l'orgueil surtout que je tiens à combattre; ce sont ceux qu'il dévore que j'attaque avec force, ceux surtout que Dieu et la parole divine humilient, ceux qui nient la beauté, la toute-puissance et l'infaillibilité de ses œuvres et qui osent tenter de faire autrement, sinon mieux que lui. Ce sont ces orgueilleux que je condamne, ceux qui osent trouver essentiellement mauvaise et sans remèdes possibles la société que le Christ est venu fonder, qui en ont rêvé une tout entière issue de leur cerveau fécond, et ne songent qu'aux moyens de la substituer adroitement ou violemment à celle dont ils se sont faits les contempteurs; ceux aussi, plus redoutables peut-être et plus nombreux, qui acceptent de cette société tout ce qui peut leur plaire et donner satisfaction à leur égoïsme, prétendent corriger tout ce qui leur en semble défectueux ou plutôt opposé à leurs ambitieux desseins, ou bien, gardant pour eux tous les profits, rejetent sur d'autres toutes les charges, les travaux, les peines et les fatigues. Leurs efforts à tous seront vains, car ils luttent contre l'œuvre de Dieu : cette œuvre résistera sûrement à toutes leurs misérables attaques, et surmontera toujours la résistance qu'ils osent lui opposer; mais l'humanité souffre de ces luttes, il ne peut en être autrement; ces hommes mêmes en souffrent qui ont la prétention de soulager ainsi et guérir : s'ils s'apitoient, ce n'est que sur des victimes qu'eux-mêmes ont faites, et les meilleurs n'ont de peine qu'à adoucir les souffrances qu'ils ont causées; leur pitié n'est que remords, et leur peine qu'un rachat.

Christophe Colomb n'a point inventé l'Amérique; son génie lui avait fait pressentir son existence, et il n'a pu que découvrir et constater l'existence de ce monde nouveau. Il en est incontestablement de même de toutes les vérités, et, pour moi, je ne doute pas plus de celle que j'appellerai la vérité sociale que de toute autre : tout se résume donc à la découvrir, à la comprendre et à la bien établir aux yeux des incrédules. A nous donc d'examiner et de chercher. Examinons, par exemple, si tout ce que l'on trouve bon et admirable dans notre société ne se trouverait pas précisément être une conséquence directe des principes proclamés par le Christ et écoutés et mis en pratique par nous, et si tout ce que l'on juge, au contraire, mauvais et condamnable n'est pas déjà jugé et condamné par lui, et ne proviendrait pas d'un défaut d'observation de ses préceptes ou de l'observation de préceptes contraires aux siens. Cette étude, consciencieusement faite, aurait pu, je crois faire tomber sur nous nombre de bienfaits qui ont été repoussés, ou tout au moins éviter à l'humanité bien des souffrances, en produisant, sans tant de douleurs, ces enseignements qui n'ont pu être obtenus qu'au prix des cruelles leçons de l'expérience.

La société, comme tout corps composé, peut être soumise à deux procédés d'observation : l'analyse et la synthèse. Jusqu'à présent on peut dire que l'analyse est le seul procédé auquel on ait eu recours. Pourquoi ne pas recourir aussi au second et compléter l'un par l'autre? La chimie nous en donne l'exemple; et je ne vois pas pourquoi un phénomène social, après avoir été soumis à la plus minutieuse analyse, ne pourrait pas être repris par synthèse et en quelque sorte recomposé. Il est impossible qu'il ne ressorte pas de cette double observation, dégagé de tout ce qui peut lui être étranger et ne peut que le rendre obscur et incompréhensible, et que ses propriétés ne se montrent à nous parfaitement claires et distinctes. Je suis convaincu que de pareilles observations, si elles sont bien faites, doit résulter la connaissance, la notion exacte de toutes les vraies conditions du progrès social et de tout ce que l'on peut être en droit d'attendre et d'espérer d'une association d'hommes, êtres imparfaits, il est vrai, mais perfectibles, réunis sous un commun drapeau par une commune croyance.

4.

PREMIÈRE PARTIE

DE LA PROPRIÉTÉ

Le phénomène social sur lequel je porterai en premier lieu et le plus particulièrement mon attention, le principe que je tiens par-dessus tout à établir fermement et qui est aussi celui qui, depuis quelques années, a été le plus discuté et le plus violemment attaqué, c'est le droit de propriété. Je ne crains pas d'affirmer, ce que tout le monde du reste comprend instinctivement, qu'il n'est pas moins que la base, l'origine, la cause même d'existence de notre société. Il suffit du reste, pour s'assurer de l'importance de ce droit, de voir avec quelle animosité il est toujours directement ou indirectement attaqué par tous ceux qui, soit par pur motif de haine contre tout ce qui est, soit par sympathie réelle pour des idées à mettre au lieu et place de celles qui dominent en ce moment, ont pour but reconnu de détruire la société. Les orageuses discussions de 1848, si fatales à la liberté, ont eu au moins pour résultat de dévoiler et mettre au grand jour les projets véritables de beaucoup de gens qui cachaient, sous les dehors d'une généreuse philanthropie, les intentions les plus radicalement innovatrices. Toutes les utopies les plus extravagantes ont pu et dû se montrer et parcourir l'éphémère existence qui leur était réservée. Mais bien peu parmi les propagateurs d'idées nouvelles ou renouvelées eurent le courage de regarder et d'attaquer le monstre face à face; et M. Proudhon fut peut-être le seul, reconnaissons-lui ce mérite, qui osa prononcer à haute et intelligible voix ces paroles, dont le retentissement fut si funeste à la cause républicaine: La propriété c'est le vol. Il serait véritablement injuste de ne pas tenir compte à M. Proudhon de sa franchise et de cette audacieuse profession de foi qui lui fit d'un seul bond dépasser et rejeter dans l'ombre toute la nombreuse secte des louvoyeurs. Il osa du moins se montrer à visage découvert, tandis que ceux-ci s'escrimaient à miner sourdement le principe fondamental par des moyens détournés, lesquels consistaient, non plus à attaquer le droit des possesseurs, mais, ce qui revient exactement au même, à proclamer et chercher à établir les droits plus ou moins contestables des dépossédés. Plaider la cause des déshérités ne pouvait sembler, au premier abord du moins, qu'un grand acte de dévouement et de générosité, qui, s'il ne parvenait pas à exciter l'enthousiasme au profit de ces généreux défenseurs, ne pouvait en tout cas troubler en rien le repos et le sommeil de ceux, en si grande proportion, qui ont acquis et tiennent à conserver. Aussi le droit au travail n'avait-il rien, de prime abord, qui ne dût paraître parfaitement équitable, et s'il vint un jour où il excita de sérieuses craintes, ce ne fut que lorsque la pratique devant succéder enfin à la pure théorie, le capital se sentit, par la reconnaissance de ce droit, responsable envers les travailleurs, auxquels il se trouvait devoir, non plus le salaire d'un travail effectué déjà et convenu d'avance, mais bien le travail lui-même, ce travail dût-il être utile ou non, productif ou improductif; sans compter que la loi devant fixer les salaires, le capital cessait d'avoir voix dans la discussion de ses propres intérêts. De là privation complète de liberté au préjudice du capital, disposition arbitraire de ce capital et atteinte évidente, bien qu'indirecte, au droit de propriété. Bien que le dessous des cartes n'eût pas tardé à se montrer aux yeux peu exercés des constituants de 1848, et que ceux-ci eussent fini par reconnaître et constater la véritable tendance d'une pareille réclamation, leur conscience, chargée sans doute, il faut bien le croire, de crimes antérieurs, tels, par exemple, que profits industriels ou autres dus à la faveur et à la protection et dépassant en chiffres les limites de la pure équité, leur conscience, disons-nous, leur ôta le courage nécessaire pour repousser absolument une aussi onéreuse réclamation et leur fit accepter, comme terme moyen ou comme calmant, le droit à l'assistance. Incroyable inconséquence ou ignorance, on ne sait trop comment qualifier un pareil acte, qui amène des esprits sérieux et sincères, sans doute, à rejeter le droit au travail et à reconnaître le droit à l'aumône, qui ne peut jamais être strictement et légalement que le droit de vivre sans rien faire et aux dépens des autres! Singulière méprise qui peut montrer jusqu'à quel degré d'erreur la peur, ou un trop vif désir de transiger avec l'ennemi pour n'avoir pas à le combattre, peuvent entraîner les hommes les plus éclairés d'un pays, d'un pays qui a la prétention, fondée j'espère, de marcher à la tête de la civilisation. Quel que fût le sentiment, terreur justifiée ou lâcheté, au nom duquel les défenseurs nommés de la société se crurent autorisés à contracter un pareil marché, ce marché n'en est pas moins blâmable en ce que, sans satisfaire les réclamants qu'un tel changement de mots ne fit qu'humilier et irriter, il eut pour résultat immédiat de montrer la faiblesse morale de ceux que la France avait chargés de ses plus nobles et plus chers intérêts, faiblesse qu'on ne chercha plus à déguiser lorsque, quelque temps après, on eut recours à l'éternelle ressource des âmes faibles, la suppression de la liberté, la force brutale, la ressource toujours des majorités lasses ou incapables de raisonner et de discuter; au moyen de laquelle elles écrasent les minorités qu'elles ne savent pas convaincre; moyen pernicieux et fatal en ce qu'il ne résout jamais la question, la laisse au contraire éternellement pendante et menaçante, en ce qu'il n'aboutit jamais qu'à donner au moins l'apparence du droit à ceux qu'il veut écraser, et excite en leur faveur l'intérêt des âmes généreuses ; heureux encore quand il ne fortifie pas l'ennemi au lieu de l'affaiblir en créant une opposition violente et un parti nombreux là où il n'y avait peut-être, pas même une résistance, mais seulement des réclamations dignes d'intérêt, quoique injustes, de quelques esprits plus égarés que malintentionnés, plus aigris que vindicatifs. Il est d'ailleurs, et toujours, du devoir des grands cœurs d'écouter toutes les plaintes, n'importe d'où elles partent, quelle que soit la douleur dont elles sont l'expression, que l'homme qui exhale ces plaintes soit ou non responsable des causes de sa souffrance. Ce n'est pas tout de bien comprendre sa propre responsabilité et de l'accepter tout entière ; et ce n'est que guidé par le plus pur égoïsme qu'on peut être amené à exiger que chacun assume sur lui-même la responsabilité de tous ses actes avec toutes les conséquences qu'ils peuvent entraîner. La vraie grandeur ne se satisfait pas au prix d'une personnalité juste, équitable et au-dessus de toute atteinte et de tout blâme ; il faut aussi qu'elle tende une main secourable aux malheureux, combatte l'erreur partout où elle se trouve, enseigne le bien et la vérité, compatisse aux douleurs que l'erreur a produites et travaille à les adoucir. Le bruit du canon domine la voix des réclamants et l'empêche d'arriver aux oreilles de l'égoïste, qui se contente du calme apparent et du silence qui semble lui succéder, mais elle ne guérit point leurs maux toujours trop réels dont le souvenir reste incessamment comme une plaie saignante au cœur des vrais amis de l'humanité, qui avaient rêvé pour elle plus qu'une compression momentanée, plus même qu'un adoucissement : une complète et radicale guérison.

Lors donc que la société, montrant par cela seul sa faiblesse et son égoïsme, se fut dépouillée de sa liberté et eut fait appel à l'autorité, abdiquant entre ses mains tous ses droits dont elle ne savait se servir, mais aussi toute sa responsabilité, les cris s'éteignirent, il est vrai, et tout rentra dans le plus complet silence; mais avec la liberté disparurent toutes les illusions généreuses, tous les projets de réformation et de progrès sociaux. L'ordre revint, mais le désordre avait pris fin sans avoir apporté la compensation qu'on pouvait en attendre, c'est-à-dire la solution de toutes les questions brûlantes qui l'avaient produit; et de ces quelques mois d'agitation, il ne resta que le souvenir des malheurs qu'ils avaient causés sans avoir fait faire à la société un seul pas vers le bien. Tout fut donc regrettable dans ces événements que quelques jours virent se passer, tout, jusqu'au titre même des questions dont l'énoncé à haute voix ne fit qu'effrayer davantage et donner, en rendant leurs armes plus nécessaires, plus de force aux ennemis de la liberté.

Le jour où M. Proudhon jeta si audacieusement son gant et porta un si rude défi à la société, celle-ci hésita donc à le relever et craignit d'avoir à se mesurer avec lui, car elle lui refusa le choix des armes en supprimant les seules qui auraient pu rendre les chances égales et le combat loyal, la tribune et la presse. La démocratie pacifique resta sur le carreau, mais nul ne fut atteint et convaincu : il n'y eut pas de coupables, il n'y eut que des victimes. On pourrait peut-être dire plus : les coupables changèrent de côté, et ce furent ceux-là mêmes qui avaient raison et qui commirent l'impardonnable faute d'écraser de la supériorité de leur nombre et de leurs forces ceux qui demandaient à être écoutés et jugés; mais la tâche qu'ils ont refusé d'accomplir ne peut guère ne pas incomber à leurs enfants, auxquels ils n'ont à léguer qu'un héritage grevé d'hypothèques. Le moment était cependant venu peut-être de les purger à tout jamais. Le mot avait été dit à haute voix, sur le libre champ de la discussion : et le mot est encore là retentissant, sans qu'il se soit élevé une voix assez forte et assez puissante pour le réfuter et réduire au silence celui qui l'avait prononcé. M. Proudhon enfin dut reconnaître qu'il était battu, mais rien ne le forçait à avouer qu'il avait tort. C'est que (puisse cette conviction pénétrer au plus profond des cœurs) on n'arrivera jamais, sur le terrain des idées, à un bon résultat par la force, et jamais, en s'étayant sur elle, une idée ne triomphera, une vérité ne se fera jour.

Je suis le premier à dire que les socialistes de 1848 étaient animés d'une parfaite sincérité et d'une foi pleine et entière en leurs théories, mais il faut cependant avouer qu'ils prêtaient singulièrement le flanc aux soupçons. L'esprit le plus élevé, comme le plus naïf bon sens, peut, sans grand effort, supposer une arrière-pensée à l'homme qui vient contester à un propriétaire son droit de propriété; on a de la peine à comprendre qu'il agisse uniquement dans un but désintéressé et qu'il puisse avoir un désir autre que celui de supprimer ledit propriétaire pour se substituer à lui. Les socialistes, je le répète, si belles et généreuses que puissent être leurs théories, auront toujours bien de la peine à lutter contre un pareil soupçon, d'autant plus, qu'ayant pour fin de porter directement remède aux souffrances des déshérités, ils ne trouvent guère d'approbateurs et de partisans sincères que dans les rangs des plus mal dotés du côté de la fortune. Cet entourage forcé et inévitable prête par trop au soupçon pour qu'ils puissent parvenir à s'en défendre complétement. Leurs partisans, il faut donc le dire, font peut-être plus de tort aux idées socialistes que leurs ennemis même les plus ardents, et les généreuses déclamations des plus habiles théoriciens n'ont pu empêcher de se propager dans tous les esprits cette croyance que si le socialiste éprouve un si vif désir de tout partager avec ses frères, c'est qu'il a devant lui la perspective de gagner au partage et à coup sûr celle de n'y pas perdre. Nous sommes, espérons-le, fort au-dessus d'une pareille légèreté d'appréciation, et nous ne nous donnerions pas tant de mal pour combattre les socialistes si nous n'étions convaincus qu'il faut monter beaucoup plus haut pour leur trouver un synonyme plus exact et plus vrai que celui de partageux; ce serait faire trop bon marché d'un ennemi que l'on voudrait avoir la gloire de vaincre, que de lui faire une aussi mince et aussi misérable part dans la société humaine : d'ailleurs, le meilleur moyen d'accroître sa gloire, n'est-ce pas, après la victoire, d'exalter l'ennemi que l'on a vaincu?

Il est vrai qu'on pourrait nous rétorquer notre argument et nous dire qu'en prenant ainsi en main la défense de ceux qui ont, nous manquons bien un peu de générosité, si même nous ne prêtons pas le flanc à une accusation d'égoïsme; mais en pareille matière, quand il s'agit de raisonner et calculer, que l'on se tienne bien en garde contre son imagination et contre les illusions auquelles elle est sujette à se laisser aller. Il est incontestable, je le reconnais, que les théories socialistes exercent une grande séduction au premier abord, et particulièrement sur les esprits jeunes, inexpérimentés, pleins de générosité et encore plus accessibles à l'illusion qu'à la raison. Mais, par cela seul que l'illusion est nécessaire pour faire momentanément accepter ces théories, ceux qui s'y sont livrés et les abandonnent ensuite n'obtiennent de leur ascension momentanée dans le pays des rêves que ce malheureux et inévitable résultat, qu'ils ne retombent que plus bas et plus rudement dans le domaine de la réalité et ne se relèvent de leur chute que plus cuirassés d'égoïsme et de personnalité. Mieux eût valu pour les hommes n'avoir jamais tenté d'escalader le ciel; ils n'eussent jamais encouru cette colère divine qui sema parmi eux ces germes de division et de dissensions, contre lesquels le grand principe de la fraternité universelle aura tant de peine à lutter. Mieux eût valu enfin, pour le rêveur revenu de ses rêves, n'avoir jamais rêvé et avoir employé toutes ses passions généreuses à admirer les incontestables beautés de la réalité au sein de laquelle Dieu nous a fait naître. Malheur à celui qui fixe invariablement ses regards sur les vices de l'homme et les plaies de l'humanité et qui néglige d'observer un instant les aspects merveilleux sous lesquels l'œuvre divine peut se présenter à lui, car il sera réduit à passer sa vie à maudire Dieu, tandis qu'il ne devrait avoir qu'à le bénir. Ce n'est qu'après une juste mesure du bien et du mal que l'homme peut se faire une idée exacte de la faible somme des maux et des souffrances qui lui ont été imposés en retour des bienfaits qui lui ont été dévolus et du bonheur qui lui est réservé en récompense des peines qu'il se sera donné pour l'acquérir.

Et c'est maudire Dieu, on ne peut le nier, que de vouloir refaire l'humanité et la société humaine, rêver pour elles une forme autre que celles qu'il a jugé à propos de leur donner, et méconnaître ses œuvres en en rabaissant le mérite et cherchant à faire mieux. On ne peut juger sainement et apprécier une œuvre quelconque qu'après l'avoir bien examinée et bien comprise; et il est parfaitement exact de dire que l'on ne peut admirer que ce que l'on comprend bien. La plus petite fleur des champs qu'un rustre foule indifféremment aux pieds devient une merveille, un objet d'admiration pour le botaniste que l'observation et la science ont initié à tous les secrets de sa frêle et modeste existence; ce n'est pas toujours peut-être ce qui fait le plus de bruit et occupe le plus de place dans le monde qui mérite le plus notre attention et notre admiration, et ce sont fort sottes gens que les papillons qui vont inconsidéremment brûler leurs ailes à la flamme dont l'éclat les attire.

Quoi qu'il en soit, il y a une sorte de jeunesse qu'il ne faut pas trop se presser de blâmer, chez les hommes qui se laissent prendre aux théories socialistes et s'enthousiasment de tout ce qu'elles peuvent contenir, et contiennent réellement de grandeur, de générosité et de désintéressement. Plus tard, la raison vient calmer toute cette effervescence, et par l'application à l'étude et à la réflexion ces intelligences deviennent les plus productives et les plus utiles à leur pays. Nous avons tous connu cet âge où tout ce qui semblait nouveau nous plaisait, par cela seul que c'était nouveau, et où nous trouvions que rien ne pouvait être pire que de marcher éternellement dans l'ornière du passé. On ne demandait alors qu'à marcher en avant sans trop savoir où on irait et presque dans le simple but de se mouvoir, de s'agiter et de fuir l'immobilité ; car, à cet âge, marcher est synonyme d'avancer. C'est, sans contredit, de ces intelligences pleines d'ardeur et d'initiative, que l'étude, la réflexion et l'expérience viennent plus tard modérer et diriger, que la société, nous l'avons dit, a le plus à attendre. Je suis donc bien loin de vouloir reprocher aux jeunes gens cette sorte de naïveté qui leur fait prendre feu et flamme pour toute idée nouvelle qui se présente, si absurde qu'elle puisse être, car ce n'est qu'auprès de ces âmes, ouvertes pour ainsi dire à tout venant, qu'une vérité nouvelle peut espérer trouver accès ; mais je déplorerais sincèrement qu'une pareille disposition d'esprit dépassât, chez ces mêmes jeunes gens, l'âge de la maturité ; car nous ne verrions dès lors en eux qu'une intelligence destinée à rester éternellement dans l'enfance, et nous ne manquerions pas de qualifier sévèrement de folie ce qui ne nous paraissait dans le principe qu'exubérence de jeunesse.

Il faut, si l'on veut devenir homme être apte à accepter les leçons de l'expérience et à recueillir tous les bénéfices qui peuvent résulter de l'examen approfondi de toutes choses. C'est, en effet, une transformation lente et progressive qu'il faut désirer voir s'opérer chez l'homme, et non celle qui proviendrait d'une déception et d'une brusque désillusion. Ce qu'il faut éviter enfin, c'est cet écueil contre lequel notre beau et généreux pays vient trop souvent se briser, n'y gagnant chaque fois qu'un nouveau et mérité reproche d'inconsidération et de légèreté; c'est cette sorte d'engouement subit qui s'empare de lui par moments pour une idée nouvelle, pour la liberté surtout, qui est toujours à ses yeux une trop idéale maîtresse, engouement auquel succède trop vite une lassitude et un découragement qui font croire à un arrêt définitif en face d'une complète impossibilité. On perd souvent bien du temps à vouloir aller trop vite; nos voisins d'outre-Manche, suivent une tout autre marche que la nôtre, et l'on ne voit pas qu'ils aient trop à s'en plaindre et à regretter de vains et infructueux efforts. La fable du lièvre et de la tortue ne trouverait peut-être pas mal sa place ici, et serait, si nous la comprenions bien, une critique aussi bien qu'une leçon dont nous pourrions tirer le meilleur parti. Mais que l'on prenne garde cependant de tomber dans l'excès contraire, car, si l'on ne doit pas offrir un accès trop facile à toutes les idées nouvelles, erreurs ou vérités, il est indispensable cependant de les écouter toutes afin de donner à la vérité si précieuse le moyen de se faire jour et de ne pas s'exposer à la repousser en voulant éloigner l'erreur; mieux vaut pardonner à vingt coupables que condamner un innocent.

Mais laissons de côté ce qui a pu se passer jusqu'à présent et dont le souvenir ne pourrait amener que d'inutiles regrets et cherchons notre consolation dans l'avenir, dans cet avenir qu'il nous est possible de prévoir, auquel il nous est permis d'appliquer ces qualités prévoyantes dont Dieu a pourvu l'homme et qu'il n'a données qu'à lui, cet avenir, enfin, auquel il nous est loisible de nous préparer sans avoir à craindre que l'on nous accuse d'user inutilement nos forces. L'avenir ne peut être pour nous qu'incertain, comme tout ce qui tient de la vie humaine, et c'est cette incertitude qui écrase l'homme et lui ôte le plus la confiance que nous voudrions voir en lui; travaillons donc à l'éclaircir autant que notre humaine nature peut nous le permettre, et à l'aide de tout ce que Dieu a donné de divin à nos intelligences. Si nous ne pouvons ainsi parvenir à donner à l'homme et à la société cette confiance, qui est l'idéal que nous rêvons, nous n'aurons pas au moins à nous reprocher de n'avoir pas tout fait pour leur conquérir cet inestimable bienfait. Rien, en tout cas, ne peut s'opposer à ce que nous admettions que des questions, qui ont été soulevées autrefois et ont le plus contribué à leur ôter confiance, reparaîtront sur la scène, appelant hautement une solution. Supposons donc que celle qui nous préoccupe ici doive être sûrement posée un jour, si éloigné qu'il puisse être, et en tous cas tenons-nous prêts à y répondre.

Cette grave question, celle du droit de propriété, que nous avons pour but d'éclaircir, est loin d'être entièrement dans les ténèbres. Bien des efforts ont déjà été faits, et non sans succès, pour la retirer de l'ombre, au sein de laquelle elle s'abritait d'abord et où les premiers pionniers de la science l'avaient comme oubliée. Aussi pourrais-je abréger mon travail en renvoyant ceux qui veulent bien me suivre en ce moment aux ouvrages qui ont déjà traité le même sujet. Je recommanderais, par exemple, un discours de M. Baudrillart à l'ouverture des cours du Collége de France, qui a été reproduit dans ses *Études de philosophie morale et d'économie politique*, et dans lequel on peut trouver la solution la plus complète et la plus définitive que je connaisse de cette importante question. Mais deux motifs m'engagent à en agir différemment et à reprendre le sujet dans son entier : le premier est d'éviter au lecteur une peine inutile et que je n'hésite pas à prendre en son lieu et place ; le second est de donner à la solution le complément que je crois lui être indispensable en la rattachant comme tout principe social à la base commune, à l'Évangile. D'ailleurs les vrais savants ne sont jaloux que de voir adopter et propager les principes qu'ils proclament, et dans la science vraie le plagiat ne peut exister. Quand on a, comme on dit, le feu sacré, on ne se réjouit que du succès, et Bastiat, lui-même, s'il vivait encore, serait le premier à féliciter le nouveau venu, quel qu'il fût, qui serait parvenu à redresser l'erreur dans laquelle il s'était laissé tomber, et qui aurait ainsi, même en lui marchant sur le corps, fait faire un pas de plus à sa science chérie. Notre but commun, enfin, est la science elle-même, et c'est en quelque sorte lui rendre témoignage que de reconnaître qu'on est obligé de se servir des travaux déjà effectués pour monter un degré de plus; et ce ne peut être que les œuvres de pure imagination qui doivent se tenir ainsi armées de toutes pièces contre les envahissements des plagiaires. Ainsi donc la liberté est ce que nous proclamons par-dessus tout; usons-en sans scrupule en vue du succès que nous voulons tous obtenir dans l'œuvre d'organisation de la confiance.

La propriété, on le voit de plus en plus, à mesure que la société avance en âge, peut se présenter sous les formes les plus diverses. Il serait par trop facile d'établir que toutes ces formes ont une origine commune qui est incontestablement le travail. Elles sont néanmoins fort loin d'être également jugées par ceux qui n'admettent pas le principe dans toute sa vérité et dans toutes ses conséquences. Ainsi l'on serait peut-être fort mal venu à contester à M. Proudhon les droits de sa pensée, la propriété de ses propres œuvres; et il n'admettrait pas davantage les raisons que l'on mettrait en avant pour lui prouver qu'il est tout aussi en droit de contester à un ouvrier la propriété de ses outils qu'à un millionnaire la villa et le parc somptueux où il va l'été respirer le grand air et se reposer des fatigues de la vie mondaine qu'il a menée pendant la saison d'hiver. La négation du principe fondamental les rendrait cependant aussi contestables les unes que les autres, et il suffira de remonter à la source commune pour s'en assurer. Aussi laisserons-nous de côté ici l'étude de toutes les formes sous lesquelles, comme nous le disions plus haut, la propriété peut se présenter, étude qui a du reste été faite et refaite autant au moins que cela peut être nécessaire à qui veut s'instruire; et, négligeant l'examen de toutes les conséquences, sous la réserve d'y revenir plus tard si cela peut sembler utile, nous nous reporterons immédiatement à l'origine même, afin d'étudier synthétiquement le phénomène social qui nous préoccupe.

L'homme fut l'œuvre dernière sortie des mains du créateur... L'homme, ouvrant les yeux à la lumière, trouva donc la terre inhabitée, inoccupée. Dieu la lui avait donnée, cette terre, avec la liberté, c'est-à-dire le droit de la parcourir dans tous les sens, de se fixer sur un point quelconque de sa surface, d'en user, en un mot, et d'en abuser à son gré. Il fut donc un jour où la terre entière appartenait à un seul homme, lequel se trouvait être, par concession divine, son unique, incontestable et incontesté propriétaire. Il ne vola certes rien à personne le jour où il se crut en droit d'user pour sa subsistance des fruits que cette terre produisait d'elle-même, ou de tuer les animaux qu'elle nourrissait, ou même, s'il l'avait jugé convenable, d'extirper, travailler et semer pour récolter ensuite. Mais cet homme ne resta pas longtemps seul, et la race humaine, à mesure qu'elle s'accrut, dut se répandre de plus en plus sur la surface de la terre, occupant, au fur et à mesure des besoins, et de proche en proche, toutes les régions dont la terre se compose. Je suis loin de vouloir étudier ici et suivre pas à pas les progrès d'extension de la race humaine et des différentes nuances de races qui se sont formées. Non-seulement une pareille étude manquerait des matériaux nécessaires, mais encore elle ressortirait complétement du sujet que nous avons l'intention de traiter. Nous rétrécirons au contraire le plus possible le cercle de notre observation, afin de rendre cette observation plus nette et ses résultats plus saisissants. Pour fixer en quelque sorte les idées et nous faire mieux comprendre, prenons pour exemple le pays qui nous intéresse le plus et que nous connaissons le mieux, la France. Il ressort clairement de nos croyances, des probabilités et des faits même dont nous venons de parler, que la portion de terre qui porte aujourd'hui le nom de France, fut un jour complétement inhabitée. Or elle est en ce moment-ci couverte d'une nombreuse population. Il est donc incontestable qu'à une époque qu'il est impossible de fixer, des hommes venant on ne sait d'où vinrent poser le pied sur son sol, vierge encore de toute trace humaine, trouvèrent ce sol à leur convenance, s'y installèrent, y crûrent et multiplièrent, l'occupèrent en un mot, et cela sans avoir fait le moindre tort et porté le plus léger préjudice à aucun de leurs semblables. Les vices et les qualités de l'homme ont été de tout temps les mêmes qu'aujourd'hui. Notre Dieu n'est pas une divinité changeante et inconstante, qui a pu prendre plaisir à altérer, modifier et faire varier son œuvre suivant le goût et le caprice du moment. Il est probable que les hommes ont de tout temps aimé à avoir, comme l'on dit vulgairement, les coudées franches; qu'ils n'eurent pas besoin de multiplier beaucoup pour se gêner les uns les autres. Rien donc de plus naturel que d'admettre qu'il y a eu toujours des hommes passionnés pour la liberté, ayant horreur de tout gênant voisinage, disposés à exposer leur vie pour conquérir cette si chère liberté, et fort capables par conséquent de se confier aux flots de la mer, se fiant à leur caprice du soin de les faire aborder sur un rivage que nul pied d'homme n'eût encore foulé. Rien n'empêcherait d'ailleurs de supposer que les hommes aient multiplié primitivement en ne suivant d'autres lois que celles de la plus complète imprévoyance, que leur nombre n'en arrivât bien vite à dépasser les moyens de subsistance, que la force étant, comme toujours un peu malheureusement, le seul correctif, les plus forts chassaient les plus faibles, qui se résignaient à aller chercher ailleurs un asile qui pût leur offrir la tranquillité et la liberté.

Quoi qu'il en soit, et quel que fût le mobile qui les fît agir, il est sûr qu'un beau jour une réunion plus ou moins nombreuse d'hommes, animés en tout cas d'une idée commune, abordaient par terre ou par mer le territoire qui est aujourd'hui France. Le jour où ces hommes, en complète communauté d'idées et de sentiments, posèrent pour la première fois le pied sur ce sol qu'ils avaient choisi, ou sur lequel le hasard seul les avait conduits, ce jour-là, disons-nous, la France, qui n'était antérieurement occupée par personne, dont ils ne dépossédaient aucun être humain, leur appartenait à tous à titre de commune propriété. Que firent-ils une fois débarqués? Tinrent-ils une conduite semblable à celle des tribus nomades de peaux-rouges qui vivent errantes dans les forêts vierges de l'Amérique, les parcourant en tous sens, se contentant, pour soutenir leur misérable existence, de chasser, pêcher et cueillir? Tels ne sont nullement les usages, les mœurs et les coutumes auxquels semble toujours avoir été propre la race blanche à laquelle nous appartenons. Il est donc à supposer que notre race s'est de tout temps montrée plus exigeante à l'égard de la terre et a voulu obtenir d'elle plus qu'elle ne donne naturellement et par elle-même. Ces hommes s'attachèrent donc à la glèbe, comme nous le faisons de nos jours, extirpant, semant et récoltant; c'est ce dernier cas que nous admettons, et que nous sommes bien forcés d'admettre en voyant le point où nous en sommes venus, et c'est le seul qui cause la propriété et en explique l'origine et la formation.

Charles Comte, étudiant la formation des diverses nations, la marche et l'extension à l'origine des races d'hommes qui les ont composées, et leur installation dans les différents pays qu'elles ont occupés, en arrive à des conclusions qui semblent extrêmement probables et les plus naturelles à admettre. Des hommes venus sur des embarcations, cotoyant un pays avec l'intention d'y descendre et de s'y fixer, durent débarquer sur le point qui leur parut le plus séduisant. Laissant de côté les rives abruptes et stériles, ils choisirent pour lieu de débarquement l'embouchure d'un fleuve. De là, croissant et multipliant, ils remontèrent peu à peu dans l'intérieur des terres, suivant toujours le cours du fleuve, qui leur servait en quelque sorte de ligne de ralliement et aussi, et surtout, de moyen tout naturel de communication. Extirpant et travaillant la terre à mesure qu'ils avançaient, ils durent appliquer leurs peines aux parties les plus accessibles et les plus fertiles, les rives mêmes du fleuve et de ses affluents, jusqu'à ce qu'ils eussent atteint les sources des cours d'eau; après quoi ils durent se résigner à s'attaquer aux coteaux avoisinants, d'abord dédaignés, ne terminant leur marche envahissante qu'aux dernières limites cultivables du flanc des montagnes.

Rien de plus naturel qu'une marche semblable et l'occupation, dans de telles conditions, d'un pays par une nation s'attachant au sol par son travail et s'étendant à mesure que ses besoins augmentaient. Une famille nombreuse, une nation enfin, s'étant ainsi formée, ayant occupé un pays, ayant sur lui apposé son sceau, celui du travail, n'ayant dépossédé de cette terre aucun être humain, cette nation est évidemment de cette terre le seul et incontestable propriétaire. Malheureusement, si les choses auraient pu, ou mieux auraient dû se passer ainsi, bien des événements, dans le cours de formation d'une société comme la nôtre, sont venus à plusieurs reprises jeter le désordre dans la marche du phénomène que nous observons et mettre à son sujet le trouble dans les idées. Je veux parler surtout des invasions que la France a eu à supporter, des dépossessions violentes qui en ont été la suite et de l'installation au sein de la société nouvelle de gens qui devaient tout à la force et rien au travail. La violence, en effet, n'est que trop souvent l'instrument de l'injustice et les vices de l'homme fourniront toujours matière à déplorer les victimes qu'ils font. Mais, si déplorables que puissent être et paraître les abus de la force, nous ne pouvons voir, dans les malheurs et les regrettables accidents dont elle parsème la route que doit suivre l'humanité, rien qui puisse infirmer les jugements que nous portons et affaiblir l'autorité des raisons que nous donnons à l'appui de notre thèse. Aussi n'attacherons-nous, pour le moment, que fort peu d'importance à ces considérations d'ordre secondaire, sur lesquelles d'ailleurs nous aurons à revenir lorsque nous sortirons des limites de la pure théorie, de l'examen du pur principe, pour en examiner les conséquences, tant dans l'ordre matériel que dans l'ordre moral, et surtout social. Nous ne nous arrêterons donc nullement à ces faits, en dehors de la marche naturelle et régulière, qui se présentent dans la vie d'une nation, les assimilant à une sorte de pierres d'achoppement, placées volontairement ou involontairement, mais toujours malheureusement, sur la voie que l'on doit forcément suivre, mais qui n'empêchent nullement cette voie d'être la seule vraie; les traitant seulement d'obstacles et non de causes insurmontables d'arrêt ou de retour vers le passé.

Nous considérons d'ores et déjà comme incontestable et parfaitement établi, le droit d'une nation à occuper un pays, à l'exclusion de toute autre qui n'y arriverait que postérieurement. En ceci se montre évidemment déjà le principe du droit de première occupation ; c'est, en effet, celui que nous soutenons et le seul qui puisse être raisonnablement et victorieusement soutenu. Je sais bien que beaucoup de gens le rejetteront de prime abord et ne se satisferont jamais que de l'établissement pur et simple, et en quelque sorte au-dessus de toute atteinte humaine, de ce qu'ils appellent un droit naturel. J'avoue que je serais aussi désireux de faire reposer le principe de propriété sur un droit naturel; mais rappelons-nous que c'est de la philosophie sociale que nous faisons ici et non de la philosophie pure. Que le philosophe qui examine l'homme isolé, indépendant, en dehors de toute solidarité, qui étudie les diverses passions bonnes et mauvaises qui s'agitent en lui et forment l'âme, moteur de cette machine complexe qui a reçu le nom d'homme, que le philosophe, disons-nous, découvre dans cet être isolé des droits véritablement naturels, tels que ceux de penser et de croire, cela se comprend, et aussi le désir qui en vient de voir tous les droits, et celui de posséder entre autres, aussi immuablement établis que celui de penser. Mais ici l'observation devient plus difficultueuse et les droits de l'homme sont singulièrement compliqués par la coexistence des droits des autres hommes. Ce n'est pas l'homme, enfin, qui est le sujet de nos observations, mais bien les rapports des hommes entre eux. Aussi, à ce point de vue, dans la nécessité où l'on se trouve de tenir compte d'autrui, est-on forcé de renoncer à prouver l'existence dans l'homme d'un droit naturel ou absolu, en ce qui regarde la propriété, et obligé de suivre, pour arriver au but que nous désirons atteindre, une marche beaucoup plus modeste, mais aussi plus certaine et plus fructueuse. Je déclare néanmoins que je ne suis point assez modeste, ni doué d'une conscience assez large, pour me contenter des raisons d'utilité ou même de nécessité au prix desquelles beaucoup semblent se satisfaire; et le but après lequel il faut courir n'est rien moins que la justification pleine et entière de la propriété entre les mains de ses détenteurs actuels, nous appuyant en même temps sur l'absolue nullité des prétendus droits des dépossédés réclamants, et sur les services incontestablement rendus à la société par les possesseurs à l'encontre du préjudice qu'ils sont soupçonnés et accusés de porter.

Il ressort déjà clairement de ce que j'ai dit que c'est l'occupation qui crée la propriété. Mais il est indispensable de s'entendre sur la véritable valeur qu'il faut attribuer au mot : occupation. Une horde sauvage parcourant en tout sens un pays, chassant, pêchant et cueillant les fruits naturels de la terre, ne s'arrêtant ou ne se fixant nulle part, abandonnant un lieu après en avoir exploité toutes les ressources, et transportant ses pénates tantôt sur un point, tantôt sur un autre, au gré du hasard et du caprice du moment, n'occupe point un pays ; elle ne fait qu'y vivre ou plutôt y végéter, un peu mieux peut-être que les animaux sauvages, mais pas mieux certainement que l'intelligente tribu des castors. Pour que l'occupation soit complète il est de toute nécessité que le travail vienne se joindre à cette sorte de première prise de possession. C'est donc de l'occupation par le travail que nous entendons parler ; c'est elle seule que nous prenons en considération ; et c'est en effet d'elle seule que peut naître la propriété, si l'on comprend bien, comme j'espère le faire comprendre plus tard, la véritable acception à donner au mot propriété. Nous attestons donc que l'homme possède une terre ou une portion de terre à deux titres distincts et obligatoires tous les deux, et aussi indispensables l'un que l'autre à la validité du titre de possession : c'est-à-dire que cet homme doit avoir été non-seulement le premier occupant de cette terre, mais aussi le premier qui a imprimé sur cette terre le sceau du travail.

Dieu a livré la terre à l'homme, mais non sans condition, car il lui dit : « Tu gagneras ton pain à la sueur de ton front. » Si nous devons en croire l'Écriture, Dieu dut primitivement placer l'homme sur une terre qui a conservé le nom de Paradis terrestre, qui jouissait de la précieuse faculté de produire sans travail, pour ainsi dire d'elle-même et comme par pure générosité. L'homme ingrat ou inconscient ne sut pas ou ne voulut pas apprécier le bonheur qui lui avait été donné, méprisa les dons de Dieu, enfreignit ses ordres, et par cette faute mérita d'être expulsé de ce paradis à jamais regrettable et regretté, pour être rejeté sur une terre généreuse encore, mais non plus d'elle-même, et à laquelle il fut condamné à demander pour obtenir; sur laquelle, enfin, il fut tenu d'appliquer son travail et ses peines pour arracher de son sein les trésors qu'elle renfermait et que lui rendaient nécessaires ses impérieux besoins. Ainsi Dieu, irrité à juste titre de la faute de l'homme, mais toujours clément et plein de bonté pour sa créature, ne lui refusa point le pain qui était nécessaire à son existence, mais il le condamna à gagner ce pain à la sueur de son front. C'était un châtiment qu'il voulait pour lui, mais non pas la mort. Le travail est donc un ordre de Dieu, et c'est en cela surtout que je diffère d'avec ceux qui ne veulent voir que dans la liberté le troisième élément nécessaire à la formation de la propriété. Pour moi, l'homme, non-seulement n'est pas libre de vivre dans l'oisiveté, mais ils enfreignent directement l'ordre divin ceux qui se contentent d'une vie purement végétative, se refusant à faire un effort, si faible qu'il soit, pour améliorer et accroître leurs moyens d'existence. Ainsi l'homme, jeté le premier sur une terre, a le droit de la fouler et de la parcourir en tous sens, mais cela en vertu de l'ordre donné et comme conséquence de sa condamnation même, tant qu'un autre ne viendra pas la réclamer pour en faire meilleur usage, et il ne la possédera réellement définitivement et à l'exclusion de tout autre que le jour où il y aura appliqué son travail, où il l'aura défrichée, travaillée, ensemencée, etc.

Maintenant que la terre soit par elle-même sans valeur, comme le sent bien et le dit Bastiat, en ce sens qu'elle est un pur don de Dieu à l'homme, lequel don ne peut être ni acheté ni vendu, puisqu'il est venu à titre gratuit des mains de Dieu dans celles de l'homme, cela est de toute évidence, et en cela nous pouvons nous trouver d'accord avec toutes les sectes socialistes. Aussi ne sera-ce jamais que, par manière de parler et pour la facilité du discours, que l'on dira que la terre a une valeur déterminée, qu'elle a été vendue ou achetée tant : ce qu'un homme achète ou vend à un autre dans une pareille transaction, c'est, non pas la terre elle-même, que l'on ne s'y trompe pas, mais et le travail effectué sur cette terre, et qui lui a donné une incontestable plus-value, comme le reconnaît Bastiat, et aussi le droit du premier occupant. Bastiat, qui avait si bien la notion, et, pour ainsi dire, le sentiment du don de Dieu, du don gratuit, se révoltait, et à juste titre, contre cette prétention d'attribuer à la terre elle-même, ce don de Dieu par excellence, une valeur plus ou moins grande, appréciable enfin et ne devant être cédée que contre juste rémunération. Il lui répugnait de voir ainsi mettre impudemment en vente des bienfaits purement gratuits tombés de la main du Créateur; mais cette répugnance si naturelle, poussée à l'excès et exagérée par son âme sensible et essentiellement honnête, le fit tomber et persister dans une grave erreur : il avait mille fois raison lorsqu'il disait que la terre n'avait pas de valeur, mais il avait mille fois tort de faire le mot terre synonyme de propriété foncière et d'en conclure que la propriété foncière n'a pas de valeur, ce qui est en définitive, si bien qu'il l'entourât pour la faire accepter et peut-être se faire illusion à lui-même, la véritable conclusion à laquelle il arrivait. Ces portions de terre, qui ont reçu par corruption de langage et comme par excellence le nom de propriété, ont donc bien une valeur, et une véritable valeur dans toute l'acception du mot : car elles sont fort bel et bien cotées, achetées, vendues, chères à ceux qui les possèdent et enviables aux yeux de ceux qui en sont dépourvues; elles remplissent toutes les conditions des objets ayant une valeur, puisque leur estimation peut varier, augmenter ou décroître suivant que la terre ou propriété dont il s'agit est plus ou moins bien travaillée, plus ou moins fertile, dans une situation géographique plus ou moins avantageuse et appréciable, etc...

Les raisons que s'évertue à donner Bastiat, raisons à la suite desquelles il est d'ailleurs forcé d'en venir à n'attribuer de valeur qu'au service rendu, sur lesquelles il base son plaidoyer en faveur de la propriété, ont donc fort peu de fondement, et, par suite, fort peu de prise sur ses adversaires. Il faudrait, en effet, une singulière série de raisonnements pour en arriver à se persuader que la société ne saurait être assez reconnaissante envers un propriétaire pour les soins et les peines qu'il se donne pour travailler sa terre et lui faire produire le blé qu'il a la bonté d'envoyer vendre au marché; et il faudrait des raisonnements bien plus étonnants et introuvables encore pour faire partager à tous les hommes cette merveilleuse illusion. Un riche propriétaire sera et restera toujours, quoi que l'on fasse et puisse faire, à la tête d'une position fort enviable et désirable, position qu'il ne cédera à un autre qu'au prix d'une lourde rémunération. Nous apprécions donc hautement les droits dont il jouit; mais de là à les lui contester il y a mille lieues, et nous tenons, au contraire, pour la défense acharnée de ces droits et titres, ne cherchant qu'à les établir et fixer plus solidement qu'ils ne peuvent l'être en ne s'appuyant que sur la loi, sur l'autorité et la raison du plus fort,

La thèse que je soutiens est donc celle-ci : que la propriété est issue de l'occupation par le travail et non du vol ni de concession arbitraire; que le droit qui en est résulté pour le premier occupant, ayant bien entendu rempli la condition du travail, est antérieur et supérieur à la loi, laquelle loi en a été une conséquence et ne peut par conséquent pas en être la cause; que l'autorité étant une suite ou une conséquence de la loi, ne peut que la mettre en vigueur et non pas la faire (si elle la fait *proprio motu*, elle tombe directement en plein socialisme); que la loi et son agent, l'autorité, n'ont été instituées que par suite du droit de propriété et ont pour mission, non de créer ou d'altérer la propriété, mais bien au contraire d'en être la sauvegarde et le très-humble serviteur; qu'enfin, et ceci est à mes yeux le plus important à établir, le principe de propriété s'est créé, non point en contravention aux vues et décrets de la Providence, mais par suite de déférence et d'obéissance, de la part des hommes, à ses ordres les plus clairs et les plus explicites.

Quant au droit du premier occupant par le trvaail, il est incontestable. Cet homme, en effet, que l'on peut, si on le veut, supposer seul venu sur ce coin de terre qu'il avait parfaitement le droit de choisir et de fouler, puisque personne avant lui n'était venu y poser le pied, cet homme, dis-je, ayant effectué un travail quelconque, si faible qu'il fût encore sur une portion du territoire, naturellement et forcément en rapport d'étendue avec les forces dont il disposait, nul ne pouvait être bienvenu, au point de vue de la plus pure et de la plus rigoureuse justice, à lui contester précisément ce morceau de terre, affichant la monstrueuse prétention d'occuper ce morceau plutôt qu'un autre tout voisin, par cette raison seule qu'il lui convenait mieux que tout autre, et voulant ainsi profiter, en vrai parasite, du travail déjà effectué. Voilà ce qui eût constitué un véritable vol et non la prise de possession du premier arrivé. Car enfin il faut bien toujours que quelqu'un arrive le premier, et je ne puis comprendre comment on pourrait vouloir redresser les torts et corriger l'injustice en cherchant à attribuer la plus belle part aux derniers venus. Ce serait absolument comme si, après une longue queue patiemment faite à la porte d'un théâtre, on venait de par la loi dire aux premiers entrés que c'est fort injustement qu'ils occupent les meilleures places, et que ces meilleures places appartiennent de droit à ceux qui ont eu le malheur, ou bien mieux la paresse d'arriver trop tard. Ces places, stalles ou banquettes, n'appartiennent cependant pas à ceux qui les occupent, non plus que la terre au propriétaire, mais seulement le droit acquis, grâce à leur activité et à leur patience, de les occuper pendant toute la durée de la représentation. De même, le premier occupant par le travail jouira de sa propriété tant que durera la société chrétienne, tant qu'il plaira à Dieu de laisser notre monde exister... Aussi toutes ces théories, qui n'ont d'autre but que d'exalter le droit des dépossédés ou des trop tard venus, pour ne pas dire des plus paresseux, traitant naïvement de parasites ceux qui sont arrivés les premiers et qui ont déjà acquis par leur travail au moment où les derniers veulent bien enfin se donner la peine d'arriver, ces théories, dis-je, nous semblent-elles, fort à l'encontre de leur intention, la plus complète apologie du parasitisme. Aussi trouvent-elles tous leurs ennemis parmi ceux qui ne veulent rien devoir qu'à leur travail et repoussent fièrement l'aumône, et tous leurs prosélytes parmi ceux (je ne parle pas des ignorants : pardonnez-leur, ils ne savent ce qu'ils font) qui ne demandent qu'à ne rien faire et à vivre par conséquent aux dépens de ceux qui travaillent ou ont travaillé.

Avant d'abandonner complétement l'idée de Bastiat qui

lui faisait dire avec raison que la terre n'avait pas de valeur; mais qui lui semblait à tort suffisante pour justifier la propriété, je tiens à relever quelques mots que je trouve en toutes lettres dans le livre de M. Proudhon. « Le mot propriété, dit-il, a deux sens : 1° il désigne la qualité par laquelle une chose est ce qu'elle est, la vertu qui est propre, qui la distingue spécialement; c'est en ce sens que l'on dit *les propriétés du triangle*, *des nombres*, *la propriété de l'aimant*, etc.; 2° elle exprime le droit dominal d'un être intelligent et libre sur une chose; c'est en ce sens que le prennent les jurisconsultes. Ainsi, dans cette phrase, *le fer acquiert la propriété de l'aimant*, le mot propriété ne réveille pas la même idée que dans cette autre phrase : *J'ai acquis la propriété de cet aimant.* »

Certainement le mot propriété a pu recevoir une extension que M. Proudhon peut trouver trop grande; c'est le propre de la langue française, et elle lui doit bien un peu sa clarté, de tirer d'un seul mot le plus de parti possible. Mais le mot en question est cependant loin d'avoir reçu deux acceptions aussi différentes qu'il le pense. Prenons donc pour exemple la terre, qui nous occupe par-dessus tout en ce moment. La terre, telle qu'elle est sortie des mains de Dieu, est donc, nous le disons avec Bastiat, un don gratuit et par conséquent sans valeur. Un homme la défriche, la laboure, etc. Que fait-il en agissant ainsi? Il s'empare de cette terre, dira M. Proudhon, en s'appuyant sur notre principe d'occupation par le travail; il se l'approprie, dirons-nous, en aussi bon français. Ce qui signifie que cette terre, incapable par elle-même de lui rendre le moindre service, il l'approprie à ses besoins. Grâce à son travail enfin, cette terre inculte acquiert la propriété de produire le blé, le pain nécessaire à l'existence de l'homme. Ce cultivateur est-il possesseur du sol lui-même? Non, mille fois non; mais il est possesseur, et, cette possession, il ne la doit qu'à son travail, des propriétés ou de la propriété, spécialement celle de produire le pain, que son travail lui a donné. On a eu tort, je veux bien en convenir, d'abuser ainsi d'un seul mot, surtout quand on sait qu'on doit avoir affaire à des gens qui ne demandent qu'à jouer sur les mots; mais tout ce que je peux accorder c'est qu'on ne devrait pas dire en parlant d'un morceau de terre : Je possède cette propriété; mais bien, je suis possesseur des propriétés de ce morceau de terre. Une terre peut n'avoir aucune espèce de propriété, c'est-à-dire n'être absolument bonne à rien, on en trouvera si l'on veut dans la Champagne crayeuse; du moins celles que cette terre peut avoir nous sont encore inconnues. Il en est d'autres qui ont des propriétés naturelles, que le premier soin de l'homme a été de chercher et de deviner. Il y a six mille ans, l'homme ne soupçonnait pas que la terre presque inerte du Médoc jouissait de la merveilleuse propriété de produire le meilleur vin du monde entier. L'homme, trouvant la terre absolument libre, dut chercher, avant de choisir, le morceau qu'il voulait approprier à ses besoins. Tous les premiers venus ont-ils pris les meilleures places? cela n'est pas sûr; un homme eût-il choisi un hectare en Limagne, je crois fort qu'il eût perdu à ne pas choisir de préférence un hectare dans le Clos-Vougeot. Il y a à peine quelques centaines d'années que l'Ardèche était misérable, à peine habitée. Aujourd'hui, l'aspect de cette contrée a singulièrement changé. Pourquoi? parce qu'un jour, un homme de génie découvrit que cette terre était propre au mûrier, qu'elle avait la précieuse propriété de produire la plus belle soie du monde. Les dunes des grandes landes n'était bonnes qu'à couvrir de sable et à engloutir des villes entières, un autre homme de génie trouva le moyen de les fixer et de les rendre propres à produire le pin, le bois et la résine; l'État, sur son inspiration, a fait exécuter des travaux dont les résultats ont été de substituer des valeurs immenses au danger incessant dont les dunes menaçaient les habitations voisines.

Faut-il donc croire qu'il suffit de choisir un lopin de terre et de s'y installer provisoirement, comme un lazzarone qui ne demande qu'une pierre où reposer sa tête? Ah! que M. Proudhon y prenne garde; c'est bien la cause du lazzarone qu'il a pris en main et a si fort à cœur de faire triompher coûte que coûte. La cause que j'adopte, moi, c'est celle du pionnier inconnu qui brave la peine, la fatigue, la mal'aria, les dangers de toute sorte, pour donner à la terre les précieuses facultés ou propriétés que l'on envie tant une fois qu'elles lui sont tout acquises; c'est aussi la cause des Sully, Olivier de Serres, Mathieu de Dombasle, etc., qui méritent bien qu'on ne les écrase pas du pied.

J'aperçois entre les mains d'un charpentier une hache; cette hache lui appartient, me dit-il. Mais je remonte à l'origine; le minerai de fer qui a servi à fabriquer cette hache appartient-il au charpentier? pas plus que la terre au propriétaire. Sans tenir compte ici de la division du travail qui a fait passer ce morceau de fer en tant de mains avant qu'il ait acquis sa forme définitive, le minerai qui était un morceau de la terre commune, n'est en ce moment dans les mains du charpentier que parce que celui-ci lui a donné la forme et la propriété qui étaient nécessaires au service qu'il voulait en exiger, la propriété d'une hache. Il s'est donc approprié ce minerai, qui serait resté inutile, en lui donnant les propriétés qui le rendent apte à servir aux besoins de l'homme. Le charpentier a donc sur cette hache absolument le même droit que le propriétaire sur la terre; ce dernier doit continuer à cultiver sa terre pour qu'elle ne perde pas les qualités productives qui lui ont été données; mais le charpentier ne doit-il pas entretenir sa hache, s'il veut qu'elle dure et ne s'oxyde pas; n'est-il pas tenu d'y ajouter de en temps temps un morceau de fer pour compenser l'usure, absolument comme le propriétaire est tenu de rendre, par des engrais, à la terre, les qualités productives que les récoltes lui enlèvent?

Un homme trouve un diamant; le droit du premier occupant est entre ses mains; mais à quoi peut servir cette pierre brute? Ne faut-il pas que le travail d'un habile ouvrier lui donne, en la taillant, ces propriétés que le diamant est susceptible d'acquérir, cette beauté, cet éclat dont les femmes se montre si envieuses? Cette pierre, qui appartient à cet homme par droit de trouvaille, n'acquiert donc de valeur que lorsqu'il lui aura donné par son travail les propriétés qu'elle est susceptible d'acquérir et qui en font la véritable valeur. M. Proudhon enfin écrit un livre; ce livre a la propriété d'intéresser le public, de l'éclairer peut-être, d'agir enfin sur son esprit; qu'a fait M. Proudhon en écrivant ce livre? Il avait fait lui aussi une découverte; peu s'en faut qu'au commencement du livre que j'ai sous les yeux, il ne s'écrie : Εὕρηκα! il avait mis la main sur une idée, une pensée. On lui a appris à écrire et à faire imprimer; il use des moyens qu'on lui a donnés pour approprier sa pensée aux besoins des autres hommes; la pensée n'était pas à lui; si c'est vérité, toute vérité vient de Dieu et est don gratuit; mais ce qui lui appartient, c'est d'abord le droit de trouvaille où de premier occupant relativement à cette pensée, et, en second lieu, la propriété que son travail lui a donné de se communiquer aux autres hommes. La pensée n'est donc pas à lui, pas plus que la mienne à moi, pas plus que le minerai de fer au charpentier, pas plus que la terre au propriétaire; mais le livre dans lequel il me rend compte de cette pensée et me l'explique est bien à lui; il jouit de toutes les propriétés qu'a ce livre, propriétés que j'ai fort bien pu acheter; mais je n'ai pu lui acheter son idée qui reste bien à lui, comme son nom reste sur son livre.

Examinons de près un de ces ouvriers sur lesquels se porte avec une si vive intensité l'intérêt des socialistes. Prenons un des plus humbles, un simple maçon. Au point où il en est, il a fait son apprentissage, il connaît son état, il a acquis des connaissances spéciales dans son art. Ira-t-on dire à cet homme qu'il n'a rien? Mais n'a-t-il pas son état, l'art du maçon qu'il s'est approprié par son travail, et qui, lorsqu'il veut le mettre en culture, c'est-à-dire travailler à sa manière, lui assure des moyens d'existence que certainement il ne changerait pas contre le droit de gratter un pauvre lopin de mauvaise terre, tel que celui auquel il aurait droit en France d'après ces messieurs, et que tout son travail ne parviendrait pas à mettre à même de lui donner à manger à lui seul, et encore bien moins à sa famille? Peut-on enfin rigoureusement dire qu'un homme n'a rien, lorsqu'il a toutes ses facultés, que ces facultés, il lui est donné de les approprier, c'est-à-dire de développer l'une quelconque d'entre elles à son choix, au point de la rendre propre à lui procurer une existence honorable d'abord, lucrative plus tard, source de fortune souvent; car beaucoup sont très-riches aujourd'hui qui étaient partis d'aussi bas que possible. Quoi que l'on fasse, chacun a son intelligence et ses facultés morales et physiques : qu'il les approprie et s'approprie, grâce à elles, un art quelconque, celui qu'il voudra, et, si peu qu'il soit fier, il repoussera certainement l'aumône que vous voudrez lui faire, car elle lui sera parfaitement inutile.

Qu'est-ce qu'un grand peintre, sinon un homme doué d'une faculté brillante, qui a développé avec soin et par son travail cette faculté, et s'est approprié l'art de peindre? Son génie lui inspire une idée, il la fixe sur une toile, et la communique, sous cette forme séduisante, aux yeux de beaucoup d'entre nous, absolument comme un auteur écrit, s'approprie cette idée ainsi que sa traduction en peinture, la vend ou la donne tout comme une quelconque des autres propriétés. — On peut même dire qu'un enfant n'est pas sans ressources parmi nous tant qu'il *a* ses parents, car ses parents, responsables, pour nous, de sa vie, lui doivent les moyens de l'entretenir. Et il est impossible de trouver un homme duquel il soit impossible de dire : il *a* ceci ou il *a* cela. Il n'y aura d'homme véritablement dépossédé que le jour où un pontife quelconque ou autre agent socialiste viendra, sans tenir compte de ses efforts antérieurs d'appropriation, lui assigner un travail auquel il sera complétement inapte.

On le voit, le mot propriété a la même acception partout et en toutes choses, et l'on peut traiter la question d'une manière aussi générale que l'on voudra, et en prenant l'exemple que l'on voudra prendre, sans que rien puisse renverser la théorie et infirmer le principe. Ce qui est vrai, l'est absolument et sans exception trouvable.

Il était écrit, avant même la venue du Christ : « Le bien d'autrui tu ne convoiteras afin de l'avoir injustement. » Et ceci était plus qu'une simple loi humaine issue de l'imagination d'un législateur : c'était, nul ne le contestait alors, une révélation, un ordre émané directement de la volonté divine. Le Christ n'est donc venu, en cela, que confirmer, rappeler et renouveler l'ordre reçu, lorsqu'il a dit : « Tu ne voleras pas. » Y a-t-il, quoi qu'on puisse dire, et peut-il y avoir une consécration plus complète et plus absolue de la propriété, sous quelque forme qu'elle puisse se présenter, que cette défense expresse de voler? A quoi pourrait donc servir une pareille, une aussi impérieuse interdiction du vol, si la propriété ne devait pas exister? Et comment, enfin, comprendre le vol s'il n'y a pas possession? Il faut n'avoir jamais lu ni entendu la parole divine, ou bien douter absolument de toute révélation, et traiter d'invention humaine tout ce que peuvent renfermer et l'Évangile et les commandements de Dieu, c'est-à-dire, en un mot, n'être pas chrétien, pour nier l'existence et la vérité d'un ordre aussi formel et aussi explicite, et essayer de l'enfreindre en attaquant directement ou indirectement le droit de propriété. Il serait possible cependant que quelques esprits soupçonneux aient cru apercevoir dans l'Évangile même une sorte de contradiction, des lois ou des recommandations directement opposées l'une à l'autre, et laissant par conséquent l'homme libre de choisir entre deux voies à suivre : c'est ce doute, possible jusqu'à un certain point, que je voudrais, l'Évangile en main, tâcher de lever.

Ce que je voudrais relever comme une véritable erreur, bien que l'on comprenne que l'on puisse s'y laisser tomber, c'est l'accusation de communisme dont on charge l'Évangile : les uns, portant franchement contre lui cette accusation, y voyant avec joie sanctionner leur haine contre la propriété, d'autres l'acceptant presque tout en la déplorant, d'autres enfin, se défendant contre elle, mais avec une faiblesse qui laisse toujours l'ennemi sur pied. Eh bien, je n'hésiterai pas un instant à reconnaître les faits tels qu'ils sont réellement : oui, les lois du communisme sont en entier dans l'Évangile ; je le reconnais hautement et ne cherche nullement à l'en dégager et à l'en défendre. Mais ce que je nie formellement, c'est qu'il y ait contradiction, et ceci, quelques mots suffiront, je l'espère, pour le faire comprendre de tous. Sans entrer dans de trop grands détails, qui ne feraient que nuire à la lucidité de l'explication que je veux donner, j'en arriverai immédiatement à dire, ce qui n'est pas difficile à comprendre en remontant à l'origine des choses, que toute société a commencé et devait commencer par le communisme. Une réunion, une sorte d'association d'hommes, arrivant ensemble dans un pays encore inexploré et inoccupé, avec l'intention de s'y établir, se trouvèrent de prime abord, antérieurement à tout travail effectué sur cette terre, forcément sous les lois du plus complet communisme, ledit pays non encore marqué au sceau du travail leur appartenant à tous en parfaite communauté et sans la plus légère distinction possible entre le tien et le mien. Était-ce l'état parfait? Je doute que les intéressés eussent répondu affirmativement. Néanmoins il est incontestable qu'il n'y aurait nullement impossibilité absolue à supposer que ces hommes aient pu convenir de travailler cette terre en commun, chacun travaillant pour tous et tous pour chacun, bien qu'il fût presque nécessaire, pour expliquer une pareille conduite de la part de ces quelques hommes, de les supposer doués d'une nature autre que celle que Dieu nous a donnée et, en quelque sorte, exempte de tous les vices qui semblent inhérents à la nature humaine; l'état de perfection seul peut en être supposé exempt, et ils n'ont nullement besoin, pour exister, d'être développés par l'état social. Sans cette perfection attribuée à tous les individus en question qu'arrive-t-il? Je suppose qu'un seul d'entre eux, au bout d'un certain laps de temps, se soit lassé de travailler et ait voulu vivre paresseusement, c'est-à-dire en parasite, aux dépens des autres; les autres, actifs et laborieux, n'auraient certainement pas voulu supporter l'idée de travailler un peu plus, dans le but seul de rendre possible l'oisiveté d'un seul. Ce membre gâté, cette brebis galeuse eût été indubitablement traitée selon ses mérites et mise au ban de la communauté. Dès lors tous, chacun de son côté, se fussent armés pour défendre contre ses atteintes les produits de leur travail; de là, immédiatement et sans transition la distinction établie du tien et du mien. Le doux et fraternel communisme eût disparu dès cet instant; mais à qui la faute? à l'homme vicieux, paresseux, et non aux laborieux cultivateurs. On voit donc clairement la communauté forcément dissoute par le fait seul de l'existence d'un membre vicieux, et la propriété, conséquence malheureuse si l'on veut de cette dissolution, puiser sa source, trouver son origine même dans le vice dont l'homme sera à tout jamais, sachons-le bien, entaché. Il n'est donc pas besoin d'une étude bien approfondie de l'homme pour pouvoir apprécier, non l'impossibilité théorique, qui pourrait être contestable, mais l'insurmontable difficulté pratique en face de laquelle on se trouverait forcément en admettant chez les quelques hommes dont nous parlions une aussi extraordinaire aptitude à maintenir au delà du premier jour les lois de la communauté des biens. C'est donc vouloir attribuer à l'homme une nature essentiellement autre que celle qui nous a évidemment été dévolue, c'est méconnaître aussi le vrai sens des ordres et la toute sagesse de la prévoyance divine que de prétendre que le communisme a pu ne pas cesser au premier coup de bêche donné à la terre. Or, ce coup de bêche, qui a pu être considéré comme un malheur à jamais déplorable par ceux qui y ont vu, non-seulement comme nous l'origine de la propriété, mais aussi la perte définitive de la vraie liberté, ce coup de bêche, dis-je, a été donné, à tort sûrement aux yeux de quelques-uns, mais en tout cas et sans contestation possible, par ordre divin : car il fut dit à l'homme, et le Christ l'a répété : « Tu gagneras ton pain à la sueur de ton front. » Si donc la nature humaine étant bien observée, connue et constatée, et vue surtout en l'absence de toutes absurdes illusions, le premier coup de bêche devait mettre fin au communisme, c'est que Dieu, qui avait ordonné qu'il fût donné et qui ne pouvait en ignorer les conséquences, avait prévu et ordonné que le communisme cesserait aussitôt après, et qu'il avait créé l'homme inapte à vivre sous les lois de la communauté des biens.

Il est bien entendu que c'est à des croyants en Dieu, et, pour mieux spécifier, au Dieu des chrétiens, que je m'adresse, et ici se montre l'absolue nécessité dans laquelle je me trouvais dès le principe d'exclure sans pitié tout ce qui n'est pas chrétien, et de dépouiller même violemment de ce titre, dont ils s'affublent sans droit, ceux qui persistent à méconnaître les lois les plus simples et les plus claires auxquelles Dieu a soumis la société humaine, lois qu'elle ne peut enfreindre si elle veut être et rester chrétienne.

Je dis donc que Dieu jeta l'homme ou les hommes sur terre, soumis aux lois du plus complet communisme, mais qu'il avait prévu et ordonné que le communisme cesserait, sous peine de mort pour l'homme, et ferait place à la propriété. Rien de plus simple dès lors que de comprendre et d'expliquer la présence simultanée, mais nullement contradictoire, des deux lois dans les paroles de son Messie. Il y a plus : c'est que cela ne peut être autrement; car le Christ, étant venu au monde pour donner et expliquer aux hommes les lois auxquelles ils devaient obéir et leur rappeler celles qu'ils n'auraient dû jamais enfreindre, avait pour mission de renouveler et refonder en entier la société. Il dut donc nécessairement, comme il le fit, prêcher et commander au besoin l'humilité, l'abnégation, le mépris des richesses, l'abandon, en un mot, de tous les biens acquis antérieurement et de tout ce qui pouvait rattacher à l'ancienne société; repoussant loin de lui ceux qui semblaient regretter le passé et dont l'abandon à la nouvelle communauté n'était pas complet; mais disant, lui aussi, à l'avenir : « Tu ne voleras pas. » La parabole des oiseaux était donc, pour ceux qui l'écoutaient parler, le symbole du communisme, la charité, qu'il recommandait, une prière aux riches de l'avenir. « Tout ce que vous donnerez, leur dit-il, vous sera rendu au centuple dans le ciel. » Ainsi donc : humilité et pauvreté d'abord; travail, richesse et charité plus tard. Car il savait, lui aussi, que le communisme cesserait le jour où, pour la première fois, un membre de la communauté demanderait à la terre son pain de chaque jour et que ce jour devait arriver, puisque Dieu, ainsi qu'il le répétait, avait condamné l'homme à gagner son pain à la sueur de son front. Il n'est donc pas dans tout l'Évangile une seule parole adressée au présent qui ne respire le plus complet communisme, mais aussi, pas une seule à l'adresse de l'avenir qui ne soit la plus incontestable consécration de la propriété. Communisme au présent, propriété à l'avenir, tels sont le secret et la véritable explication de la présence, dans le code divin, des deux lois en apparence si contradictoires.

Je suis loin d'oser espérer que ceux qui ne croient pas croiront après ceci; aussi ai-je bien dit, dès le commencement, que ce que je cherchais, c'était bien plutôt à donner confiance à ceux qui croient qu'à confondre les incrédules. Cependant, je n'abandonne pas tout espoir, et suis décidé à attaquer ces derniers sur leur terrain, c'est-à-dire à m'adresser à leur croyance même, car, si orgueilleux qu'ils soient, il est facile de prouver à chacun qu'il ne peut se défendre d'en avoir une.

La propriété, c'est le vol, nous dit-on; pour qu'il y ait vol possible, il faut qu'il y ait propriétaire. Quel est donc le propriétaire véritable au préjudice duquel le vol a été commis? Les socialistes (leur nom est ici aussi significatif qu'autrefois le mot royaliste) nous le disent ou nous le font comprendre : c'est la société, la communauté, qui est victime d'accaparations individuelles. Tout au plus, d'après eux, la société a-t-elle pu autoriser, soit par décret, soit par suite d'une sorte de contrat dont il ne faut guère espérer retrouver les traces, cette division en propriétés particulières de la surface du territoire appartenant à la communauté. Il ressort évidemment de là que la société, au préjudice de laquelle le vol a été commis, aurait existé antérieurement à la propriété. Cette illusion, pure illusion à l'époque où nous vivons, peut à la rigueur et jusqu'à un certain point s'expliquer et se comprendre.

Ainsi arrive-t-il, nous le voyons en ce moment même se passer sous nos yeux, pour l'Algérie, conquise au nom de la nation française tout entière, aux frais et dépens de la communauté, et qui appartient incontestablement, non pas à quelques individus, mais bien à tous les Français, si du moins l'on veut bien consentir à mettre de côté les droits des Arabes vaincus. Est-ce à titre et par droit de conquête seulement que cette terre appartient à la société française? c'est ce qu'il serait fort difficile de décider : on n'y voit guère, en effet, d'autres titres, à moins que l'on ne voulût sonder les secrets de la Providence et y trouver complaisamment que Dieu, irrité de voir cette terre fertile et hospitalière servir de refuge à une horde de pirates mécréants, se servit pour les en expulser du bras de la France, comme il se servit jadis du bras de l'ange pour chasser l'homme du paradis, et donna l'Algérie, pour prix de leur victoire, aux Français, plus dignes, à ses yeux, de la posséder. Mais de pareilles explications, sans compter qu'il serait dangereux d'en laisser l'usage à des consciences par trop larges, s'éloignent trop du sujet que nous traitons. La nation française restera donc, à nos yeux, propriétaire réel et définitif de sa conquête. L'État, qui est à tort ou à raison, mais incontestablement, le mandataire de la nation, ne voulant ou ne pouvant se charger lui-même d'exploiter cette immense contrée, fait aux individus qui lui adressent des demandes et ont à ses yeux des motifs réels pour rendre ces demandes dignes d'être prises en considération, ce que l'on appelle des concessions de territoire. L'individu devient dès lors propriétaire; mais ne nous pressons cependant pas trop : est-ce propriétaire au même point de vue et aux mêmes conditions qu'un Français en France? Non, bien certainement, et c'est là, si nous nous faisons bien comprendre, ce qui va servir à mettre en lumière l'erreur socialiste. Le concessionnaire algérien reçoit une faveur de l'État, cela est incontestable, et lui doit en retour tels services que l'État veut exiger de lui, sous peine, s'il ne remplit pas ses obligations au gré du donateur, de se voir retirer sa concession; en un mot, un contrat véritable est passé entre l'État, représentant la nation ou la société, d'une part, et les concessionnaires de l'autre. Si longtemps que le monde durera (on n'épargne pas le papier en France), il sera possible de retrouver dans les archives des traces incontestables de ces concessions, de ces sortes de contrats entre l'État et le propriétaire algérien. L'État (ou la société française, car les deux sont synonymes ici, pour nous comme pour les socialistes) aurait parfaitement pu exploiter lui-même sa conquête, s'il l'eût voulu; il a préféré en confier la culture à un certain nombre d'individus choisis par lui, comme les plus capables probablement; c'est à lui de savoir ce qu'il y avait de mieux à faire, et il ne sortait nullement de sa mission en agissant comme il l'a fait. A-t-il eu raison d'agir ainsi? permis à chacun de le contester et de prouver, s'il le peut, que l'on régit fort mal nos intérêts; et certainement, les résultats aidant, il ne serait peut-être pas bien difficile de démontrer qu'on aurait pu mieux faire : et peut-être trouverait-on alors que le meilleur moyen de tirer parti de la conquête eût été d'enlever aussitôt que possible à la propriété formée ou à former en Algérie cette tutelle, cette tache de socialisme enfin, qui lui incombe si lourdement, et qui, comme pour rendre une fois de plus témoignage au principe, ne peut manquer tant qu'elle persistera de mettre obstacle à son entier développement.

Quoi qu'il en soit, l'État n'étant que mandataire, la société française demeure bien et dûment propriétaire de la terre conquise, qu'elle fera cultiver et exploiter comme bon lui semblera. Mais qu'est-ce qui place cette terre dans des conditions si particulières à nos yeux, et si bien en accord avec les idées socialistes? évidemment les droits antérieurs, conquis ou acquis justement ou injustement, et en quelque sorte la préexistence de la France conquérante, de la société française bénéficiant et voulant bénéficier de sa conquête. Si maintenant des individus venaient à prétendre s'approprier cette terre librement, à leur gré, sans conditions, sans vouloir tenir compte à la France des sacrifices qu'elle a faits pour la rendre libre, accessible sans danger, la société serait-elle en droit de s'en plaindre? Parfaitement, incontestablement, bien qu'à nos yeux elle prouvât ainsi qu'elle met ses intérêts particuliers au-dessus de ceux de l'humanité entière. Il y aurait donc évidemment ici vol ou possibilité de vol, puisqu'il existerait quelqu'un dont il serait possible, par cette accaparation, de léser les intérêts. Le vol pourrait donc avoir lieu, dans toutes les conditions socialistes, au préjudice de la société.

L'Algérie aurait pu rester propriété de la communauté française : que serait-elle devenue? Une non-valeur certainement, sinon une charge. Tous se seraient-ils réunis pour la cultiver d'un commun effort? Afin de supprimer les difficultés que fait naître la distance, examinons ce qui se passe en France même. Il y a encore une assez grande étendue de ce qu'on appelle des biens communaux. Prenons, par exemple, une commune de cent feux ou cent familles : cette commune possède cent hectares de terre non encore accaparée, pour me servir d'expressions socialistes; y a-t-il un seul exemple qui puisse amener à faire croire et supposer que les cent familles dont nous parlons tireront de cette terre tout le parti qu'il est possible d'en tirer, c'est-à-dire qu'elles cultiveront ce sol non encore approprié? Je veux bien admettre un instant que, sur le nombre total, quatre-vingt-dix-neuf chefs de famille aient résolu de le faire et de donner à cette terre, tout au plus bonne à faire végéter deux ou trois cents moutons, une valeur égale à celle des propriétés voisines; il n'est certainement rien dans la nature humaine qui puisse m'empêcher d'admettre que le centième chef de famille, insouciant et paresseux, préfère conserver cette sortie libre pour ses animaux et ne consente pas à s'en priver même en vue des avantages considérables que le travail pourrait lui procurer. Que doivent faire les quatre-vingt-dix-neuf autres? Passer sur le corps de cet homme qui met à lui seul obstacle au progrès; dépossession par la force, injustice criante; exploiter malgré lui et sans lui cette terre et lui donner un centième des produits obtenus : merveilleux encouragement à la paresse, et exemple que beaucoup d'autres s'empresseront de suivre; le forcer à travailler comme les autres, absolument comme on fait pour les nègres : atteinte violente à la liberté. Un seul des membres de la communauté suffit donc pour mettre un obstacle invincible à la culture, à l'appropriation du terrain en question. Reste donc une dernière ressource : c'est d'appeler M. Proudhon ou M. Louis Blanc, à cette fin de persuader à cet homme qu'il est un paresseux, une honte pour la société, un voleur même, d'après M. Louis Blanc. Mais ces messieurs apprendraient bien vite ce que c'est que la résistance d'inertie et l'obstination routinière d'un paysan, qui n'a pas pour mobile un intérêt d'une palpable évidence. Tous se contentent donc, dans le pays le plus civilisé du monde, de ravager à qui mieux mieux les biens communaux, d'où cette conclusion malheureuse mais fatale, que jamais des terres en communauté ne seront appropriées, à moins que, comme disent les socialistes, *on* ne force les hommes à les travailler, à moins qu'*on* ne les réduise à un état analogue à celui des nègres de l'Amérique du Sud.

L'Algérie, terre commune, menaçait donc de demeurer éternellement une non-valeur. L'État se décida à confier à des individus le soin de l'approprier. Il est parvenu déjà, quoique péniblement, à placer plus ou moins avantageusement une portion de la conquête ; il a fait des concessions, mais, qu'on le remarque bien, des concessions perpétuelles : le don reste et restera don, si l'on veut, mais ne peut être retiré. Sans la condition de perpétuité, il tombe sous le sens que l'État n'eût pas trouvé dans tout l'univers un seul homme de bonne volonté. Néanmoins la concession est-elle l'équivalent de ce qu'on appelle en France propriété? Que l'on jette les yeux sur un seul de ces contrats passés entre l'État et l'individu, et l'on verra si le socialisme n'a pas passé par là. Ainsi obligation faite au concessionnaire de cultiver sa concession, obligation à lui imposée d'y faire telle culture plutôt que telle autre, d'y planter tel nombre d'arbres, etc. Que manque-t-il donc au concessionnaire pour devenir propriétaire? Peu de chose et beaucoup : il lui manque d'être affranchi de la tutelle, bonne ou tyrannique de l'État ou de la société comme l'on voudra, il lui manque enfin la liberté, le droit d'user et d'abuser. Je voudrais être dans cent ans d'ici, et sommer l'État de me prouver, les résultats en main, qu'il a gagné à faire des concessions conditionnelles au lieu de donations pures et simples suivies d'une entrée immédiate, sur pied d'égalité parfaite avec les anciens membres, du bénéficiaire dans la société française.

J'admets cependant que le système des concessions réussisse à souhait et que l'Algérie se trouve un beau jour entièrement et parfaitement cultivée, les termes du contrat ayant été des deux parts scrupuleusement observés. Voilà aussitôt un pays riche et peuplé d'une vingtaine de millions d'âmes. Croit-on qu'un tel pays va bénévolement continuer à rester ce qu'il est, c'est-à-dire non pas une partie de la France, mais subordonné à la France, chargé de redevances plus ou moins onéreuses, d'obligations sous n'importe quelle forme vis-à-vis de la mère patrie? Non; si les nouveaux Algériens ont un peu de sang français dans les veines, ils se battront pour conquérir leur affranchissement, et au nom sacré de liberté ils secoueront violemment un jour le joug de la société française. Les Anglais, toujours au nom de la liberté, les y aideront peut-être; n'avons-nous pas aidé les Américains à rompre la chaîne qui les liait à l'Angleterre? L'Algérie affranchie du joug de la France, aux applaudissements de tous les libéraux et prétendus libéraux, que deviendra le contrat? Une lettre morte, rien de plus; et le concessionnaire? un vrai propriétaire, dans toute la véritable acception du mot, c'est-à-dire un homme revêtu du droit d'user et d'abuser à son gré de la terre que son travail a appropriée, et cela à perpétuité, et cela en outre sans retour, sans redevances ni obligations envers qui que ce soit au monde.

Tâchons maintenant de nous servir de l'exemple de l'Algérie pour voir ce qui a pu se passer et ce qui se passe en France.

Si haut que l'on remonte dans l'histoire, il n'est pas un peuple chez lequel on ne puisse retrouver les traces d'une autorité quelconque. La première qui a existé est évidemment celle du père de famille. La première forme qu'a revêtue l'autorité est donc évidemment le patriarcat. Que maintenant la famille vienne à s'étendre jusqu'à prendre les proportions d'une nation, rien de plus simple que d'apercevoir les transitions toutes naturelles par lesquelles passe le patriarcat pour devenir, sous un nom ou sous un autre, une royauté. Le chef de la famille devient le chef de la nation; le patriarcat passait tout naturellement du père au fils aîné, d'Abraham à Isaac, d'Isaac à Ésaü, qui vendit son droit d'aînesse à Jacob, etc.; de même la royauté, au milieu de la multiplication de la famille, resta l'attribut incontesté du fils aîné, de la famille aînée ensuite, de la branche aînée plus tard. Un roi mourait, un autre lui succédait ; mais la royauté, elle, ne mourait pas. Tout le monde connaît l'histoire : ne sortons pas, si l'on veut, de la France. L'autorité y a toujours eu la forme d'une royauté. Or examinons la question de près, cela est de la plus haute importance : Qu'était le roi? Rien, un homme. Qu'était la royauté? Tout. Le roi était mortel, la royauté éternelle; le roi était homme, la royauté divine. Était-ce croyance, était-ce superstition? était-ce heureux, était-ce malheureux? Je l'ignore ; mais il est incontestable qu'il existait au-dessus de la France, au-dessus de la nation française, au-dessus du peuple, de l'aristocratie, des princes du sang, au-dessus même du roi, qu'il existait, dis-je... Quoi? On ne sait trop; un être invisible, impalpable, indéfinissable, que, pour la facilité du discours, on avait appelé la royauté. Pour nos pères, la royauté existait comme Dieu existe, de cette existence, enfin, qui est propre à Dieu et dont nous ne pouvons avoir qu'une si imparfaite idée. Louis XIV était un homme comme nous tous, il le savait lui-même, ne se faisait pas la moindre illusion sur son compte, mais il avait une foi réelle, sincère, en la royauté dont il était revêtu, à la divinité même de cette royauté. C'est cette royauté qu'il aurait voulu voir tout le monde respecter et adorer, et lui-même, au besoin, en eût donné l'exemple. Aux yeux de nos pères, enfin, si haut que l'on fût placé sur l'échelle sociale, on n'était jamais maître, on ne pouvait être que sujet ; aux yeux du roi lui-même la royauté, le mythe royal enfin, si je peux m'exprimer ainsi, planait sur la France entière, sur la nation française tout entière, veillant sur elle du haut de sa presque divine majesté, la dominant, la dirigeant et, je dis plus encore, la possédant, usant et abusant d'elle sans contrôle possible, selon son gré, son caprice et son inspiration.

Il est inutile de s'expliquer davantage : tout le monde me comprend quand je parle du mythe royal. Je n'ai pu, du reste, trouver dans la langue française un mot qui exprimât mieux ma pensée, qui pût enfin donner une forme plus saisissable à cet être tout moral, tout de croyance, tout éthéré et immatériel, et dont le vrai sens cependant est si nécessaire et si indispensable à l'intelligence de tout ce qui va suivre. Que l'on se familiarise donc, par la pensée, avec l'idée du mythe, la notion du mythe : on ne peut pas le montrer aux yeux physiques, on ne peut tout au plus que le signaler aux yeux de l'intelligence. De formes matérielles et palpables, il ne peut avoir que celles que la croyance humaine peut se plaire à lui donner. Mais, enfin, quand je parlerai du roi, que l'on comprenne, non pas un homme comme vous et moi, mais un homme revêtu d'un emblème qui a quelque chose de divin, de surhumain, un homme supportant sur ses épaules les lourds insignes de la royauté, un homme enfin, le mandataire sur notre terre de France du mythe royal de France.

Le roi, roi par droit divin, on le sait, n'était point, comme on s'est plu à vouloir le dire, le mandataire de la société. Il ne pouvait, sous peine de mort, accepter un rôle aussi subalterne. Le roi de France, enfin, n'était point ce qu'il est devenu plus tard, le roi des Français. Il possédait la France, et non-seulement la France, mais aussi ses habitants, qui étaient sujets du roi. Le roi avait droit de vie et de mort sur ses sujets, et le crime de lèse-majesté était puni de la peine capitale. Le roi, enfin, condamnait lui-même, et ne consultait personne pour faire décapiter un de ses sujets. Il ne venait alors à l'idée de personne que le roi pût n'avoir pas le droit d'agir ainsi, et dût, comme le fait de nos jours le chef de l'État, se contenter de se porter partie plaignante par-devant les tribunaux de la société. Il avait donc bien droit de vie et de mort sur ses sujets, et en usait sagement ou en abusait cruellement, suivant qu'il était bon ou mauvais, clément ou cruel. Il avait aussi tout droit sur la liberté individuelle. Qu'on se souvienne des lettres de cachet, et qu'on lise les annales de la Bastille et de Vincennes. Il possédait la terre de France et tout ce qu'il y avait en France de propriétés. Il en disposait librement, donnant à ceux qui lui plaisaient ou avaient à ses yeux rendu service à la royauté, et confisquant ailleurs, c'est-à-dire retirant ce que la royauté avait donné ou était sensée avoir donné jadis, des mains de ceux qui avaient démérité de la royauté. Arrivons enfin à nos conclusions : le mythe royal existait dans toute sa force, toute sa majesté et toute l'étendue de ses divines attributions. Il était le seul et unique propriétaire du sol de la France. Les propriétaires d'alors n'étaient véritablement que concessionnaires, usufruitiers et concessionnaires, non pas même comme ceux actuels d'Algérie, dont nous parlions plus haut, c'est-à-dire à perpétuité, mais seulement tant qu'il plaisait à la royauté de les laisser jouir de leur concession. La royauté, qui se croyait le droit de donner, ne pouvait, sous peine de se faire elle-même esclave, abandonner le droit de retirer à son gré la concession... Sous la royauté donc, un véritable contrat avait lieu entre l'État et l'individu, mais seulement un contrat provisoire, auquel manquait enfin la condition de perpétuité. La terre de France s'est cependant cultivée; à quoi attribuer ce véritable phénomène? ou bien à l'ignorance complète dans laquelle était plongés ceux qui travaillaient réellement la terre et qui la travaillaient avec cette sorte de confiance qui ferait de nos jours travailler un homme ignorant absolument que cette terre qu'il arrose de ses sueurs est hypothéquée au delà de sa valeur, ou bien à l'action véritable et à l'influence vraiment divine de la royauté sur ses sujets, influence qui suffisait pour leur faire faire par devoir le travail que l'on ne fait aujourd'hui que par intérêt, ou bien, enfin, et c'est là la vraie cause à nos yeux, à cette croyance même en la royauté, croyance en sa divinité qui lui donnait aux yeux du peuple des attributs purement protecteurs, lui enlevait toute idée de caprice et d'humeur changeante, qui faisait croire à une sorte d'infaillibilité, d'après laquelle la punition, le retrait du don, de la concession, ne pouvait atteindre que le seul coupable. La foi, d'ailleurs, déplace les montagnes, et la foi dans le mythe royal existait incontestablement dans tous les cœurs et tous les esprits.

Comment alors ne pas s'expliquer et comprendre les erreurs économiques dont pouvaient, sous l'empire de pareilles idées, se rendre coupables des hommes d'un véritable génie? Le *Contrat social* de Rousseau n'avait-il pas parfaitement sa raison d'être? Pouvait-il croire que la propriété fût bien réelle et incontestable quand il voyait les terres passer, au gré du souverain, des mains de l'un dans celles de l'autre? La propriété, enfin, étant, par son esprit lucide et lumineusement intelligent, reconnue d'absolue nécessité, pouvait-il mieux faire, lui qui ne songeait certes pas à supprimer le mythe, le *prince*, que de faire reposer le droit de propriété sur un contrat éternel passé entre la royauté et les individus, contrat dont lui-même, que les socialistes y réfléchissent bien, proclamait la sainteté? Pour le succès même de la cause de la propriété, je souhaiterais ardemment que Rousseau vécût de nos jours et prît en cet instant même la plume que je tiens si faiblement. Car, je le répète, Rousseau ne pouvait alors faire pour la propriété plus qu'il n'a fait, en proclamant l'existence du contrat, sa perpétuité et sa sainteté.

Mais aujourd'hui, au jour où nous vivons, qu'est devenu le mythe royal? Où est la royauté divine et inviolable? Nos pères de 89 pourraient nous le dire, et nous expliquer le vrai sens qu'ils attribuaient à la liberté et aux droits de l'homme. L'histoire est là pour nous en rendre compte. La Bastille tomba-t-elle sous les coups du peuple, à cette seule fin de rendre à la liberté les quelques hommes, coupables ou non, qu'elle tenait captifs sous ses verrous? Non, c'est la lettre de cachet qui tombait, c'est le droit du roi, de la royauté sur la liberté de l'homme, qui s'écroulait ainsi à grand fracas et aux applaudissements de toute la nation. Qu'était le serment du

Jeu de Paume, sinon le soulèvement des poitrines contre la chaîne royale, mythique, qui les étouffait depuis si longtemps? qu'était-ce, sinon le premier acte libre de la nation libre, affranchie des lisières royales? Que furent enfin les premières séances de l'Assemblée, les seules vraiment grandes et fructueuses? sinon la suppression et l'abolition à perpétuité de tout privilége royal et aristocratique, le dégrèvement surtout de la propriété de toutes les redevances, dîmes, corvées, etc., qui la gênaient et l'écrasaient. Anéantissement du mythe royal et aristocratique : liberté; abolition du privilége : propriété. Liberté et propriété, telles sont les deux seules, vraies et incontestables conquêtes de 89. Que le ciel nous les conserve!

Le mythe royal, battu en brèche depuis si longtemps par les philosophes, venait donc de s'écrouler sous les coups de la tempête révolutionnaire. La nation respirait bruyamment et avec une force que rien ne semblait plus capable de contenir, lorsque tout à coup quelques hommes s'élèvent qui, incapables de comprendre et d'apprécier la liberté, impuissants à voir Dieu, le Dieu du christianisme, en tout et au-dessus de tout, enivrés, écrasés sous le poids de cette grandeur humaine, au-dessus de laquelle ils ne voyaient ou ne savaient rien voir, quelques hommes, dis-je, poussés sur notre heureuse France par le génie du mal, se mirent en devoir de disputer aux nouveaux Français cette liberté qu'ils venaient à peine de conquérir. Prenant, en quelque sorte, exemple sur nos rois, sur les plus mauvais de nos rois, qui avaient su faire reposer sur l'idée du mythe royal la plus despotique et la plus tyrannique, énervante et abrutissante autorité, ils ne surent mieux faire que d'en inventer un nouveau, de substituer au mythe royal un mythe nouveau, le mythe social, plus terrible mille fois, plus despotique, arbitraire et capricieux que celui qu'on avait eu tant de peine à détruire. Dieu, après comme avant, était par eux impitoyablement nié : la raison humaine seule était supérieure à tout; la royauté était tombée, la société triomphait. Premiers actes du nouveau mythe : vengeance, non pas de la nation, mais de la société sur la personne du roi, devenu homme comme tous et resté pur et innocent; massacre systématique et empreint de sauvage et ivre barbarie de tout ce qu'il pouvait y avoir de haut et vraiment grand dans la nation. Le mythe social enfin, à peine né de quelques jours, se hâtait de montrer ce dont il était capable, c'est-à-dire de la plus cruelle et la plus intolérable tyrannie; ce dont il était doué, c'est-à-dire de l'intelligence du rabot chargé de faire disparaître les aspérités d'un morceau de bois. Et l'on voudra nous faire accroire que nous avons gagné, que nous pourrions gagner au change! Mais nous n'avons que faire de changer; ce n'est pas un changement de maître que nos pères voulaient. S'ils ont fait tant de vigoureux efforts, s'ils ont enfin triomphé, ce n'était certes pas pour substituer au soliveau, dont le poids seul suffisait pour gêner l'expansion de leurs robustes poitrines, un monstre altéré et insatiable; et c'est lui qu'on voudrait que nous adorions. L'ancien au moins n'avait qu'une seule tête; même souvent le roi était bon et plein de douceur, de mansuétude, et aussi de sollicitude pour ces hommes dont il se disait et se croyait le père; mais ici il s'agit d'un monstre aux mille têtes, toutes bourrées de haine, de fiel et de désirs de vengeance, ne voyant dans ces pauvres hommes que des machines à pétrir, à modifier et à transformer à leur gré, ne sachant s'entendre que lorsqu'elles ont une proie à dévorer, et n'ayant, pour calmer leur impatiente avidité, d'autre ressource que de s'entre-déchirer. Et on appellera cela la société, et chacune de ces têtes se croira en droit de s'affubler de ce titre, et, revêtue de cet oripeau, prétendra nous en imposer et forcer la nation, la vraie nation, la seule et vraie société, pensante, agissante et libre, à prendre l'aspect et la forme qui plaira le plus au maître, à venir s'agenouiller devant le fétiche, déesse Raison, pontife, phalange, religion philosophique ou autre invention que le cerveau fécond de M. Proudhon et compagnie daignera enfanter! Et ce sera encore, ô prodige de l'esprit humain! au nom de la liberté, qu'on voudra que nous acceptions cette tyrannie à plusieurs têtes, au lieu de la suprématie d'une seule que nous avons eu tant de peine à supprimer! Vraiment, sous l'empire de pareilles idées, en face d'une pareille perspective, il est facile de comprendre que beaucoup de gens regrettent le passé et voudraient voir tout le monde retourner à l'ancienne croyance, qui vit encore peut-être au fond de bien des cœurs. Oui, je le dis hautement, ou la propriété est libre, absolument libre, quitte de toutes dettes et de toutes redevances, quelque nom qu'on veuille leur donner, ou bien la France appartient en toute propriété, arbitraire et sans contrôle, à l'héritier légitime de nos anciens rois. Il n'y a pas de milieu possible. M. Proudhon lui-même est forcé de l'avouer, car il reconnaît que la république est la seule chose possible en France, et que la monarchie y est morte depuis 1789. Non, monsieur Proudhon, ce n'est point la monarchie qui est morte, et l'autorité, tous les pouvoirs seront réunis, avec ou sans contrôle, dans la main d'un seul, tant qu'il plaira à la nation qu'il en soit ainsi, et tant qu'elle ne croira pas ou ne comprendra pas qu'il peut y avoir mieux; mais la monarchie, je le répète, n'est point morte; vous tombez, en le disant, dans une grave erreur : c'est la royauté qui est morte, et cela est bien différent à mes yeux et aux yeux de tous ceux qui comprennent quelque chose aux questions sociales. La royauté est morte et bien morte, et je me plais à dire comme vous et avec vous que la république lui a succédé : car, pour nous, les mots ne sont pas tout, et nous ne nous laissons point prendre aux apparences. La nation a pris bien réellement et définitivement les rênes du gouvernement; si un seul les tient aujourd'hui, c'est que la nation l'a voulu et bien voulu, et qu'elle lui a remis elle-même les rênes en mains. A-t-elle bien fait? A elle d'en juger, elle seule est responsable de son choix, responsable dans toute la force du mot, puisqu'elle a choisi elle seule et librement, et, je dirai plus, malgré vous, en dépit de vous, et encore plus, à cause de vous. A-t-elle eu tort d'abdiquer ses pouvoirs? A vous de répondre, à vous qui n'avez eu ni fin ni cesse que vous ne l'ayez convaincue qu'elle était sans force, sans consistance et cependant vicieuse déjà, corrompue et incapable; à vous enfin qui la sommiez de se mettre en tutelle, elle qui, d'après vous, n'avait pas soixante ans d'existence; vous osiez lui dire que ses formes étaient à peine dessinées, à elle, votre mère, qui vous a créé et mis au monde, et sur la tête de laquelle plus de dix-huit siècles d'épreuves et d'expériences ont déjà passé. Elle dut donc, d'après vos conseils, renoncer à conduire elle-même ses affaires, et les a remises aux mains d'un seul, en lequel elle avait toute confiance; mais la république n'est pas morte pour cela. De la royauté par droit divin à l'empire par la volonté nationale la distance est grande pour ceux qui savent y voir, et plus grande, à mes yeux, que celle qui peut exister entre ce qu'on appelle ou que l'on est convenu d'appeler monarchie et république. Il y a aussi loin de l'un à l'autre qu'il y a loin de la sujétion à l'état libre, du fermage et de l'usufruit à la propriété absolue.

Nous aurons à revenir, et avec plus d'opportunité, sur cette grave question quand nous parlerons liberté, comme nous le ferons plus tard. En ce moment, il s'agit de propriété, et la question n'est peut-être pas encore arrivée aux yeux de tous au point où il est désirable qu'elle arrive. L'importante question du mythe est, je l'espère, suffisamment éclaircie, et à ceux qui oseraient dire que nous avons tout détruit en anéantissant le droit divin, qu'après lui il ne peut rester que vague et incertitude, je les renverrai au premier vrai chrétien qu'ils rencontreront, sûr comme je le suis que la réponse de ce vrai chrétien ne peut être autre que celle-ci : Le mythe royal a pu mourir, parce qu'il était de pure création humaine, et, à ce titre, mortel; mais il y a un être, un Dieu qui reste toujours et plane du haut de son trône céleste sur la France, sur l'humanité entière, sur l'univers entier; un Dieu qui veille sur l'homme, sa créature de prédilection, qui lui a envoyé son Messie pour le racheter et lui donner de vive voix, d'une voix que chacun peut entendre, les ordres et les conseils qu'il devait suivre. L'Évangile enfin, le seul, le vrai code moral et social, est toujours là, éternel comme celui qui l'a remis entre nos mains, et, ou bien nous ne croyons pas en Dieu et au Christ, ou bien nous devons, si nous le voulons sincèrement, y trouver des réponses toutes faites à toutes les demandes que nous pourrons lui adresser, des solutions infaillibles à toutes les questions qu'un impérieux besoin nous force à résoudre. C'est cette réponse que je voudrais voir dans toutes les bouches, c'est cette réalité divine, et incontestablement toute divine aux yeux de tout vrai chrétien, que je voudrais voir remplacer les superstitions, les mythes tout humains, contre lesquels nous osons recommander de lutter avec une infatigable persévérance.

Mais n'abandonnons pas encore notre plaidoyer en faveur de la propriété : daignons encore descendre et prêter quelques instants d'attention à des questions, des corollaires d'ordre plus pratique. — Nous y trouverons peut-être encore des preuves à l'appui du principe lui-même.

La propriété, concession ou ferme, était autrefois grevée de redevances de toutes sortes : dîmes, taille, corvées, etc... Mais, est-ce illusion de notre part, ou ne savons-nous pas voir que tout cela existe parfaitement encore, et que notre pauvre propriété est plus obérée que jamais? Obérée, soit, trop, tant que l'on voudra. Mais je prie que l'on examine la chose de près. Nous reconnaissons tous, on ne nous y force que trop, qu'une autorité est indispensable. Nous savons profondément que, grâce aux aimables vices de la nature humaine, en l'absence de toute autorité, la propriété et la liberté seraient exposées à de terribles atteintes. Le besoin d'une autorité étant posé, celui de l'entretenir et de fournir à son entretien vient de lui-même... Or, cette autorité étant utile à tous, tous doivent contribuer aux frais qu'elle entraîne : aussi ne nous faisons-nous pas faute de contribuer et donnons nous tous les jours des preuves que sur cet article-là nous ne nous faisons guère prier... Mais qu'on examine bien la vraie valeur des mots *contribuer*, *contributions :* si énormes que soient ces dernières, la liberté et la propriété peuvent-elles en rien en être atteintes dans leurs principes? Nullement. J'ai cent mille francs, je les donne de mon plein gré à l'État, si cela me plaît ; je n'infirme en rien le droit de propriété; je fais, au contraire, en donnant, acte de libre propriété. La France paye deux milliards de contributions, directes ou indirectes, cela est vrai et énorme aussi ; mais qu'on n'oublie pas que c'est elle qui l'a voulu ; que la nation y a parfaitement consenti; que ses délégués, bien ou mal choisis, cela la regarde, ont accepté et voté le chiffre, qu'ils étaient parfaitement en droit de refuser... La propriété, en un mot, ne doit rien aujourd'hui : elle contribue, quand elle veut, pour ce qu'elle veut et comme elle veut. Autrefois le concessionnaire, l'usufruitier, ne contribuait point : loin de là. Il payait ses dettes, ses redevances, ses fermages, ses baux. La France paye aujourd'hui, à titre de contributions, tout autant et plus même qu'autrefois, je veux bien l'admettre; mais ce que je tiens à établir ici, c'est la différence essentielle, différence qui réside dans le principe même, entre ses contributions d'aujourd'hui et ses redevances d'autrefois, et, aux yeux de ceux qui la comprennent bien, il ne peut pas y avoir acte plus vrai et plus significatif de propriété que le vote même de la contribution. Mais autrefois, dira-t-on aussi, le roi convoquait des assemblées des états pour leur demander des subsides; mais, dirai-je, ce n'était jamais que quand il ne pouvait plus faire autrement, et à cette fin bien plutôt de s'enquérir de l'état de la propriété et de la possibilité où elle se trouvait de supporter une charge plus grande, que d'obtenir d'elle le moindre simulacre de consentement et d'autorisation. Le roi décrétait lui-même et de sa propre autorité la redevance, et avait de loin en loin, mais seulement en cas de grave maladie, l'extrême bonté et condescendance de tâter le pouls au patient, afin de s'assurer par lui-même de ce dont il était encore capable, du poids qu'il était à même de supporter sans mourir. J'ai évité avec le plus grand soin, comme on a pu le voir, de prononcer le mot impôt : c'est avec intention, car ce mot même me répugne et respire trop l'idée de l'emploi de la force, et je tiens par-dessus tout à prouver que personne ne doit rien, que chacun contribue, et ne fait tout le long de l'année que tenir l'engagement que lui-même et de son plein gré a librement contracté au commencement. Enfin, si la dîme, la corvée, la taille et toutes sortes de redevances dénotaient la concession et détruisaient l'idée de propriété, la contribution ne fait que l'affirmer et l'établir sur des bases inébranlables; et l'on voudrait que ces contributions servissent précisément à l'altérer et à la détruire? Où en serait donc arrivé le jugement humain?

Écoutons un instant le plus célèbre des agresseurs de la propriété, M. Proudhon. Nous lisons, dans le premier chapitre de son livre sur la propriété, les mots suivants : « Réforme! réforme! crièrent autrefois Jean-Baptiste et Jésus-Christ! Réforme! réforme! criaient nos pères, il y a cinquante ans, et *nous* crierons longtemps encore : Réforme! réforme! » Parfait, on ne peut pas être plus clair. *Nous* crions : Réforme! Qui, *nous?* Mais Jean-Baptiste, Jésus-Christ, Rousseau, Robespierre, Babœuf, etc., et enfin M. Proudhon. Eux tous ils crient : Réforme! Le Christ est vraiment bien heureux et doit être bien fier d'être admis parmi ces messieurs, et serait sûrement bien flatté, s'il daignait aujourd'hui se faire homme encore une fois, de se voir par eux autorisé à faire chorus avec eux. M. Proudhon ne craint donc pas de dire : « Le Christ et moi; » et moi je dis : Le Christ ou M. Proudhon et les siens... Il est vraiment impossible de montrer plus naïvement le bout de l'oreille et le morceau de chair où le bât blesse. Peut-on croire, après cela, que j'agis sous l'empire d'une illusion quand je dis que les socialistes ne sont pas chrétiens, et que l'on est forcé d'être l'un ou l'autre?

Mais les croyances sont libres et libres sont aussi les croyants de s'unir contre l'ennemi commun. Nous ne forçons personne à partager nos croyances, mais je ne sache pas non plus que le Grand Turc soit en droit de nous contraindre de faire de la propagande au nom de Mahomet. Attaquons donc d'autres points mieux défendus et plus dignes d'attaques sérieuses. Dans le chapitre : *De l'occupation comme fondement de la propriété*, nous lisons : « Et de tout cela ne doit-on pas conclure que, toutes les fois qu'il naît une personne douée de liberté, il faut que les autres se serrent? » Il faut que l'on se serre! Mais quelle est donc la société qui a servi de champ d'observation à M. Proudhon? Où a-t-il pu voir que l'on se serrait et qu'il fallait se serrer chaque fois qu'un nouveau venu paraissait? Il y a, je ne le nie point, dans les bois des chats sauvages qui font des petits tant qu'ils peuvent ou veulent : une fois né et suffisamment grandi, chacun se tire d'affaire comme il peut : qu'il crève ou non de faim, peu importe à la société des chats sauvages. Il y a aussi, avouons tout, dans les forêts des peuplades d'hommes auxquels on ne ménage pas non plus la qualification de sauvages, mais dont l'imprévoyance cependant ne va pas, en pareille matière, jusqu'à atteindre celle des animaux. Quand le nombre des sujets dépasse les moyens de subsistance, on les mange. Méry raconte que Cook eut un jour avec un de ces personnages une singulière et instructive conversation. La peuplade dont il faisait partie s'étant trouvée en grande famine, s'était ruée sur une peuplade voisine, avait tué nombre d'ennemis qui furent immédiatement, les uns mangés, les autres salés pour conserve, et fait un nombre fort agréable de prisonniers que l'on put (ô prévoyance!) mettre en réserve pour les besoins postérieurs. A ce récit, Cook s'indigna naturellement et chrétiennement. Il essaya de faire comprendre à ce pauvre diable l'indignité de conduite de lui et des siens. Alors le sauvage lui demanda si les blancs ne se battaient pas entre eux. Cook fit un signe affirmatif. Le sauvage, à ce signe, prit immédiatement la forme d'un point d'interrogation. Cook s'éloigna fort embarrassé. Il n'avait peut-être pas lu Malthus et ne voulait pas avouer la gratuite méchanceté de ses semblables. Enfin, pour ne rien omettre, il y a malheureusement encore parmi nous des êtres que, malgré tous les efforts que l'on fait, l'instruction n'a pas encore atteints, et dont l'esprit de prévoyance n'est pas précisément la partie forte : il est littéral que chez eux l'on est obligé de se serrer pour faire place à un nouveau venu : aussi est-ce pour eux que la charité a été inventée. Mais pour nous, vous, monsieur Proudhon, et moi et tant d'autres, et nous pouvons descendre jusqu'au dernier paysan possesseur d'un champ grand comme la main, partout enfin où le principe de propriété a étendu ses bienfaits, la prévoyance est venue remplacer, et je le crois avec avantage, les procédés cannibales. Quand un homme vient à naître, il trouve sa place toute faite, marquée d'avance. Les enfants qui nous viennent ne sont point de ceux que l'on remet entre les mains de la communauté, à charge à elle de nous en débarrasser. Rousseau lui-même se condamne et se reproche amèrement d'avoir agi comme il l'a fait. Et vous me direz peut-être que cette prévoyance n'existe pas chez l'homme : je vous présenterai des personnes qui trouvent et pensent que cette prévoyance est peut-être poussée trop loin, et que l'instinct de la conservation de la propriété est peut-être un peu excessif sous ce rapport-là. Serait-ce à dire que l'amour, ce feu divin auquel Dieu a donné mission d'empêcher la race humaine de périr, est mort et éteint chez nous... Tout ce que je sais, c'est que je laisserai parfaitement à M. Proudhon le soin de porter atteinte à cette liberté-là, en évitant, comme il a toujours grand soin de le faire, de toucher si peu que ce soit à la liberté de conscience. Je sais cependant encore autre chose, qui est le résultat de ma modeste observation, c'est qu'il n'y a absolument rien de commun entre nous, civilisés et chrétiens, et une corneille qui abat des noix. C'est ce qui fait que d'une part les sauvages se mangent entre eux pour se faire les coudées franches, que les Chinois, civilisés mais pas chrétiens, jettent leurs enfants à l'eau; et, d'autre part, que saint Vincent de Paul est venu parmi nous à cette fin de compenser un peu l'imprévoyance de l'ignorance et de l'insouciance, et que de saintes femmes ont la sublime folie d'aller au loin tenter de conserver à la vie l'excédant d'enfants d'une population de trois cents millions d'hommes... Nous voyons cela, nous, ne nous donnant que la peine d'ouvrir les yeux. Pourquoi donc tous ne le voient-ils pas comme nous? Est-ce bien réellement la France qu'ils ont prise pour champ d'observation? On a peine à le croire, à moins qu'ils ne soient si près de terre que la boue les aveugle. Il y a de la boue partout, cela est vrai; mais il me semble qu'il est parfaitement permis à la plus honnête femme du monde de marcher sur la pointe des pieds et même de relever un peu le coin de sa jupe pour éviter de se crotter. En traversant un magnifique pays, si par hasard, ce qui est fort possible, un bourbier se présente sous mes pas, dois-je m'y vautrer à plaisir pour ne pas faire un léger détour, et serais-je ensuite bienvenu à me pavaner ainsi souillé, et à dire, pour seule excuse, qu'il n'y avait pas d'autre chemin? Qu'ai-je à attendre? des huées : c'est tout ce qu'aura mérité mon impardonnable naïveté.

Je n'ai point l'intention de réfuter ici tout ce livre, qui a fait tant de bruit. Je laisse à chacun le soin de le faire lui-même, ayant essayé de montrer le procédé qu'il fallait employer. Pour en finir, faisons donc justice à qui de droit. Quant à moi, je me sens tout prêt à pardonner à n'importe quel Grec ou Romain une erreur sur le droit de propriété. Quand on a eu dès sa naissance et toute sa vie l'esclavage sous les yeux, il est difficile de lutter contre un préjugé admis de tout le monde, et d'éviter d'avoir le jugement légèrement faussé par l'aspect incessant d'une pareille énormité, d'une aussi déplorable monstruosité. Les yeux de l'enfant demandent de grandes précautions et de grands ménagements; car il est aisé de voir qu'ils s'habituent facilement à tout, si horrible que cela puisse être. Je pardonnerai même à Rousseau et à ses prédécesseurs ou contemporains : il ne leur venait pas à l'idée de suspecter la vérité du mythe royal, et n'est-ce pas faire, d'après ce que j'ai dit, l'éloge d'un homme et de son jugement que de dire et prouver que d'un point de départ faux il est arrivé à des conclusions fausses, et est-on en droit d'exiger d'un homme qu'il dépouille d'un instant à l'autre tout ce qu'il a pu retirer en fait de préjugés du contact de ses semblables, et que, mettant ainsi audacieusement le pied sur ces préjugés admis de tous, il s'en élève d'autant et monte tellement haut au-dessus de son époque, qu'il puisse de là dominer jusqu'au droit divin? Ne nous montrons pas trop sévères à l'égard des autres, si nous ne voulons pas nous-mêmes être jugés trop sévèrement. Mais les socialistes de nos jours, quelle excuse peuvent-ils trouver auprès de nous? Je cherche en vain, disposé comme je le suis à être indulgent comme notre divin Maître, et voudrais bien pouvoir dire comme lui : « Pardonnez-leur, car ils ne savent ce qu'ils font. » Mais je crains bien qu'ils ne le sachent que trop, ce qu'ils font et ce qu'ils veulent faire, et que ce ne soit le mal de tous. Il est, en effet, bien difficile, avec l'intelligence, le talent et l'érudition de M. Proudhon, de donner au pardon l'occasion d'entrer en scène. Il est vraiment bien regrettable de voir d'aussi éminentes facultés vouées au service d'une aussi sauvage et barbare cause, lorsqu'on pourrait être appelé à prêter à celle du Christ un secours aussi puissant, et ce n'est certes pas cependant au nom de la religion que je parle, mais bien et seulement au nom de la vraie société, celle que le Christ a fondée il y a dix-huit siècles, et dont les merveilleux résultats, qui éblouissent nos yeux, sont cependant si bien faits pour gagner à sa cause et l'esprit, et le cœur, et la raison. Que l'on compare au moins avec les autres, avant de choisir et de se décider! Ne voit-on pas, en effet, toutes les autres sociétés décliner sans cesse et menacer ruine, quand au contraire celle du Christ croît, prospère et s'étend chaque jour? Peut-on méconnaître la divinité de l'impulsion quand on voit s'effectuer sous ses yeux des progrès en tout et pour tout, et tellement rapides que l'esprit a peine à les suivre? Que ceux auxquels je m'adresse mettent un instant de côté leur orgueil et leur vanité, et daignent jeter un simple coup d'œil, calme et impartial, sur tout ce qui les entoure, tout, absolument tout, n'omettant pas plus le mal que le bien, et pas plus le bien que le mal, et qu'ils considèrent ensuite ce qu'ils ont fait et écrit, et ce qu'ils veulent encore faire et écrire. Qu'ils veuillent bien consentir au peu que je leur demande, et, à ce prix, je leur fais serment, et je le tiendrai bien certainement si l'on veut encore me prêter attention, de demander pour eux comme pour moi qu'on les entende et les écoute attentivement, de demander en un mot, pour eux et pour tous, cette liberté qui, sous des aspects, hélas! si différents, semble toujours précieuse à tous. Qu'ils dépouillent surtout toute haine; car nous, nous n'en avons pas et ne pouvons en avoir, notre Maître nous le défend. Discutons enfin, je ne demande que cela, mais loyalement, et que les mots de bonne foi et de loyauté ne soient pas exclus du dictionnaire de cette science que nous avons tous, de tous les côtés, la prétention plus ou moins fondée de professer : la philosophie sociale.

Tâchons de résumer en peu de mots l'histoire de la propriété. Le couple humain créé directement par la main de Dieu, et placé primitivement dans le paradis terrestre où la terre fournissait d'elle-même à tous ses besoins et à toutes ses fantaisies, se fait par sa désobéissance expulser de l'Éden et rejeter sur une terre qui ne peut fournir que par son travail à son existence. Dieu, en punition de sa faute, l'a donc condamné à la travailler et ne lui a point laissé la liberté absolue, c'est-à-dire celle d'y vivre comme une bête fauve ; d'autant plus que Dieu lui intime l'ordre : Croissez et multipliez. L'homme qui veut obéir aux ordres de Dieu doit donc travailler la terre, car ce n'est qu'avec son travail qu'il peut en obtenir le plus de moyens possibles de subsistances, le plus de moyens enfin de multiplier sa race. La simultanéité des ordres : « Travaille, » et « Croissez et multipliez, » nous montre déjà que, si l'homme devait accroître sa race, ce ne pouvait être d'après les mêmes lois et dans les mêmes conditions que les animaux sauvages, l'ordre de travail signifiant clairement qu'avant tout il doit préparer le pain nécessaire à lui et aux enfants qui lui viendront. Ses enfants, devenus à même de travailler, l'aident dans son travail, et lui-même, la première autorité sur terre, indique à ses fils le travail que chacun doit exécuter. Il meurt ; les enfants se partagent les produits de son travail ou continuent encore, s'ils le veulent, à vivre et à travailler sous le système de communauté, mais choisissant un chef : ce chef choisi par eux est naturellement le plus âgé, *senior*, l'aîné des frères. Plusieurs familles ou branches s'étant formées, l'autorité du père de famille devient celle du patriarche. La communauté dure-t-elle indéfiniment? L'Écriture sainte nous apprend que, dès qu'il y eut deux hommes, nés de l'homme, l'un tua l'autre. Il dut donc forcément venir un jour où un homme (un seul suffit), atteint de paresse, refusa de travailler comme les autres : ce jour-là, ceux qui voulaient continuer à travailler, à obéir à l'ordre divin, qui auraient consenti à aider et soutenir ceux de leurs frères que le malheur aurait rendus incapables de travailler et de se suffire à eux-mêmes, refusèrent en toute justice de se donner une peine supplémentaire pour entretenir un parasite ; dès lors ils durent se tenir en garde contre lui, et établir aussitôt la distinction du tien et du mien : ce jour-là, la propriété naquit, et non par le fait des cultivateurs, de ceux qu'on accuse aujourd'hui d'avoir accaparé la terre, mais par le fait d'un seul homme vicieux et refusant d'obéir à l'ordre de Dieu. Chacun étant mis dans l'obligation de défendre les produits de son travail appela à lui l'autorité suprême, le patriarche, afin d'établir par-devant lui et, en quelque sorte, d'enregistrer les résultats qu'il avait obtenus par son travail, lui fit connaître les portions de terre qu'il avait appropriées et dont il était en droit de conserver la propriété productrice : le patriarche, agissant selon les règles de la plus pure justice, et n'étant soupçonné ni de favoritisme ni d'arbitraire, dut sanctionner les réclamations de tous ceux qui ne demandaient que le maintien de leurs droits, la jouissance des produits de leur travail, et la propriété individuelle naquit. Elle était née du travail de l'homme ; elle ne fut que consentie et sanctionnée par une autorité juste, équitable et reconnue de tous. Les familles venant à s'accroître, les forces de chacune d'elles augmentèrent en même temps que

8.

leurs besoins. Les portions de terre exploitées devinrent insuffisantes, et chacun demanda à étendre et à agrandir son champ aux dépens de la terre encore libre. Une contestation bien naturelle à prévoir s'élève entre deux chefs de famille, au sujet d'une part de terrain que chacun d'eux veut approprier. Le patriarche est appelé et prononce : il se trouve donc ainsi forcément revêtu d'une sorte d'autorité distributive, et tout besoin nouveau, tout nouveau venu ne peut se satisfaire sur les terres libres qu'en en référant à la justice distributive de l'autorité supérieure. Ce pouvoir distributif continue à être un des attributs de l'autorité, on en retrouve les traces chez tous les peuples dont nous connaissons l'histoire, et il se perpétue dans les attributions de nos rois jusqu'à notre grande révolution, jusqu'en 1789. Nous la voyons renaître dans les mains du chef de l'État, du jour où de nouvelles terres, non exploitées, comme l'Algérie, viennent se joindre à la France; nous la voyons encore, de nos jours, aux mains de l'autorité des États d'Amérique, dont les terres ne sont pas encore toutes appropriées... Connaissant, tous, les défauts inhérents à la nature humaine, nous comprenons sans peine la nécessité absolue d'un pareil pouvoir entre les mains de l'autorité, dans un pays qui n'est pas encore entièrement approprié, et ne pouvons désirer que de voir ce pouvoir exercé selon les lois de la plus pure justice, de l'ordre et de la plus intelligente économie. Du jour donc où le patriarche eut à intervenir dans une contestation, l'appropriation individuelle cessa pour être remplacée par la concession perpétuelle. Les terres non encore cultivées restaient néanmoins toujours propriété commune à tous les hommes : à l'occupation désordonnée, libre de tous freins, arbitraire et par trop individuelle et personnelle, succéda une sorte d'ordre dans les distributions auquel fut chargée de veiller et de présider l'autorité supérieure. Le roi, pour parler notre langue, avait donc pour mission, mission reçue des hommes et non point venue de Dieu, de constater, établir, sanctionner et garantir les droits acquis par chacun sur les terres appropriées par lui, et d'assigner à chaque nouveau venu une part de celles qui ne l'étaient pas encore, à titre de concession et dans les conditions, selon les lois admises déjà par les membres antérieurement existants de la société. Les chefs étaient hommes comme nous, c'est-à-dire enclins à l'égoïsme et au désir d'étendre leurs pouvoirs, et n'ont pas toujours non plus été tous parfaitement éclairés sur le vrai sens de leur mission. Cette justice distributive ne tarda donc pas à s'altérer entre leurs mains : le devoir devient droit, et la mission un pouvoir discrétionnaire. Le roi, convaincu de sa divinité, ou tout au moins de la divinité de sa mission, trop orgueilleux pour admettre que cette mission peut lui venir, non pas d'un être supérieur à lui et à tous les hommes, mais de ses inférieurs mêmes, de ses sujets, en arrive à se proclamer et à se croire seul propriétaire et donateur... Ayant donné, ou croyant avoir donné, il ne peut se dépouiller du droit de retirer. L'arbitraire de ses actes rend son autorité despotique, tyrannique, et bientôt insupportable à l'homme, qui, de mieux en mieux précautionné contre ses besoins présents et à venir, peut de plus en plus réfléchir sur la vraie nature de ses droits : à l'arbitraire vient s'ajouter, les terres étant toutes appropriées, l'inutilité de la mission : la révolution triomphe du droit cru ou prétendu divin, et la mission distributive, que la croyance avait quelque temps transformée en propriété réelle, disparaît pour faire place à la libre propriété.

Telle est incontestablement l'histoire de la propriété, telles sont les phases par lesquelles elle a dû forcément passer, en laissant de côté, bien entendu, comme nous l'avons déjà fait, les événements dus aux vices de l'humanité, qui sont venus de loin en loin en troubler le libre et naturel développement, et dont une étude succincte me semble indispensable pour achever et compléter l'histoire et la théorie de la propriété. Je veux parler des invasions, des dépossessions violentes et des superpositions d'hommes ou de races les unes sur les autres, d'où est né le principe aristocratique, qui sera le sujet du chapitre qui va suivre.

DU PRINCIPE ARISTOCRATIQUE

Je ne saurais trop répéter que ce que je fais ici, c'est de la pure théorie; de là à la pratique il y a loin, quoique je sois sincèrement convaincu que, bien que toujours en face des vices inhérents à l'humanité, une théorie vraie et au-dessus de toute contestation est aussi indispensable à une bonne et sûre pratique que la connaissance des véritables lois de la morale l'est à la vie saine et vigoureuse et à la durée de notre corps. Aussi n'est-ce nullement l'examen des différents systèmes d'inégalité sociale qui sont actuellement ou qui ont été en vigueur chez les diverses nations qui se partagent notre globe terrestre que j'ai en vue en ce moment. Si ces divers systèmes peuvent différer entre eux, ce ne peut être que par des nuances; mais le fonds, le principe est le même partout, et c'est ce principe, son origine, ses propriétés, que j'ai l'intention d'examiner ici, ne pouvant négliger cette étude sans laisser incomplète la théorie de la propriété, que je ne puis me décider à abandonner avant de l'avoir, autant que possible, placée au-dessus de toute atteinte. Je prie donc que l'on me prête attention, car il s'agit ici, non d'aristocratie, mais de propriété.

Je crois avoir fait comprendre comment, par la faute des hommes et à cause de leur tendance à l'injustice, une sorte de justice distributive était devenue, par la volonté même de tous et pour le bien de tous, un des attributs de l'autorité. Je ne crois pas être obligé de dire, lorsque ce sont des hommes qui sont en scène, combien de l'us à l'abus la transition est simple et la pente dangereuse et facile à suivre; combien les hommes ont été et sont disposés à abuser d'une mission et des pouvoirs qu'on leur a remis en mains pour l'accomplir; combien même, une mission étant donnée à remplir, peu d'hommes sont à même de la comprendre et de se conformer à son véritable esprit. Aussi personne, je pense, n'a été surpris de voir cette mission de justice distributive à l'égard des terres se transformer en véritable droit de propriété, en droit de don et de confiscation. Mais tant que l'autorité, usant à cet égard de son pouvoir censé discrétionnaire, en abusant même au profit de ceux qu'elle voulait favoriser, n'a exercé cet arbitraire qu'en ce qui concernait des terres libres, non encore appropriées, il est difficile, surtout après un long espace de temps, d'y découvrir la moindre atteinte au principe lui-même, au droit de propriété. Chacun pouvait se plaindre de voir les favoris obtenir les parts les plus enviables, sur lesquelles tous avaient également droit; mais nul ne pouvait se déclarer lésé dans ses intérêts propres, dans les produits et les résultats qu'il devait à son travail personnel. Mais là ne fut malheureusement pas tout l'abus que l'autorité fit de la mission distributive dont elle était revêtue; un jour vint où, pour satisfaire ses favoris, peu désireux d'obtenir comme grâce le droit d'entreprendre de rudes et pénibles travaux, elle se crut en droit de disposer en leur faveur de terres déjà appropriées, ce qu'elle ne put évidemment faire qu'en blessant des intérêts et des droits sacrés. Qu'un chef de nation en eût usé ainsi vis-à-vis de ses propres sujets, la chose eût été par trop énorme, l'injustice par trop criante et peut-être aussi le mécontentement trop dangereux à encourir. Quel fut donc le procédé employé? la conquête : et les victimes? les nations voisines, plus faibles et vaincues, soumises au droit du plus fort. Maintenant ces terres conquises, bien que déjà appropriées, ne pouvaient rester sans culture : ceux qui les avaient obtenues en partage n'avaient pas simplement désiré cependant un moyen d'appliquer leur activité : ce qu'ils avaient recherché, c'était bien plutôt les moyens d'entretenir leur oisiveté. Qu'est-ce qui dut donc être chargé du travail de la terre? Tout naturellement les vaïncus, et cela au profit des vainqueurs.

On fera de vains efforts pour attribuer l'origine de l'aristocratie à l'inégalité des facultés humaines, à l'incontestable supériorité des uns sur les autres, à une sorte de prédestination de race, à la nécessité de conduire et de diriger les hommes; on aura beau se retourner de tous les côtés, le plus simple raisonnement ramènera toujours en face de la conquête, suivie du *væ victis* des Romains. *Væ victis*, voilà la véritable cause, source et origine de l'aristocratie, de l'esclavage, du servage, de la superposition d'une race sur une autre, et enfin de l'inégalité sociale, sous quelque forme qu'elle puisse paraître. Qu'on sorte un instant de France et que l'on reporte ses yeux sur l'Angleterre. L'Angleterre, encore de nos jours, possède une aristocratie vivace et puissante; où est née cette aristocratie? D'où tire-t-elle son origine? Lisez l'ouvrage d'Augustin Thierry sur *la Conquête de l'Angleterre par les Normands*, et dites-moi si elle repose sur d'autres bases que le *væ victis*. Une aristocratie saxonne ou danoise existait antérieurement à la conquête, cela est vrai. Mais, entre nous, croyez-vous sincèrement que les Saxons et les Danois fussent venus débarquer sur les côtes d'Angleterre, la bêche en main, avec l'intention d'obtenir le droit de défricher quelques lambeaux de terre? Cela est peu probable, et je crois fermement que plus on remonterait vers la source, plus on aurait de chances de la retrouver dans le droit du plus fort et la condamnation des vaincus.

A mon point de vue fort borné de défenseur de la propriété, il est évident que je dois avoir des idées fort absolues sur l'aristocratie et sur la véritable acception que l'on doit donner à ce mot; en ce sens que je ne puis prêter attention qu'à l'aristocratie territoriale, et uniquement à elle; laissant complétement de côté, sans les apprécier en aucune façon, ni en bien ni en mal, les autres aristocraties ou mieux les autres noblesses, telles que : noblesse de robe, noblesse issue directement de la munificence des souverains, servant en cela comme d'organes à la reconnaissance des nations, noblesse de nom se devant tout entière à l'illustration jetée sur ce nom par un homme de génie en sciences, en lettres, arts, etc., ou enfin, si l'on veut, noblesse à titres purement honorifiques. Toutes ces diverses noblesses peuvent avoir, et ont réellement un mérite que je me garderais bien de leur contester; aussi n'est-ce nullement par mépris que je les laisse de côté, mais seulement parce qu'elles n'ont absolument rien à faire dans le sujet que nous traitons. Tandis que la noblesse territoriale, que son origine même a fait désigner sous le nom de noblesse d'épée, qui devait tous ses priviléges à la possession de la terre et des avantages attachés à cette possession, cette noblesse, dis-je, a sa source évidemment et forcément dans une ou plusieurs de ces catastrophes survenues à plusieurs reprises dans l'existence de chaque nation, et qui ne sont autre chose que ces invasions à main armée que nous avons considérées comme une cause d'objections possibles et en quelque sorte admissibles à faire au droit que nous défendons. Je n'entends nullement prétendre que la noblesse territoriale, ou noblesse d'épée, n'a été que nuisible à la société, qu'elle n'aurait fait qu'exploiter à son profit. Je ne veux nullement méconnaître ou rabaisser le rôle qu'elle a joué, et il est au contraire parfaitement permis à chacun de supposer, ce que d'ailleurs il serait fort difficile de nier et de prouver, que l'Angleterre, par exemple, ne serait pas devenue la puissante nation que nous connaissons, si les Normands n'étaient venus à son aide. Mais toutes ces considérations, encore une fois, n'ont rien à faire ici; et la seule chose que je tienne à montrer, c'est que ces invasions, causes heureuses ou malheureuses de la formation des aristocraties territoriales, ont été en tout cas et incontestablement de violentes atteintes au droit de propriété.

Ainsi donc il est positif que la transmission de la propriété foncière, depuis sa création jusqu'à nos jours, ne s'est pas effectuée, en France comme partout ailleurs, dans toutes les conditions de la plus rigoureuse justice. Une atteinte évidente était portée au principe de liberté et de propriété par l'homme qui, sans autre motif que sa supériorité de force, s'emparait de la liberté et du travail de ceux de ses semblables que son épée avait soumis à ses lois. Si donc la propriété n'avait d'autre source que celle-là, nous renoncerions bien vite à en établir la justice, nous contentant, comme tant d'autres qui veulent son maintien quand même, des raisons d'utilité, de nécessité, etc., qui peuvent militer en sa faveur. Dans ces conditions, en effet, on ne pourrait refuser à M. Proudhon le droit de s'écrier : « La propriété, c'est le vol. » Il faut reconnaître, au contraire, qu'ici le mot aurait une véritable valeur et une acception sur laquelle il serait impossible d'élever la moindre discussion. Le vol aurait lieu, en effet, dans toutes les conditions requises pour qualifier un pareil acte. Mais ce qu'on pourrait ajouter à l'endroit de M. Proudhon et de ses amis, c'est que c'est précisément d'un acte tout semblable, c'est-à-dire d'une dépossession par la force, dont ils voudraient que l'État se rendît coupable, à son titre seul et unique de mandataire du mythe social. Grâce à un mythe bon et complaisant, on peut arriver à tout arranger. Ainsi les Romains, qui vivaient de conquêtes et n'assignaient d'autres limites à leurs envahissements que les limites mêmes du monde, pouvaient parfaitement croire et proclamer que la terre entière leur appartenait, qu'ils avaient reçu mission d'arracher cette terre des mains de ceux qui n'en étaient que les injustes détenteurs et qu'à eux seuls appartenait le droit de gouverner et de civiliser à leur façon la totalité du globe terrestre. Mais le Christ est venu, il faut bien le reconnaître, apporter dans le mode de raisonnement humain quelques modifications qui ne laissent pas, je crois, d'avoir leur importance, et qui, sous ce rapport-là surtout peut-être, ont amené des résultats dans lesquels il serait facile de trouver des motifs plus qu'évidents à opposer à ceux qui pourraient prétendre que notre monde va toujours se corrompant; que la civilisation entraîne après elle, et comme conséquence fatale, la démoralisation et la corruption.

Examinons ce qui se passe. Le mot conquête, qui est resté dans la langue, exprime déjà fort mal, à l'époque où nous sommes, il faut l'avouer, l'idée que l'on pouvait et devait s'en faire aux premiers siècles de notre ère. Aussi ai-je évité, et avec intention, l'emploi de ce mot pour qualifier les événements dont il a été fait mention, et auxquels le mot invasion me semble infiniment plus applicable; et j'en viens presque à regretter que Augustin Thierry ait employé ce mot dans l'ouvrage que j'ai déjà cité. Il est sûr, pour peu qu'on veuille y réfléchir, qu'on ne saurait faire une différence assez grande entre, par exemple, les invasions successives de la Gaule par les Romains et plus tard par les races du Nord, et la conquête de l'Alsace par Louis XIV. Le grand roi, pour être un véritable conquérant, dans l'ancienne acception du mot, aurait dû, aussitôt après la victoire, distribuer aux officiers et soldats qui y avaient contribué toutes les terres conquises sur l'ennemi; il serait peut-être permis de douter que, les choses s'étant passées ainsi, l'Alsace célébrât encore de nos jours et chaque année l'anniversaire de son heureuse réunion à la France. Mais ce n'est pas tout : voici maintenant que ce mot *conquête* répugne en quelque sorte au sens moral. On n'ose plus faire de conquêtes; il semble que l'on commette une criante injustice en faisant, ainsi que cela se faisait fort légèrement autrefois, passer une nation des mains d'un souverain dans celles d'un autre sans avoir préalablement demandé son avis à chacun des individus composant cette nation. Si l'on ne croit pas à la réalité de cette demande adressée aux populations, il faut bien cependant reconnaître et constater un progrès évident dans cette sorte d'obligation dans laquelle les souverains de nos jours se trouveraient de chercher à couvrir la conquête sous l'apparence, même trompeuse, d'une annexion. Le progrès de l'invasion à la conquête était déjà immense; Dieu veuille que de la conquête à l'annexion il y ait un pas aussi grand que celui que nous aimerions tous à constater dans le progrès moral de l'humanité.

Quoi qu'il en soit, et pour en revenir à notre sujet, ni l'annexion, ni la conquête, telles que nous les comprenons aujourd'hui, ne peuvent avoir porté une atteinte bien directe au droit de propriété; je n'attache donc d'importance réelle, dans cette étude, qu'à l'invasion, qui seule pourrait peut-être faire mettre en doute la validité de quelques titres de propriété. Mais, si nous consentons à reconnaître aux invasions, dont notre pays, comme tous les autres, a été victime, la possibilité d'avoir donné à quelques propriétés une source injuste, ce que nous nous plairons à faire pour accorder à nos ennemis tout ce qui est possible en fait de concessions, cela ne peut jeter le moindre doute sur la sainteté du principe lui-même; je dirai même plus, c'est que ce serait au contraire le reconnaître et le sanctionner davantage que d'admettre l'atteinte qui a pu lui être portée et l'injustice qui l'a partiellement et exceptionnellement souillé.

En étant donc venu à abandonner toute idée de baser sur ces dépossessions violentes et injustes une attaque directe et sérieuse sur le principe lui-même, le seul travail qui resterait à faire, si l'on voulait que tout fût et demeurât absolument dans les limites de la plus rigoureuse justice, devrait avoir pour but d'examiner les titres d'un chacun, d'en apprécier la validité, de manière à faire cesser tout abus provenant d'erreurs. Mais ceci rentre complétement dans les attributions de la justice humaine et dans le rôle des hommes que la société charge de la faire régner et respecter. Il est possible, vu l'imparfaite nature de l'homme, de trouver motif à dire que ce rôle n'est pas rempli peut-être dans toutes les conditions de la plus rigoureuse perfection, que quelques injustices peuvent se produire et persister de loin en loin malgré tous les consciencieux efforts que l'on fait pour les faire disparaître; mais, si rigoureux et scrupuleux qu'un homme puisse être, un homme raisonnable bien entendu, je doute fort qu'il en arrive à abonder dans le sens de M. Victor Hugo. Néanmoins, si les socialistes comme M. Proudhon n'avaient d'autre but que de redresser les torts, de corriger les erreurs et d'y remédier, je ne doute nullement qu'ils ne trouvassent le plus sincère appui et le concours le plus dévoué chez tous les hommes vraiment probes et honnêtes; mais, le principe même étant admis, tout se réduirait évidemment à une question de personnes. Or d'impérieuses nécessités nous ont amenés à créer une force publique, création qui entraîne cette conséquence que nul ne peut être en droit de se rendre justice à lui-même; le seul droit dont l'homme peut être nanti en pareille matière est donc de réclamer auprès des tribunaux compétents : or l'État, depuis que nos rois, privés de la vraie royauté, ne rendent plus la justice sous le chêne de Vincennes, l'État, dis-je, n'est plus juge; il ne peut qu'appliquer la loi dont il est mandataire. Rien de plus faux, en principe, non pas d'attaquer une loi organique, une forme sociale, mais d'appeler l'État à se prononcer comme juge en pareille matière, et d'agir comme maître. Les tribunaux seuls demeurent donc compétents. Or nos tribunaux se refusent-ils à rendre justice à qui de droit? Nullement; à chacun à faire valoir son droit devant eux. Mais par cela seul que leur compétence est admise, s'ensuit-il qu'ils créent la proprété? Ce serait prendre le résultat pour la cause. M. Proudhon dit ici, avec une parfaite raison, que la prescription ne peut faire la propriété, et je suis absolument de son avis. Que peut signifier cette prescription trentenaire? On reconnaît à chacun, à qui que ce soit, le droit d'attaquer la validité des titres de propriété d'un autre. Mais la loi, prévenant simplement de son mode d'action, fait savoir à tous, et nul n'est censé ignorer la loi, qu'elle n'entrera dans pareille contestation qu'à l'expresse condition que l'erreur commise, s'il y a erreur, ne remontera pas au delà de trente ans. Admettez, si vous voulez, que cette limite n'est pas suffisante, portez-la à cinquante ans, rien de plus simple; mais on sera toujours obligé d'admettre un terme quelconque, les tribunaux, par cela seul qu'ils sont humains, étant bien forcés de poser une limite à leur compétence, limite au delà de laquelle leur action cesse de pouvoir s'exercer. La prescription est une conséquence de la propriété, un règlement à son usage et à son service, mais ne peut, en aucun cas, en être l'origine et la cause. On supprimerait dès demain la prescription qu'il me serait impossible de voir en quoi le principe même de propriété pourrait avoir subi une atteinte.

Mais, du moment qu'il est question de personnes, on raisonne forcément en vrai propriétaire, et c'est le principe lui-même que l'on affirmerait en se bornant, en vrai don Quichotte, à vouloir redresser les torts partout où ils se trouvent. Un pareil mode d'agir ne pourrait avoir d'ailleurs que notre entière approbation, et notre cause serait gagnée, à nos yeux, le jour où nous verrions nos adversaires ne chercher autre chose que de faire passer des titres d'une main dans une autre : empêcher les injustices, les corriger quand elles ont eu lieu, rendre à chacun ce qui lui est dû et le lui garantir, c'est, autant que cela est possible, reconnaître et servir le principe de propriété. Aussi ne serais-je entré nullement dans cette question de personnes, si je ne m'étais trouvé amené en face d'une dépossession violente telle que celle qui a eu lieu au préjudice de l'ancienne noblesse française. Tant qu'il ne fut question que de l'abolition des priviléges, des droits féodaux, la propriété ne put que se trouver soulagée, dégrevée, libérée et le principe corroboré; mais l'atteinte véritable eut lieu le jour où la nation, ou plutôt les quelques hommes qui s'étaient arrogé le droit de la représenter, ceux enfin qui voulaient faire et non pas servir la société, se crurent autorisés à dépouiller de leurs propriétés particulières ces quelques individus qui, après abandon volontaire ou forcé de ces droits qui les privilégiaient et en faisaient des êtres à part et en dehors de la loi commune, étaient, si je peux parler ainsi, rentrés dans le rang et redevenus simples individus et citoyens comme tous. Maintenant admettons, si l'on veut, un instant, avec les plus exaltés révolutionnaires, que les membres de l'ancienne aristocratie ayant, eux ou leurs ancêtres, joui pendant des siècles de priviléges injustes, eussent ainsi contracté envers la nation de véritables dettes; convenons même encore, ce qui est fort opposé à ce sentiment de véritable grandeur et générosité, qu'on ne devrait jamais abandonner en présence surtout d'ennemis vaincus, que ces bénéfices et priviléges n'aient pas eu de tout temps leur compensation dans l'obligation où se trouvaient leurs détenteurs de mettre, au premier appel, leur sang au service de la patrie; qu'enfin la nation eût réellement un arriéré à réclamer d'eux. Les échafauds de 93 ne suffiraient-ils donc pas à assouvir la plus inextinguible soif de vengeance? Consultons une balance dont la justesse n'est peut-être pas toujours appréciée comme elle le mérite, celle de la conscience publique : ne nous montre-t-elle pas que la nation, ou ceux qui prétendaient agir en son nom, outrepassaient leurs droits en réclamant plus que l'abandon des priviléges? Ne fallut-il pas, et ce ne fut pas un caprice, mais une impérieuse nécessité, racheter l'abus par l'indemnité d'un milliard et dégrever ces terres des charges que la conscience publique faisait peser sur elles? Tous les acquéreurs ne se trouvèrent-ils pas soulagés d'un poids énorme le jour où, par ce sacrifice, ils se sentirent libérés envers les anciens possesseurs? Quelle plus-value acquirent d'un seul coup toutes ces propriétés dont les titres restaient encore douteux, et qui se trouvèrent ainsi subitement validés! A qui fut réellement fait le don national d'un milliard? Est-ce aux émigrés, qui n'y trouvèrent qu'une faible compensation à leurs pertes? Ne serait-ce pas plutôt aux acquéreurs de biens nationaux, qui profitèrent réellement et incontestablement de cet utile décret, et y puisèrent non-seulement leurs vrais titres de possession, mais avec eux la sécurité et le repos de leur conscience? Une injustice ne se commet jamais impunément; tôt ou tard elle réclamera une réparation à laquelle il faudra bien, bon gré mal gré, faire droit.

Si nous désirerions tant pouvoir passer l'éponge sur les sanglantes journées de 93, et les rayer à jamais de l'histoire de notre pays, c'est qu'il nous est impossible d'y trouver rien de grand et de généreux, et qu'en portant aussi directement atteinte aux vrais droits de l'homme, à la liberté et à la propriété, elles sont et demeurent à nos yeux la plus funeste réaction contre la proclamation des grands principes de 89, et que leur seul souvenir suffit même aujourd'hui encore pour tenir éloignée de nous cette liberté que l'on rêve toujours : 89 enfin fut bien l'aurore de la liberté; 93 en est, en sera longtemps encore l'épouvantail. Justice et propriété, telles sont donc les lois de la liberté ; violence et dépossession, celles de la vraie tyrannie.

Mais, si nous ne pouvons parvenir à effacer même de nos souvenirs, ces tristes et lugubres pages de notre histoire, tâchons au moins d'en retirer le faible profit qu'il nous est donné d'y trouver ; et sachons reconnaître que le sang pur et innocent qui coula sur l'échafaud des veines des martyrs de la vraie liberté a plus que suffisamment lavé la tache originelle qui aurait pu un instant souiller la propriété et altérer la pureté de son principe. Et concluons en disant que, s'il a fallu des martyrs pour racheter, au nom du Christ, l'homme de l'esclavage et le ramener à la liberté, la propriété aussi — s'il est vrai qu'il faille payer avec du sang tous les bienfaits qui nous viennent — la propriété a eu ses martyrs et est, certes, très en droit de se croire à tout jamais libérée des entraves et des charges qui ont pu l'obérer autrefois. La conquête est faite et bien définitivement faite : pleurons le sang qu'elle a coûté, et remercions ceux qui l'ont versé pour elle ; mais que ce sang qu'elle a coûté ne serve qu'à nous la rendre plus chère et plus précieuse, et armons-nous, pour sa défense, de toutes nos forces morales et physiques : car, je le déclare hautement, et cela soit dit afin de faire rentrer la confiance dans les cœurs qu'elle a abandonnés, nous sommes, aussi chrétiennement qu'il est possible de le dire, dans le cas de légitime défense.

« On aperçoit une paille dans l'œil de son voisin, et l'on ne voit pas une poutre dans le sien ; » avant donc de terminer ce chapitre, que l'on me permette d'adresser une simple question aux partisans reconnus et avoués du mythe social, à ceux aussi qui prétendent avoir reçu de lui mission de réformer la société chrétienne, et qui oublient trop facilement que le Christ, notre maître, daigna faire des miracles pour servir d'appui à la validité de ses titres de messager divin. Qu'ils nous disent franchement et en toute sincérité ce que peut leur sembler, ce que peut être à leurs yeux une aristocratie. Est-il possible, en toute conscience, qu'ils puissent y voir autre chose qu'une de ces formes en nombre infini, que la force est susceptible d'imposer ou d'essayer d'imposer à une nation, à une société humaine? Car enfin, je le demande instamment, quelle différence essentielle y a-t-il entre un privilége aristocratique et le droit au travail? absolument aucune à mes yeux. Une aristocratie, je l'ai dit en remontant à la vraie source, est le résultat de l'absorption au profit de quelques-uns d'une part de la liberté et du travail d'autrui : le droit de l'ouvrier au travail peut-il être autre chose que l'extension du droit individuel, du droit de l'homme libre, sur le capital, c'est-à-dire sur une part plus ou moins grande des produits du travail d'autrui? Un travail productif quelconque a été effectué : les résultats sont des capitaux. Un homme, sans autre titre que la force qu'il a en mains, vient réclamer une part sur ce capital : il commettra ou tentera de commettre une injustice, et une injustice absolument au même degré, qu'il se dénomme aristocrate ou socialiste. Je regrette sincèrement d'être obligé d'en arriver à cette fâcheuse assimilation, bien que je n'aie ni le désir ni l'intention de ménager personne; mais, quelle qu'ait pu être l'aristocratie française, et quelques droits qu'elle se soit acquis à la reconnaissance de la nation, droits que je suis tout prêt à lui reconnaître, il n'en est pas moins vrai qu'elle dut à la justice humaine et à la sanction du droit de propriété de faire abandon de ses priviléges; qu'elle le devait au Christ, dont elle ne nie certes pas l'autorité, et à l'Évangile, dans lequel il est impossible, avec la meilleure volonté du monde, de découvrir la plus légère trace d'inégalité sociale.

Du reste, l'aristocratie qui, d'accord en cela avec l'idée socialiste, avait bien aussi son mythe, mythe qui reposait sur une croyance réelle à une différence véritable, non-seulement de race, mais même de nature entre les hommes, ainsi superposés les uns aux autres, cette aristocratie, dis-je, n'existe plus en France. Qu'en reste-t-il? Un souvenir, souvenir glorieux pour beaucoup, pour ceux surtout qui n'ont pas oublié la tradition : Noblesse oblige; lourd pour quelques-uns qui sentiraient le besoin d'appuyer leur faiblesse sur des priviléges, et qui regrettent peut-être cet autre précepte, inventé à l'exemple du plus mauvais de nos rois : Noblesse couvre; mais, quoi qu'on en puisse dire, ce souvenir sera toujours en France un titre, une recommandation puissante auprès de la société; ceux qui ont hérité de leurs ancêtres un nom vraiment glorieux sont en possession d'un véritable privilége qu'on leur enlèverait difficilement, qu'on leur enviera toujours comme il mérite d'être envié, mais dont on ne leur contestera certainement pas les priviléges, tant qu'ils ne chercheront à y voir que des titres pour servir mieux et plus utilement la commune patrie, et qu'ils tâcheront de mettre la noblesse de leur esprit et de leurs sentiments à hauteur de la noblesse de leur nom. L'aristocratie est morte et bien morte; mais, la noblesse reste et restera toujours, et ne trouvera, si elle le veut, qu'à se retremper dans l'active concurrence que lui font et lui feront les fils de leurs propres œuvres, ceux enfin qui, n'ayant pas reçu de nom, cherchent à s'en faire un aux yeux de tous par le travail assidu, par la supériorité de leur talent : un noble, enfin, naîtra toujours possesseur d'un nom dont il n'a qu'à soutenir l'éclat, nom que tout autre est tenu de se faire à lui-même. L'aristocratie de titres et priviléges a disparu, mais pour faire place à l'aristocratie de cœur, d'esprit et d'intelligence : et celle-ci vivra toujours, tant que Dieu n'aura pas arraché du sein de l'homme tous ces sentiments de justice vraie, de fierté sans orgueil et d'amour-propre sans vanité que son Messie est venu réveiller et vivifier. La munificence seule de Dieu est infinie : c'est donc à lui seul qu'il faut s'adresser, si l'on veut obtenir les véritables priviléges dignes d'être enviés, ceux qui se donnent sans rien ôter aux autres, ceux enfin qui doivent à leur source inépuisable de ne jamais incomber à autrui. Mais, si ce n'est que de lui que nous pouvons obtenir ces bienfaits qui pourraient atteindre à la fois tous les hommes, cherchons à gagner ses faveurs, et cela en étudiant le mieux que nous savons faire les préceptes et les ordres qu'il a daigné nous révéler et nous dicter de sa propre voix. Mettons tout sot orgueil de côté, si nous voulons obtenir, car il est écrit : « Demandez, et vous recevrez. » Cherchons enfin la véritable satisfaction d'une noble ambition dans la découverte, et laissons l'orgueil inventer.

LA LOI

Ce livre paraît après le volumineux ouvrage intitulé : *les Misérables*. Il doit sembler bien petit à côté du colosse en dix volumes, et son auteur bien humble auprès du grand poëte. Dût cependant le modeste prosateur paraître bien orgueilleux de vouloir chercher à se mesurer avec le César poëte, je dois dire que ce chapitre a la prétention d'être en quelque sorte la contre-partie du poëme, la réalité à côté du rêve, l'examen consciencieux et en même temps admirateur de cette réalité à côté du merveilleux tableau de l'imagination, le travail de l'observateur patient à côté de l'œuvre du fougueux rêveur, l'étude enfin de l'économiste modeste et du chrétien sincère à côté de la fiction socialiste. Si donc la brillante plume qui s'est réfugiée sur le sol anglais a cru devoir s'attaquer à la loi sans la connaître, espérons-le, l'accusant de condamner des innocents et de rejeter aveuglément hors de la société ceux qui étaient faits pour en être la gloire et l'ornement, à nous le rôle plus humble de faire l'apologie de la loi, rendant en même temps justice à ceux qui en sont les dépositaires, mais cela autant que possible en toute connaissance de cause, c'est-à-dire après avoir soigneusement examiné ce qu'est réellement et ce que doit être la loi, en demeurant conforme aux ordres divins : cela fait, nous n'aurons plus qu'à faire retour sur nous-mêmes, sur notre propre imperfection, à juger avec indulgence pour ne pas être jugés nous-mêmes trop sévèrement, à chercher à améliorer au lieu de détruire, à ne pas confondre enfin, si nous savons l'éviter, la loi avec son application, la justice avec la légalité.

Il règne, on ne peut le nier, dans la grande majorité des esprits, en France surtout, un trouble, une confusion inimaginable dès qu'il s'agit de loi, de société, d'État, d'autorité, de gouvernement, d'administration, de pouvoir politique, etc... Tout cela se mêle et se fond à tel point que l'on ne sait lequel invoquer quand le moment est venu, ni lequel attaquer ; que l'on se sert enfin indistinctement de l'un quelconque de ces mots, et cela souvent quels que soient le but que l'on veut atteindre et les circonstances dans lesquelles on se trouve placé ; si bien que, à force de les mélanger dans son esprit, on finit par les croire synonymes, ou que, voulant s'adresser à l'un, on les prend tous à partie ; si bien enfin que, voulant défendre ou attaquer l'un, on en arrive à les défendre ou les attaquer tous en bloc et d'un seul coup. Rien ne serait plus nécessaire cependant que d'avoir une idée exacte de tous, afin qu'il fût possible de reconnaître ce qui est ou devrait être dans les attributions de chacun d'eux, et que chacun de nous, en un mot, fût capable d'obéir avec un complet discernement à l'ordre divin : « Rendez à César ce qui est à César et à Dieu ce qui est à Dieu. » Convenons un instant, si on le veut, que nous sommes tous d'accord et résolus à obéir à l'ordre du Christ : tout sera-t-il terminé là? Non, certainement, et il nous reste, au contraire, à nous poser cette question, la plus grave question peut-être en science sociale : Qu'est-ce que César?

Qu'est-ce donc et que peut être pour nous ce César dont parle l'Évangile? Le mot, tel que le Christ le prononça, était vague et indéfini, comme chacun peut le comprendre. Mais, s'il n'en dit pas davantage sur son compte, c'est qu'apparemment il voulait que ce mot restât ainsi dans le vague et l'indéfini, et qu'il avait l'intention de laisser aux hommes le soin de chercher et de comprendre. Ce que nous devons donc faire, nous, vrais croyants, c'est d'abord d'obéir à l'ordre de chercher, et ensuite de nous tenir pour convaincus que, du moment que le Christ nous a laissés dans l'obligation de chercher, c'est que cette recherche n'était pas au-dessus de nos humaines facultés. Néanmoins, par cela seul qu'il est soumis à la recherche humaine, qui ne peut arriver, en aucun cas, à la notion de l'absolue vérité, César restera toujours ce qu'on nous l'a laissé, mystérieux et sujet à d'innombrables interprétations. Nous ne pouvons donc avoir ni les uns ni les autres la prétention de mettre le doigt sur la vérité définitive et complète, et ne devons chercher qu'à errer le moins possible, en nous appuyant constamment et sans jamais nous en écarter sur les bases qui nous ont été fournies. Ayons donc par-dessus tout le sentiment de notre propre imperfection; tenons-nous en garde avec soin contre cette confiance en nous-mêmes et en nos propres lumières, confiance qui si facilement tourne à l'orgueil; et contentons-nous de chercher et discuter, écoutant soigneusement et sans fausse honte les avis de chacun, et respectant, comme nous tous honnêtes gens devons le faire, les opinions politiques des uns et des autres; admettant comme principe que ces dernières peuvent être parfaitement différentes chez deux hommes, chacun d'eux (puisqu'il n'y a pas d'ordre explicite à ce sujet dans notre code de morale) demeurant scrupuleusement honnête, consciencieux, et aussi chrétien qu'il est possible et permis de le désirer. Respect donc aux sentiments et aux sympathies d'un chacun, et cherchons en commun le but à obtenir, sans trop nous préoccuper, afin de ménager toutes les susceptibilités, des moyens à employer pour l'atteindre.

Pour beaucoup de gens, pour ceux au moins qui ne veulent pas sonder les profondeurs de la science et s'arrêtent volontiers à la surface, César revêt une forme claire et nette; pour les uns ce sera un roi, pour d'autres un empereur, pour ceux-ci une république comme celle-ci, pour ceux-là une république comme telle autre, etc. Pour moi, César, je l'avoue humblement, n'a pas, à proprement parler, de vêtements qui lui soient particuliers, ou plutôt je passerai volontiers et sans grand regret sur le vêtement et prendrai aisément mon parti de celui qu'on voudra bien lui faire porter. C'est pour cela même que j'essayais, dès le principe, de démontrer la vanité et la petite faiblesse qu'il y a à attacher une immense et suprême importance à un nom ou à une forme, et à croire que l'on a une opinion politique par cela seul que l'on est dévoué à un homme que, souvent, l'on ne connaît pas, et dont plus souvent encore on ne s'est pas mis à même de juger et d'apprécier les qualités et les défauts. Je ne serais peut-être même pas trop éloigné de penser que non-seulement un pareil sentiment, c'est le seul nom qu'on puisse réellement lui donner, n'équivaut point à une véritable opinion en matière politique, mais encore que c'est là, les trois quarts du temps, un moyen mis en usage pour se dispenser d'en avoir une. L'homme, en effet, n'est rien, s'il n'est pas quelque chose par lui-même, et il ne peut être quelque chose qu'à la condition de représenter, de personnifier une idée. Maintenant un homme peut être de lui-même assez fort pour créer une idée ou la personnifier en lui, et alors, si c'est sur lui que nos regards se portent, ce n'est plus uniquement l'homme que l'on examine, mais bien et surtout cette idée même dont il est arrivé à se faire le représentant, et que nous avons, avant de prendre parti pour lui, le droit et le devoir de juger et d'apprécier. Mais il arrive aussi fort souvent, pour ne pas dire toujours, quand il s'agit de ceux de nos aimables compatriotes qui se flattent d'avoir une opinion politique, que chacun d'eux se fait pour ainsi dire le promoteur d'une idée toute à lui à laquelle à lui seul il a donné naissance, ou qu'il a disposée et arrangée au gré de sa fantaisie, et dès lors celui dont il se déclare le partisan devient non plus un but, non plus une idée qu'il s'agit de faire prévaloir, mais tout simplement un instrument qu'il a daigné choisir pour mener à bonne fin ses projets personnels. C'est ainsi, comme je le disais plus haut, que, sous le couvert d'un seul parti politique, il peut s'en cacher une infinité, tous fort différents les uns des autres, et qui, l'instrument commun, république, par exemple, mis en place et en devoir d'agir, ne peuvent faire autrement que de montrer chacun l'idée qu'ils y attachaient ou plutôt le but qu'ils s'étaient proposé de faire remplir audit instrument, et le rôle qu'ils avaient mis dans leur tête de lui faire jouer. De là, sitôt l'instrument dressé, des tiraillement dans tous les sens, à droite, à gauche, en avant, en arrière, qui ne manquent pas, au bout d'un certain temps plus ou moins long, d'ébranler l'édifice à peine fondé, de sorte qu'un beau jour, et, ce qu'il y a de plus curieux, au grand étonnement de ceux qui tirent après les cordes sous prétexte de le redresser, ce magnifique édifice, par eux si péniblement élevé, s'écroule à grand fracas, et bien heureux alors ceux qui peuvent éviter d'être écrasés sous ses ruines. Ce résultat, si souvent obtenu en France, et qu'on ne sait souvent assez déplorer une fois qu'il est obtenu, devrait bien nous faire tenir sur nos gardes et nous prouver que, si nous sommes si habiles à détruire, nous sommes loin d'être aussi forts pour édifier... Si donc on désire construire d'une manière durable, que tous ceux au moins qui veulent prendre part à la construction sachent bien d'avance, et avant de rien entreprendre, l'exacte destination du bâtiment ainsi que toutes les conditions qu'il est appelé à remplir, afin qu'une fois qu'il sera construit, on n'en arrive pas à s'apercevoir qu'il est impropre à rendre les services qu'on attendait de lui, et à être obligé de le renverser pour en recommencer un autre. C'est donc en prévision de tant de travaux infructueux et de peines perdues que je voudrais voir la question bien étudiée et comprise, et les destinations et attributions de l'édifice et de chacune de ses parties, et le rôle que chacune d'elles est appelée à jouer, clairement fixés et définis dans l'esprit de tous. Aussi, bien que César soit destiné à être probablement toujours discuté, c'est-à-dire qu'il n'y ait pas à son sujet de vérité absolue, je crois cependant utile et possible de donner sur lui quelques idées générales et purement théoriques, qui jetteront peut-être quelque lumière dans la par trop grande obscurité au sein de laquelle nous nous tenons.

« L'État, c'est moi, » disait Louis XIV; et le grand roi était alors parfaitement en droit de le dire. Nous ne pouvons, du reste, rien voir d'impossible et de contraire à la raison dans cette personnification de l'État dans un seul homme. Mais il ne vint point à l'idée de Louis XIV de dire, ce que bien des socialistes ne sont pas si éloignés qu'on le pense de croire d'eux-mêmes : « La France, c'est moi ; » ou bien : « La société française, c'est moi. » C'est que, et que l'on ne s'y trompe pas, société et État sont deux choses fort distinctes et différentes. L'État peut, à la rigueur, je l'ai déjà dit, revêtir telle forme qu'il plaira à une nation de lui donner, et cette forme changer d'un instant à l'autre, selon les caprices de cette nation, ainsi que cela a eu lieu en France depuis un demi-siècle. Mais il n'en est pas de même de la société; et ce que j'ai eu pour but de prouver surtout jusqu'à présent, c'est précisément que cette société, issue de l'Évangile, est, malgré les imperfections que lui communique la nature imparfaite des êtres qui la composent, aussi essentiellement que l'Évangile invariable et inaltérale; que tous les efforts qui ne réussissent que trop souvent à changer l'État seront impuissants à changer la société. Que ces efforts, suivis si l'on veut de succès, obtiennent pour résultat de l'effrayer un instant, de retarder même sa marche : cela est possible, et les événements que nous avons vus se passer nous forcent bien à admettre cette possibilité; mais, quant aux bases elles-mêmes, aux principes sur lesquels la société repose, nous n'hésitons pas à les déclarer immuables comme Dieu lui-même, qui pour sûr ne laissera pas périr son œuvre. Que l'on prenne donc bien garde, lorsqu'on s'adresse à l'État, de ne pas le confondre avec la société; car de cette confusion peuvent naître les plus déplorables conséquences. En effet, de ce que je viens de dire, et que bien sûr nous admettons tous, nous, chrétiens, il résulte clairement ceci : c'est que la société est d'ordre infiniment supérieur et antérieur à l'État; que l'État n'existe que comme conséquence de la société et n'a d'autre mission que de faire respecter les bases mêmes et les principes sur lesquels elle s'est fondée; que, par conséquent, vouloir que l'État dispose à son gré de ces bases et les altère ou les modifie comme bon lui semble, constitue une absurdité qui saute tellement aux yeux des moins clairvoyants, qu'on ne comprend vraiment pas qu'elle puisse surgir d'un cerveau qui raisonne ou que la croyance en un mythe, un fétiche, n'a pas complétement envahi et absorbé; car, enfin, ce serait vouloir ni plus ni moins que le fils engendrât sa mère. Que l'on se pénètre donc bien de cette idée, la plus chrétienne et la plus antisocialiste qui se puisse émettre, que l'État n'a pu venir qu'après la société, qu'il en est le mandataire et non point le maître, comme on le fait dire à Louis XIV beaucoup plus à mes yeux qu'il ne le pensait peut-être lui-même, et a pour mission essentielle de la défendre et de veiller à ce que les principes sur lesquels elle repose ne soient ni attaqués, ni altérés, et encore moins renversés. Que la société ou l'État, qui est chargé de sa défense, permette à des fous ou à des ignorants de la discuter, de l'attaquer, de la calomnier même, elle en a parfaitement le droit, et elle est certes assez solidement constituée à mes yeux pour y résister; mais qu'ils sachent bien qu'elle n'agit ainsi vis-à-vis d'eux que par pure bonté et tolérance, tolérance qu'elle est bien à même d'exercer et qu'elle veut bien exercer à l'égard de quelques-unes de ses brebis égarées, mais qu'il serait impossible de l'accuser de tyrannie et d'abus de force, s'il lui prenait fantaisie de rejeter violemment un jour tous les crieurs hors de son sein; elle serait certainement aussi bien en droit de le faire, sans dépasser les limites de la plus exacte justice, que les Grecs de chasser d'Europe les Turcs qui sont venus leur imposer la loi de Mahomet. La société existe donc antérieurement à toute chose de création purement humaine : tout ce qui existe en dehors d'elle vient d'elle et en est une conséquence.

Son origine toute divine place donc la société chrétienne en dehors et au-dessus de toute discussion; mais il n'en est pas de même et il ne peut pas en être de même de ses conséquences, l'État, par exemple, qui doit précisément à son extraction humaine de n'être ni immuable ni invariable, et d'être au contraire parfaitement soumis et sujet à la discussion. Tout ce que j'en dis néanmoins n'est nullement pour en arriver à discuter cet indéfinissable César et disserter en matière politique. Je suis au contraire fort éloigné de vouloir empiéter sur le domaine de la politique pure, et n'ai d'autre chose en vue que d'établir une ligne, aussi exacte que possible, de démarcation entre ce qui, d'une part, est indiscutable, et ce qui, d'autre part, est au contraire livré sans réserve à la discussion humaine. C'est donc au nom même de la liberté que je proscris et permets ou recommande même à la fois la discussion, c'est-à-dire qu'il doit y avoir pour nous un terrain sur lequel elle ne doit pas mettre le pied, à côté d'un autre, au contraire, qui doit lui être entièrement abandonné. Personne plus que moi ne désire et appelle la discussion, de laquelle seule peut naître la vérité; mais que, sous peine d'être violemment expulsée, elle se tienne rigoureusement sur le terrain qui lui est assigné, et n'essaye pas de fouler le terrain défendu. Elle peut, en effet, faire naître la lumière là où les ténèbres règnent encore; mais, pour nous, chrétiens, elle ne peut que souiller, par son contact humain, des vérités révélées, des principes dont l'énoncé nous vient de la bouche divine. Ce sont, du reste, de pareilles tentatives d'empiétement et de malencontreuse invasion, qui ont amené les mesures de rigueur qu'il devenait inévitable d'employer contre elle, et sous lesquelles elle gémit encore en ce moment. Tous les vrais amis de la liberté ne peuvent que regretter qu'on en soit arrivé là; mais tous reconnaissent qu'il était malheureusement indispensable d'imposer, par la force, à la discussion des limites qu'elle ne voulait pas d'elle-même respecter.

Quoi qu'il en soit, il est incontestable que la société et l'État sont deux choses d'ordre parfaitement distinct, et que l'on ne saurait assez s'efforcer, non-seulement d'en comprendre l'essentielle différence, mais encore de connaître les limites exactes où finit l'un, où commence l'autre. Ce qu'il y a de sûr, c'est que la société préexiste, comme nous l'avons dit, et institue l'État à cette fin de remplir des fonctions qu'elle ne veut pas elle-même remplir. L'État n'a donc littéralement que des devoirs à remplir envers la société, dont il est l'agent et qu'elle a chargé de ses intérêts, et ne peut en aucun cas et sous aucun prétexte, même appuyé sur l'évidence du bien, s'arroger à son égard les attributions d'un maître, encore moins d'un réformateur. Ces simples observations suffisent déjà pour montrer une chose qu'il est de la plus haute importance de reconnaître : c'est que l'État doit nécessairement être revêtu d'une somme d'autant plus grande de pouvoirs que la société, dont il est l'agent d'affaires, est, ou plus incapable d'agir par elle-même, ou, et ceci n'est pas le moins important à observer, se montre plus exigeante à son égard. Il est évident, en effet, qu'une réunion d'êtres ignorants et déraisonnables demande une tutelle bien plus dure et sévère qu'une réunion d'hommes, au contraire, raisonnables, intelligents et instruits. Il est évident aussi, ce dont les Français surtout ne savent pas bien se rendre compte, que le plus souvent, pour ne pas dire toujours, à l'époque où nous sommes parvenus, ce n'est pas par suite des empiétements de l'État que cet État se trouve un jour revêtu de trop fortes attributions, mais bien plutôt par suite des exigences mêmes dont on s'arme envers lui. Rien de plus simple, en effet, que de comprendre ceci : c'est que, si vous voulez que l'État vous nourrisse, il faut lui fournir les fonds nécessaires pour acheter du pain ; que si vous exigez de lui qu'il vous instruise, il faut bien lui remettre en mains la férule du professeur, avec la liberté d'en user tant qu'il le jugera nécessaire ; que si enfin vous lui demandez de faire des conquêtes, il est indispensable de l'autoriser à prendre parmi vous la quantité d'hommes et d'argent nécessaire pour entreprendre ces conquêtes et les mener à bonne fin. Il faut bien, enfin, mettre l'État dans une situation telle, qu'il puisse toujours être en parfait équilibre de devoirs et de pouvoirs, comme de dépenses et de recettes. On peut enfin demander beaucoup à l'État, mais à la condition évidemment de lui donner tous les moyens nécessaires pour être à même de satisfaire aux demandes. Les révolutions naissent et naîtront toujours, cela est facile à comprendre, de ce défaut d'équilibre entre les pouvoirs et les devoirs de l'État : soit par la faute de la société, qui se montre à son égard plus exigeante qu'elle n'a le droit de l'être, soit par la faute de l'État qui cherche à empiéter sur le domaine libre que s'est réservé la société, et s'arroge des attributions et par suite des pouvoirs plus que cela n'est nécessaire, et plus, en tout cas, que la société n'a jugé à propos de lui en donner. Maintenant, qu'est-ce qui peut fixer les limites exactes de l'un et de l'autre, indiquer à quel moment la société fait abandon de son autonomie pour se remettre entre les mains de l'État? C'est ici qu'apparaissent et se montrent dans toute leur nécessité le rôle et les fonctions de la loi. La loi est comme un pacte constitutif, une véritable charte constitutionnelle entre la société d'une part et l'État de l'autre. La loi n'existant pas, le seul maître de ses propres destinées et de ses propres intérêts étant inévitablement la partie intéressée, la société, la nation, il faudrait évidemment que la nation tout entière fût à même et obligée de se trouver constamment sur la place publique, prête à manifester ses volontés et à donner à l'État, force publique, l'ordre de les faire exécuter. Une telle chose ne pouvant pas avoir lieu, quand il s'agit d'une nation grande et nombreuse, la liberté, au dire des uns, disparaît tout entière : le terrain reste libre à l'État, qui s'institue maître absolu, et la nation se trouve en principe livrée pieds et poings liés à l'arbitraire le plus complet. Sans doute il en serait ainsi si, comme je le disais, la loi n'existait pas. La loi existant au contraire, rien de mieux défini que le rôle et les fonctions de l'État, la société venant à cesser de manifester sa volonté ou renonçant même à en avoir une; ces fonctions évidemment se réduisent mathématiquement à faire respecter la loi, à observer lui-même et à faire scrupuleusement observer par tous les conditions du pacte conclu. Maintenant que doivent être ces conditions pour amener les meilleurs résultats possibles, et produire pour l'ensemble la plus grande somme de bonheur? Que doit enfin être la loi pour le plus grand bien de tous?

Qu'est-ce enfin que la loi? Charles Comte, qui a peut-être le plus consciencieusement examiné cette question, arrive à cette conclusion. Une société étant donnée, le véritable législateur est celui qui, ayant observé avec le plus grand soin les mœurs, les usages, les coutumes de cette société, fait une loi, et inscrit sous ce titre, dans le recueil appelé *Code*, celle de ces coutumes qui est pour ainsi dire le plus répandue, le plus généralement adoptée partout et par tous. La loi, en un mot, est la sanction d'un usage établi; il suit évidemment de là que si, par exemple, le vol était pratiqué et admis comme bon par la majorité des membres d'une société, comme cela avait lieu à Sparte, le législateur, pour satisfaire aux conditions exigées par Charles Comte, devrait, non-seulement ne pas défendre le vol, mais, bien au contraire, l'inscrire dans le *Code* comme une loi à laquelle la minorité devrait se conformer. Ceci me semble de toute évidence : et l'on comprend dès lors qu'il soit parfaitement permis aux Chinois de jeter à l'eau les enfants qu'ils ont de trop, puisque l'usage le plus généralement adopté est d'agir ainsi. Ce que ferait donc la majorité, en admettant encore que le législateur ne se soit point trompé dans ses observations, est forcément et logiquement ce que tout le monde doit faire, ce qui doit enfin être érigé en loi pour le plus grand bonheur et la plus grande prospérité de la société. La majorité est donc, il est impossible de sortir de là après de semblables conclusions, en droit d'obliger la minorité, non-seulement à agir comme elle, mais même à mal faire, si du moins, au milieu de tels raisonnements, le mal faire peut avoir aux yeux de quelqu'un un sens bien déterminé.

Il faut bien avouer et reconnaître ici que le mal comme toutes choses, a son rôle ici-bas et son utilité : car il est impossible de nier qu'en ce moment c'est du mal que nous vient l'enseignement, et que c'est aux socialistes eux-mêmes que nous devons la véritable et incontestable solution de cette grave question. Que l'on remonte, en effet, si haut que l'on voudra dans l'histoire des peuples, et je défie qu'on y rencontre un législateur qui ait pu parvenir à faire accepter son code de lois, sans s'être au préalable et soigneusement affublé d'une mission divine. Où était, chez les Grecs, la vraie source de toute loi? Dans l'Olympe. Qui était l'ordonnateur de tout ce monde? Jupiter. Qui était la sagesse qui présidait, quand elle daignait le faire, aux actions des hommes? Minerve, une déesse. En qui les hommes avaient-ils cette foi sincère et complète qui peut seule obtenir d'eux l'obéissance? Dans les prêtres ou prêtresses, dans les augures qui prétendaient découvrir dans les entrailles des victimes des traces et des signes certains de la volonté divine. Qu'aurait été enfin Mahomet, s'il n'avait persuadé à quelques hommes qu'il était réellement prophète, envoyé de Dieu? Il n'est peut-être pas, enfin, un peuple de l'antiquité qui n'ait fait des efforts pour s'enquérir de la volonté divine, qui n'ait cherché à attribuer ou à supposer à cette volonté la cause et la source de toute loi, et nous seuls chrétiens, nous en serions arrivés, après dix-huit siècles d'études et d'expérience, à nous éloigner tellement de Dieu, que nous nous refuserions à voir dans nos lois la moindre participation de cette divine volonté, et que nous ne saurions trouver sa source que dans l'adoption d'un usage par la majorité d'entre nous? Oh! il faut bien le dire, et savoir être humble quand le moment est venu de l'être : les socialistes, nos ennemis, nous donnent une cruelle leçon; tâchons au moins qu'elle nous soit profitable. Ils nous apprennent, en confondant à tort, il est vrai, la loi avec l'État, que cette loi est d'une essence supérieure à la société : que ce n'est pas la majorité qui fait la loi, mais un être supérieur à tous les humains, et qui a le droit de la leur imposer. La loi, enfin, peut n'être adoptée que par la minorité, que par un seul homme, je dirai même plus, cette loi peut n'être encore adoptée par personne, et n'en être pas moins la seule vraie et respectable. Je prie donc que l'on écoute ici avec recueillement les enseignements socialistes : je les écoute moi-même et suis, en fait de loi, le plus sincère socialiste; je sais et comprends enfin, en telle matière, ce qu'ils sentent tous et ce que tous les peuples ont de tout temps compris; c'est-à-dire que, si l'on nie Dieu, si on refuse à la volonté divine toute participation aux choses humaines, on se trouve forcément en face d'un néant complet; que dès lors, pour suppléer à ce néant, à ce vide absolu, qui est peut-être ce qu'il y a de plus essentiellement antipathique à la nature humaine, il faut nécessairement en arriver à chercher, par un procédé quelconque, à combler ce vide impossible à supporter, produit par la négation de Dieu. Pour tout dire, en un mot, le besoin d'un Dieu, d'un être d'une essence et d'une autorité supérieure à celle de tous les hommes, est le plus impérieux de tous ceux que manifeste la nature humaine. Niez enfin le vrai Dieu, celui qui s'est fait connaître à nous par la révélation, vous êtes tenus, si fanatiques de liberté que vous puissiez être, de vous en créer un autre, dussiez-vous l'inventer de toutes pièces. Les socialistes donc se montrent ici mille fois plus raisonnables que nous, et meilleurs appréciateurs de la nature humaine; ce qui fait que, par nécessité ou volontairement, ils en arrivent, à défaut de Dieu, à se créer une foi, une croyance en un être, duquel tous doivent aveuglément et humblement accepter les ordres; cet être, pour moi et pour bien d'autres purement imaginaire. n'est autre que ce que nous sommes convenus d'appeler le mythe social. Il semble que parce que nous avons anéanti le mythe royal et que nous ne voulons pas adopter la croyance nouvelle au mythe social, il n'existe plus rien au-dessus de nous, et que tout, absolument tout en ce monde, tant dans l'ordre moral que dans l'ordre physique, est soumis sans contrôle à la souveraine raison de l'homme. Fort bien, dirais-je à cela; mais enfin, quand j'aurai bien cherché, bien réfléchi, quand je serai enfin arrivé à une conclusion, qui est-ce qui va me dire que j'ai raison; dois-je donc me croire infaillible, que je sois en droit d'imposer à tous, à titre d'absolue vérité, une conclusion que je ne dois qu'à moi seul? Mais dès lors n'ai-je pas, moi aussi, ma croyance, mon mythe, qui est précisément cette infaillibilité dont je me suppose doté et qui me revêt, à l'égard des autres hommes, d'une sorte d'autorité que je prétends leur imposer? On ne sortira jamais de là; de quelque côté que l'on se retourne, le chemin que l'on suivra aboutit toujours et fatalement à une croyance, à un mythe. Je chercherai et raisonnerai si longtemps que je voudrai; mais tôt ou tard il me faudra toujours en venir à éprouver ma conclusion, à la soumettre, pour son entière justification, aux yeux de tous et aux miens propres, à la décision d'une autorité que tout le monde doive d'un commun accord respecter, à celle d'un être supérieur à la nature humaine. Télémaque voyageait pour s'instruire dans l'art de gouverner les hommes; il observait, étudiait, réfléchissait; mais, s'il concluait, ce n'était jamais qu'après en avoir référé de ses jugements à Mentor; or qu'était-ce que Mentor? Minerve, la déesse de la sagesse. Toujours Dieu, on le voit, toujours et partout la présence et l'absolue nécessité d'une divine décision. Que l'on cherche l'origine de la loi en haut, dans le mythe royal ou social, qu'on le cherche en bas, dans la volonté du peuple-roi, ou dans la sanction d'usages par lui adoptés, on se trouvera toujours en face d'un mythe, d'une croyance, en présence d'une divinité réelle ou à inventer. Otez Dieu, enfin, de chaque chose et de toutes choses, et il reste néant.

Le monde matériel a été soumis, comme le monde moral, à l'observation humaine; on y a reconnu des lois immuables, lois dont on n'a pas un instant hésité à faire honneur au Créateur. Newton se découvrit humblement lorqu'il lui fut donné de comprendre la loi de gravitation universelle. On a donc bien voulu reconnaître à Dieu une capacité suffisante pour gouverner l'univers physique. Pourquoi la science, dès qu'elle abandonne ce monde matériel pour reporter ses yeux sur le monde moral, se trouve-t-elle donc en proie à un doute presque complet, lorsque, tout aussi bien dans celui-ci que dans l'autre, la nécessité d'un Dieu est aussi parfaitement démontrée, et démontrée au point que ceux qui s'occupent de science morale et qui ne croient pas en Dieu en sont forcément réduits à s'en créer un? Il y a là vraiment quelque chose d'inexplicable, d'incompréhensible, qui ne peut être attribué qu'à cet insurmontable orgueil de l'homme qui, se refusant à admettre l'existence d'une autorité morale supérieure à la sienne, préfère, à une reconnaissance pure et simple de cette autorité, qu'il reconnaît toutefois dans l'ordre matériel, le vague et le néant fatal d'une autorité, il est vrai, mais inférieure à lui en tout cas, puisqu'il en est et veut à toute force en être l'inventeur et le créateur. C'est un des plus prodigieux résultats de cet incommensurable orgueil que le génie du mal a soufflé dans nos cœurs, que cette négation de la supériorité morale de Dieu, de son impulsion régulatrice dans l'ordre immatériel, jointe à un si impérieux besoin de cette impulsion, que l'homme, tenu d'en admettre une divine, ne trouve d'autre moyen de sauvegarder son orgueil que d'en reconnaître et de vouloir en imposer une, qui aura au moins cela, pour l'honneur de son orgueil, qu'elle lui devra l'existence. Je ne sais si j'exprime bien ma pensée : il est vraiment fort difficile d'expliquer en paroles un pareil tour de force de l'esprit humain. Je nie Dieu, mon orgueil se refusant à le reconnaître; mais, comme il m'en faut absolument un, je le crée et l'invente. Certes l'homme a une âme qui le met infiniment au-dessus de tout le reste de la création; mais cette âme, il la tient aussi du Créateur, et ce don merveilleux devrait être, pour lui, qui sait l'apprécier, un motif de plus de se montrer reconnaissant envers Dieu. Mais pourquoi, en tout cas, puisqu'il est constaté qu'un Dieu a présidé à la création, ne pas admettre et reconnaître son autorité tout aussi bien dans l'ordre moral que dans l'ordre matériel? Comment croire qu'il a décliné son rôle de régulateur au moment peut-être où l'objet créé, par cela seul qu'il était susceptible de résistance, en avait le plus de besoin? L'homme, dans le paradis, ne sut pas ou ne voulut pas se conformer aux ordres divins. Dieu le punit en cessant de lui en donner; il le laissa libre, sans direction aucune, livré à ses propres forces; mais cette liberté que l'homme acquit ainsi, poussé par son orgueil qui lui fit enfreindre l'ordre reçu, cette liberté, dis-je, est-elle donc vraiment désirable? ne serait-ce pas bien plutôt l'abandon? Et l'homme n'eut-il pas à pleurer amèrement, plus tard, sur cet abandon de Dieu dans lequel il se trouva plongé? Il en souffrit si cruellement, que ses plaintes montèrent jusqu'aux pieds du Créateur, qui daigna donner quelques ordres à son peuple, celui qu'il couvrait encore de sa protection, et se laissa enfin toucher au point d'envoyer son Fils sauver les hommes : or les sauver, comment? En leur transmettant ses ordres, en leur faisant connaître les lois auxquelles il fallait obéir pour se sauver et être heureux.

Je ne comprends donc pas, cela répugne à nos intelligences, une loi, une vraie loi sans une autorité supérieure à l'homme, où cette loi puisse prendre sa source. Je suis donc en cela parfaitement d'accord avec les socialistes et tous les propagateurs de mythes; seulement mon mythe à moi, et celui de tous les chrétiens véritables, est une réalité : c'est Dieu, créateur de toutes choses morales et matérielles, son divin fils, notre Sauveur, et sa divine parole, l'Évangile.

Il semble vraiment que l'homme ne se soit perfectionné et élevé, depuis dix-huit siècles, grâce au puissant secours de Dieu, que pour devenir plus orgueilleux; que cette perfectibilité dont il est doté, et qui a pour but de le rapprocher indéfiniment de Dieu, l'être parfait, n'ait eu d'autre résultat que de l'en éloigner et de l'en éloigner au point presque de le lui faire oublier; toute loi enfin, l'homme veut l'avoir inventée, il ne peut supporter l'idée de l'avoir reçue toute faite de la main de Dieu. Rien, en effet, de plus humain qu'une loi aux yeux de ceux qui disent que la morale n'a rien d'absolu, qu'elle peut varier d'un pays à un autre, que ce qui est juste de ce côté des Pyrénées ne l'est pas de l'autre. Mais qu'est-ce dire, sinon que les hommes ont altéré les lois, les ont méconnues ou mal comprises? Les législateurs ont-ils donc partout été les humbles et obéissants serviteurs de Dieu? Dire que ce qui est juste ici ne l'est pas ailleurs, c'est prendre l'erreur pour la vérité tout simplement, et il est infiniment plus raisonnable et plus vrai de dire : ce qui est légal ici ne l'est pas ailleurs. Parce que chez les sauvages on tue des hommes pour les manger, faut-il en conclure que chez eux il est juste et parfaitement permis de tuer ses semblables ? La morale est la même partout pour qui sait la comprendre, et la loi sera la même partout dès qu'elle sera faite par de vrais chrétiens, par des hommes qui en sauront voir la source en Dieu et l'imposer comme frein aux mauvaises passions, et n'en feront pas une conséquence et comme une sanction de ces passions mêmes qu'elle est chargée de contenir. La raison du plus fort, dit-on, est toujours la meilleure : cela est fort bien sans doute dans la bouche du roi des animaux ; mais il s'agit ici d'hommes intelligents et raisonnables, et non point de bêtes fauves. Ce n'est non-seulement pas le plus fort parmi les hommes qui doit faire la loi, mais bien plutôt lui qui est appelé à la subir. La loi, qui vient de Dieu, a pour mission, au contraire, de protéger le faible contre le fort. Qu'a donc fait le christianisme dès sa naissance, sinon briser les chaînes de l'esclavage ? Où le faible trouvait-il son appui contre les puissants de la terre ? Auprès de ceux qui avaient mission de propager les enseignements du Christ. L'Église, qui succédait à Jésus-Christ sur la terre, eut à lutter, dès sa naissance, contre la puissance tout humaine, et elle le fit avec toute la force que donne le sentiment vrai, la notion pure d'une mission à accomplir. Mais l'appui de Dieu lui manqua soudain, dès qu'elle cessa de bien comprendre sa mission, et qu'elle voulut devenir elle-même cette puissance humaine qu'elle était venue dompter et contenir. Un coup terrible la frappa au cœur, au sein de sa puissance, et l'abus qu'elle avait essayé d'en faire lui coûta la perte d'un grand nombre de ses enfants, dont elle pleure aujourd'hui encore l'abandon. La loi existe, elle nous vient de Dieu; mais que celui qui a reçu mission de nous la faire connaître prenne garde d'abuser des pouvoirs qui lui ont été remis, et de contrefaire la loi pour la rendre plus propre à satisfaire ses humaines passions. Que l'on ne s'y trompe donc pas : ce qu'il y a de juste dans les lois humaines nous vient de Dieu; tout ce qu'il y a d'injuste nous vient de l'homme. La loi et la justice enfin viennent de Dieu; la légalité seule peut venir de l'homme. La légalité peut varier d'un pays à un autre : la vraie justice, la loi divine est immuable et invariable. Ce qui est juste ici est juste parmi tous les vrais chrétiens; ce qui est légal peut être injuste, et ce qui est illégal peut fort bien être juste. Si donc la loi entraîne injustice, n'en accusons pas Dieu, mais l'homme qui a mal compris ou a contrefait la vraie loi. Si enfin nous sommes vrais chrétiens, tenons-nous en garde contre nos passions, qu'il est de notre devoir de dompter, et n'imposons pas, en altérant et contrefaisant la volonté divine, à ceux que nous voudrions sauver, l'obligation de nier notre Dieu et d'en chercher un meilleur. Le code, enfin, que nous voulons voir diriger le monde, c'est l'Évangile : soyons donc les premiers à l'observer, à lui obéir, et à chercher en lui l'appui, le conseil et l'ordre qui nous sont nécessaires.

Au sein d'une réunion de chrétiens sincères, dévoués et éclairés, il est incontestable que l'Évangile seul suffirait pour diriger les hommes; mais notre société est-elle bien ainsi composée? Hélas! non. Et aux ignorants, dont le nombre est encore si grand, il faut ajouter, aussi en grand nombre, les malintentionnés et les incrédules. La loi répressive et le code pénal sont faits pour ces derniers, le code civil pour les premiers. L'Évangile, nous ne le voyons que trop, est encore trop obscur et trop difficile à connaître et à comprendre. César est encore bien nécessaire aujourd'hui, et le sera longtemps encore, sinon toujours. Or l'État, l'autorité humaine, nous étant encore si indispensables, et la loi servant à définir les rapports entre l'État et la société, quoi de plus essentiel que de régler ces rapports, d'établir ces lois d'une manière fixe, invariable, et à la portée de toutes les intelligences? L'homme social a des droits à réclamer, et aussi des devoirs à remplir; l'État est l'intermédiaire obligé dont se sert la société humaine pour appuyer et faire valoir d'un côté les droits de l'homme et de l'autre pour l'éclairer sur ses devoirs et le forcer au besoin à les accomplir. Mais que deviendront les fonctions de l'État, et quel code pourra jamais les définir, si, avant même qu'il soit question de son institution, les droits et les devoirs de l'homme ne sont pas clairement connus et établis? Que peut-être enfin un État, que peut-être la loi qui le lie à la société, et qui lie cette société à l'État, sans la pure et vraie notion de l'Évangile, sans la connaissance exacte et complète du juste et de l'injuste? Si quelque chose doit être clair, parfaitement défini, immuable, invariable, et par suite hors l'atteinte de l'homme, divin enfin, c'est la loi; puisque sa mission essentielle est de protéger l'homme faible contre le puissant, ne doit-elle pas être avant tout supérieure à l'État lui-même, dont la nature tout humaine est si portée à abuser des pouvoirs qui lui sont remis? L'homme, enfin, privé de l'appui divin, pourrait-il rien contre l'autorité, qui l'opprimerait, et aurait-il autre chose à faire que de courber la tête et de se résigner au rôle d'esclave en face de cette autorité qui ne reconnaîtrait d'autre loi que la sienne propre? La première condition que doit donc remplir une loi, tout le monde le sait et le comprend, est d'être immuable, c'est-à-dire au-dessus des atteintes de l'homme, c'est-à-dire, en un mot, divine; c'est aussi d'être invariable, et il n'y a d'absolument invariable que ce qui vient de Dieu. Toute loi qui ne viendra pas de lui, ou ne sera pas une conséquence directe de la sienne, ne peut remplir de telles conditions et ne peut par conséquent qu'être funeste à l'humanité. Si le code peut varier à tout instant, que deviennent donc ces biens si précieux à l'homme : la sécurité et la liberté? L'homme a assez de l'avenir pour faire naître en lui cette incertitude qui le tue, et lui ôter cette confiance qui lui est si nécessaire : que le présent ne vienne donc pas s'y joindre et achever de paralyser ses forces.

L'homme, le savant comme le pauvre ignorant, a absolument besoin, pour agir efficacement, de savoir à quoi s'en tenir, de pouvoir comprendre la portée et apprécier les conséquences de chacun de ses actes, celles de ces conséquences qui lui profiteront et celles qui lui incomberont. L'homme travaillera s'il est sûr de pouvoir profiter librement des produits de son travail; il mourra dans l'inaction s'il ne doit devoir à son travail que la crainte d'être pillé et peut-être tué. Les meilleurs amis de la liberté, ceux qui ont le plus vif et sincère désir de contribuer à la prospérité d'une nation, seront aussi ceux qui chercheront et travailleront avec le plus de dévouement à conserver à la loi ses qualités divines, à lui donner cette fixité, cette invariabilité, qui fait exactement apprécier à chacun ce qu'il a à attendre et ce qu'il a à redouter d'elle. Il faut enfin, pour qu'un homme avance avec assurance et rapidité, que la route qu'il doit suivre soit non-seulement ouverte et bien tracée, mais qu'elle apparaisse clairement devant lui : qu'il puisse, pour ainsi dire, trouver sur une carte d'une absolue exactitude la description parfaite du chemin qu'il doit suivre pour arriver au but qu'il se propose d'atteindre. Car si une seule fois cette carte venait à être trompeuse, que l'homme eût trouvé sur sa route un précipice dont il ne soupçonnait pas l'existence, aussitôt la confiance l'abandonnerait et il lui faudrait tout son courage pour rester en place et ne pas retourner sur ses pas. La loi, ou plutôt le livre ou code qui renferme toutes ces lois, doit être cette carte susceptible d'indiquer à l'homme, et cela sans la plus légère ambiguïté, le chemin qu'il est appelé à suivre au travers de cette société au sein de laquelle il doit vivre ; de telle sorte qu'il lui soit comme impossible de commettre une erreur involontaire, de faire insciemment fausse route, à moins de méconnaître la loi, et de marcher enfin, sans en être parfaitement prévenu et sans que la responsabilité en doive à juste titre lui incomber tout entière, sur terrain défendu. Il faut enfin que l'homme puisse apprécier exactement et d'avance, c'est-à-dire avant de se lancer dans la vie, le territoire qu'il a le droit de fouler sans réserve et celui sur lequel il lui est interdit de poser le pied.

Descendons un peu et tenons-nous plus près de terre pour mieux nous faire comprendre de tous. Voyez cet honnête bourgeois, libre de son temps, se promenant au bois de Boulogne. Des portions du bois sont livrées au public et sur d'autres il est formellement interdit de poser le pied. De légères barrières indiquent d'habitude les limites que l'on est tenu de ne pas dépasser; un règlement est aussi fait, écrit et affiché, qui indique à chacun les restrictions apportées à la liberté absolue de parcours. Le promeneur en question, homme essentiellement honnête, ne demande pas mieux que de respecter ledit règlement, et ne veut qu'être éclairé sur les restrictions afin d'être à même de les respecter scrupuleusement. Mais ici se montre aussitôt la nécessité d'un règlement parfaitement clair et de barrières bien placées et invariables. Car si l'homme dont nous parlions vient à marcher sur terrain défendu, et qu'il ait agi ainsi sciemment et volontairement, il sera le premier, s'il est pris en flagrant délit, à prendre condamnation, et se laissera en riant remettre sur la voie libre par la main de l'autorité. Mais, s'il se trouve pris sur terrain prohibé involontairement, insciemment, par la faute du règlement qui l'avait mal ou faussement éclairé, ou par la faute de barrières mal placées, bien loin de s'avouer lui-même fautif et d'en rire, il se sentira malgré lui pris d'un sentiment de révolte, criera à la tyrannie et ne cédera qu'à une force supérieure. Mais que dire alors si le règlement vient à être changé du jour au lendemain, si les barrières viennent à être éloignées ou rapprochées sans que le public en soit prévenu, de telle sorte que notre homme, qui était parfaitement éclairé la veille et à même de se conduire en parfait promeneur, se voie réprimandé pour avoir marché sur un sol qui, la veille encore, lui était ouvert, et pour n'avoir pas observé un règlement qu'il deviendrait indispensable de chaque jour étudier à nouveau? Il obéira sans doute aux injonctions de la force, mais non sans une rage sourde, une colère contenue contre l'autorité abusant de la force, colère qui, tôt ou tard, éclatera si l'arbitraire vient à dépasser les limites de sa douceur et de sa patience. Il n'est pas d'homme, si honnête et si dévoué qu'il puisse être à l'ordre public, qui, par cela même qu'il est porté au respect de l'autorité, n'applaudisse au refus de Guillaume Tell de saluer le bonnet que le caprice de Gessler fait mettre au haut d'une perche. Puis-je mieux faire, du reste, pour faire saisir l'idée que je veux mettre en avant, que de rappeler ces quelques vers d'un de nos plus vrais poëtes, A. de Musset :

> J'aimerais mieux, je crois, être le chien d'un nègre
> Et mourir sous le fouet comme un cheval rétif,
> Que de craindre une jupe et d'avoir pour maîtresse
> Un de ces beaux geôliers au regard attentif,
> Qui, d'un pas mesuré, marchant sur leur souplesse,
> Du haut de leurs beaux yeux vous promènent en laisse.
> Un bâton de noyer, au moins c'est positif,
> On connaît son affaire, on sait à quoi s'attendre,
> On se frotte le dos, on s'y fait par degrés.

Le bâton de noyer, connu et toujours le même, est

donc moins tyrannique que la capricieuse humeur d'une maîtresse : ce qui signifie qu'il n'y a pas de tyrannie physique et matérielle qui ne soit mille fois plus supportable que le moins dur despotisme exercé sur le moral, et aussi que, si dure que soit la loi, on pourra toujours la subir, s'y faire, s'y habituer, mais qu'on ne se fera jamais à l'arbitraire et à l'incertitude qu'il laisse forcément après lui. La première condition à laquelle doit satisfaire une loi est donc d'être fixe, invariable et immuable, c'est-à-dire, en un mot, de venir de Dieu; car Dieu seul est immuable et infaillible, et peut seul être la source d'une loi que l'humanité tout entière puisse et doive reconnaître et accepter. En dehors de Dieu il ne peut y avoir, en fait de lois, que des ordres issus de la capricieuse imagination de l'homme, ordres variables et périssables comme celui qui les a émis. La véritable et la plus insupportable tyrannie est celle de l'anarchie, alors que la loi fixe et connue de tous, ainsi que l'autorité chargée de la mettre en vigueur, ont fait place au caprice et aux ignorantes fluctuations d'esprit de la multitude. Ainsi donc, sans Dieu, pas de loi; sans origine divine, pas de loi fixe et immuable; à des lois non divines pas d'obéissance possible à obtenir de l'homme sans la force; et cela est aussi vrai qu'il n'y a pas de peuple, pas de société humaine sans une religion; aussi vrai qu'il n'y a pas d'âme sans croyance, fût-ce même une croyance en la propre divinité et en l'infaillibilité de cette âme, seule foi qui puisse rester et qui reste toujours à celui qui ne veut voir au-dessus de lui que le néant. Il faut un Dieu à tous les hommes, comme il faut un ordre dans la marche des astres pour les empêcher de s'entrechoquer : l'orgueilleux seul est réduit à faire une divinité de lui-même, et à n'avoir que lui à adorer.

Pour nous donc, toute loi véritable et à jamais utile et respectable nous vient directement de Dieu, et elle n'a pu nous parvenir que par la révélation. Le peuple de Dieu, qui le premier la reçut des mains du Créateur, prospéra sur terre jusqu'au jour où il en vint à la méconnaître. Il cessa d'exister le jour où il la nia au point de porter la main sur le messager divin. Toutes les nations qui ont écouté la voix du Christ croissent chaque jour en grandeur et en puissance, menaçant incessamment d'envahir l'univers, et devant leur irrésistible élan reculent indéfiniment toutes celles qui, refusant d'obéir à la parole de Dieu, se sont laissé prendre à la voix fausse et trompeuse de l'homme. Et, sans avoir, hélas! à sortir de notre monde chrétien, ne trouvons-nous pas encore parmi nous des intelligences belles, mais orgueilleuses, que la voix de Dieu humilie, et qui n'hésiteraient pas aujourd'hui à attacher à la croix ce Messie dont la parole douce et puissante étouffe leurs vaniteuses déclamations. Oui, hélas! il existe dans notre monde plus d'antichrétiens, plus de socialistes qu'on ne croit, de ces hommes qui ne voient d'origine à la loi que dans la puissance humaine, dans la force; qui ne connaissent de lois que celles qui s'imposent par les moyens humains; qui ne savent pas reconnaître que la vraie loi est précisément faite pour arracher l'homme à l'esclavage, pour protéger le faible contre le puissant; qu'il est dans l'essence même de cette loi d'être redoutable aux forts, et que par conséquent ceux-ci doivent être condamnés à la subir et non point destinés à la faire. Le chrétien, le véritable disciple du Christ, est celui qui cherche en Dieu même la base de toute loi, celui qui glorifie et bénit le Créateur de la lui avoir révélée, qui respecte cette loi divine parce qu'il la sait divine, mais la respecte et lui obéit sans crainte et sans murmures, sans ces craintes et ces murmures qu'inspire et soulève toujours celle que la force humaine a seule inventée et mise en vigueur. Le vrai chrétien sait que la loi existe, qu'elle existe antérieurement à l'homme, qu'elle est supérieure aux puissants comme aux faibles, qu'elle n'est redoutable qu'aux mauvais, puisqu'elle vient de la clémence et de la miséricorde divine, et enfin, que son seul devoir sur terre est de la chercher, de la comprendre et de lui obéir. Le chrétien, enfin, observe la loi, l'explique et l'enseigne à ceux qui ont besoin d'être éclairés; le socialiste la fait, l'invente, et essaye de l'imposer par la force. D'un côté, l'homme intelligent, libre et fier, dont l'âme divine ne reconnaît d'autre maître que son Créateur; de l'autre, des hommes que l'orgueil aveugle, qui ne veulent reconnaître d'autre maître qu'eux-mêmes, et qui, n'ayant d'autre moyen à leur disposition que la force humaine, déguisent sous de grands mots l'impulsion vers l'esclavage auquel ils voudraient entraîner l'humanité entière. D'une part, une réunion d'hommes libres obéissant de leur propre mouvement et en pleine harmonie à des lois surhumaines dont ils savent reconnaître la bonté et l'infaillibilité; d'autre part, les adorateurs de la puissance humaine, du mythe social, de la force, en un mot, sur laquelle ils essayent de baser tout leur splendide et séduisant, mais toujours chancelant échafaudage. Ici, enfin, la clef remise aux mains de saint Pierre; là, la tour de Babel menaçant de sa chute les malheureux qui s'acharnent à vouloir la soutenir et sans cesse la réédifier.

La loi, celle qui est utile à l'humanité, celle qui est susceptible de la faire prospérer et de lui donner la plus grande somme de bonheur possible sur cette terre de travail et de souffrances, nous vient donc directement de Dieu, est une émanation directe de cette volonté divine qui s'est révélée à nos pères par la voix de Dieu lui-même, de ses prophètes et de son Messie. Nous savons donc tous, nous vrais chrétiens et sincères croyants en Dieu et en son Évangile, quel est le maître que nous reconnaissons et auquel nous sommes tenus d'obéir; à notre intelligence, aidée de son essence divine, et aussi du secours incessant que Dieu nous prête et ne refusera jamais à ses dévoués serviteurs, à dégager de l'obscurité où elles peuvent encore se trouver ces manifestations de la volonté divine qui peuvent seules faire notre force, nous servir de guide sûr et nous donner, dans la marche périlleuse que nous avons à accomplir sur cette terre, cette confiance absolue que l'infaillibilité de Dieu seul est susceptible de faire pénétrer en nos cœurs. Cette confiance est indispensable pour laisser toute leur action à ces forces que Dieu a mises en nous, et auxquelles seules nous voulons être redevables d'avoir conquis et recouvré cette si chère et si précieuse liberté que la faute du premier homme a ravie à lui et à sa race. Recevons donc, en toute soumission, le baptême du christianisme, si nous voulons être dignes d'apporter notre pierre à l'édifice de liberté que tous les cœurs vraiment grands et généreux aspirent si vivement à voir couronner, pour le complet bonheur de l'humanité tout entière. Puisse celle que je vais essayer d'y ajouter (après avoir cherché à donner à la liberté l'assise la plus solide en proclamant l'origine divine de la loi) élever l'édifice aussi haut que peut le désirer l'âme la plus libérale. Je serai heureux d'apporter le faible tribut de mon travail à l'œuvre de rachat dont le fondateur du christianisme est venu jeter lui-même les premières bases.

SECONDE PARTIE

DE LA LIBERTÉ

Il y a peut-être bien de l'orgueil et de la vanité à venir, après tant d'esprits éminents et de grands penseurs, disserter sur la liberté. Il serait à croire que ce sujet devrait être aussi complétement épuisé qu'il est possible de le désirer ; aussi faut-il reconnaître une certaine dose de courage à celui qui ose l'aborder encore une fois ; c'est, en effet, risquer de fatiguer le lecteur et peut-être de l'effrayer au point de lui faire quitter la partie sous la menace d'une nouvelle dissertation, après celles, nombreuses pour sûr, qu'il a eues à subir jusqu'à ce jour. Mais ce risque, je suis parfaitement, et coûte que coûte, décidé à le courir, vu l'insuffisance de tout ce qui a été dit là-dessus au point de vue du moins où je me suis placé, et aussi l'absolue nécessité dans laquelle je me trouve de m'expliquer complétement sur ce que j'entends par liberté pour en arriver aux conclusions définitives auxquelles je veux aboutir. Je préviens d'ailleurs, et afin d'exciter, si cela est possible, à nouveau l'intérêt, que je me place dans l'examen de cette si importante question, dans un ordre d'idées tout autre que celui qui a paru être adopté jusqu'à présent, ordre d'idées qui nous fera apprécier plus que jamais l'utilité de raisonner d'après des bases sûres et inattaquables, et nous fera entrevoir la possibilité d'établir, même sur ce chapitre si vague et si indéterminé, de véritables lois, des lois fixes et invariables.

Qu'est-ce donc que la liberté? Il est inutile de rappeler ici toutes les réponses qui ont été faites à cette question et toutes celles que pourraient faire encore, probablement en fort longs termes, tous ceux qui ont bien voulu se donner la peine d'y réfléchir. Mais que tous sondent bien le fond de leur cœur, qu'ils interrogent attentivement leur conscience, leurs passions, leurs désirs, leurs besoins physiques et moraux, etc..., et ils trouveront sûrement, non pas une, mais bien deux réponses parfaitement claires et distinctes. En premier lieu, la vraie valeur du mot liberté étant en quelque sorte sentie, sans qu'il soit nécessaire de recourir, pour l'apprendre, au Dictionnaire de l'Académie, ni à aucun livre écrit sur ce sujet, la liberté c'est, en un seul mot, la liberté; mais la liberté complète, celle de faire sans la plus légère entrave tout ce qui peut passer, en fait de désirs et de fantaisies, au travers d'un cerveau humain, celle, en définitive, qui sert de substantif quand on dit : la liberté d'aller et de venir, la liberté de penser et d'écrire, etc... Cette liberté existe évidemment dans l'homme, et il est impossible que le philosohe, qui étudie l'âme humaine, ne l'y trouve pas tout entière et sans la moindre altération; je ne comprends pas qu'il puisse y reconnaître la moindre restriction de l'ordre de celles qu'on pourrait appeler naturelles, et cela, soit qu'il fasse abstraction de Dieu même, soit qu'il tienne compte de ce Dieu envers lequel l'homme n'a, en somme, que des devoirs à remplir et nullement des obligations. L'homme, considéré isolément, est donc, il le sent lui-même, absolument libre. Nul ne peut suspecter notre premier père de n'avoir pas joui un instant au moins de ce privilége tout entier, sans restrictions possibles et assignables, alors qu'il se trouva seul sur terre en face de ce Dieu des mains duquel il venait de sortir. Une preuve même irrécusable qu'il possédait cette liberté dans toute sa plénitude, c'est qu'il lui fut possible d'enfreindre les ordres du Créateur, de commettre une faute, et que Dieu, que sa perfection met au-dessus de toute accusation d'injustice, le considéra comme responsable de la faute qu'il avait commise et le condamna à en subir le châtiment. Ainsi il n'est pas douteux que l'homme doive reconnaître en lui-même l'existence de cette liberté complète ou absolue, dont il a le sentiment plutôt que la notion, et qui doit amener sur ses lèvres la première des deux réponses.

Mais après cette première réponse, et non peut-être sans un examen plus mûr et plus approfondi, il est indubitable qu'une deuxième viendra à chacun, c'est-à-dire qu'à côté de cette liberté que nous avons dite absolue, vient s'en placer une seconde, une liberté forcément restreinte, la seule que l'on puisse reconnaître chez des hommes vivant en société, ayant inévitablement des obligations les uns vis-à-vis des autres; cette liberté, trouvant ses restrictions mêmes dans les lois des rapports des hommes entre eux, rentre complétement dans le sujet que nous traitons, et c'est elle que nous appellerons la liberté relative ou sociale. Ainsi donc deux libertés : liberté absolue, seule vraie acception du substantif que nous nous permettrons, comme tout le monde, d'employer quand cela nous sera nécessaire, et liberté sociale, la seule, nous l'avouons, que nous reconnaissions à l'homme le droit de réclamer, la seule que des principes et des lois peuvent et doivent régler, et la seule, par conséquent, qui devra nous occuper ici.

La liberté absolue étant reconnue et constatée dans l'homme, le problème à résoudre est donc celui-ci : chercher les bornes qui doivent limiter la liberté à laquelle peut avoir et a réellement droit l'homme vivant en société d'autres hommes, l'homme à l'état social, ou, en d'autres termes, tailler dans cet absolu, cet infini, la part qui est due à l'homme, celle qui est et demeure son incontestable propriété, à laquelle nul pouvoir humain n'est en droit de porter atteinte. Une réponse positive à faire à cette question présenterait de grandes difficultés, si elle n'était pas parfaitement impossible : une réponse négative est, au contraire, théoriquement du moins, extrêmement simple et facile à faire : la liberté humaine n'a et ne peut avoir d'autres limites assignables que la liberté des autres hommes. Les droits de l'homme ne peuvent être bornés qu'aux droits d'autrui. Il ressort immédiatement de là que, si un homme veut se faire une idée exacte de la part qu'il est en droit et en devoir de réclamer, il n'a rien de mieux, de plus simple et de plus sûr à faire que d'étudier profondément et consciencieusement les droits de ses semblables, ceux que sa qualité de membre de la société le met dans l'obligation de respecter.

Mais ici vont se soulever des discussions interminables. Un nombre infini de voix vont se faire entendre. Consultez tous les hommes : les uns vont réclamer des parts énormes auxquelles ils ne veulent donner d'autres limites que celles de leur ambition, de leurs désirs immodérés, et qui ne veulent écouter d'autres conseils que ceux d'un égoïsme à peine restreint par une conscience, qui existe toujours, il est vrai, mais une conscience d'une effroyable largeur et d'une incommensurable élasticité. Or la conscience humaine, sans guide sûr, étant seule appelée à prononcer, la ligne de délimitation va devenir une courbe aux plus incompréhensibles sinuosités, et dont il sera impossible de reconnaître et de suivre la marche. D'autres, animés de plus de haine que d'ambition et de rapacité, modérés peut-être dans leurs désirs, mais ne pouvant supporter la vue du bonheur d'autrui, l'esprit assez mal tourné même pour ne trouver leur propre bonheur que dans le mal des autres, n'auront en vue que de discuter les droits de leurs semblables, d'écorner la part qui doit leur être dévolue; d'autres ne trouveront jamais assez grande la part de liberté qui leur est due, à eux et à tous ceux de leur parti, et penseront que c'est la limiter outre mesure que de respecter les droits de leurs adversaires politiques; d'autres enfin se taillent une liberté à leur gré et à leur fantaisie et ne prétendent rien moins que de l'imposer à tous, par la force s'il le faut. Au milieu de tout ce bruit, de ces cris, de toutes ces réclamations contradictoires, de cette confusion et de cette incohérence de désirs et d'aspirations, que faire, que dire, que répondre? Qui condamner? à qui faire droit? Y a-t-il quelque part, dans le coin le plus obscur et le plus inaccessible de l'univers, un point qui puisse servir de guide, un fanal, auquel on puisse se rallier, sans crainte de faire fausse route, une pierre, large comme la main, sur laquelle on puisse poser un pied assuré et sur laquelle ce pied puisse enfin se sentir affermi comme sur une base inébranlable? Vraiment il faut n'avoir jamais songé un instant à répondre à toutes les demandes, à tous les désirs que peut exprimer l'esprit humain, auxquels peut donner lieu la nature complexe et compliquée de l'homme et des hommes, pour n'avoir point senti l'impérieux besoin d'un être supérieur à nous tous, au sein duquel on soit assuré de trouver un refuge, un appui, un conseil. Dieu était réellement trop haut, trop loin de nous pour nous offrir ce qui faisait ainsi défaut à nos plus ardentes aspirations, et il était nécessaire, indispensable, pour la vie et la durée de l'humanité, qu'il daignât, comme il l'a fait, venir à nous, descendre jusqu'à nous, et nous apporter, sous une forme tout humaine, l'appui, le conseil, l'ordre auquel l'homme aspirait, comme au sein du désert il aspire à une goutte de rosée rafraichissante. Dieu finit par se laisser toucher par la profonde misère de l'humanité, son enfant, par les douleurs auxquelles lui-même l'avait condamnée en punition de sa première faute; il a envoyé parmi nous son Messie pour nous racheter, nous sauver et remettre entre nos mains tout ce qui nous manquait, et le Messie ne serait certes pas remonté vers son Père avant d'avoir entièrement accompli sa mission; il ne pouvait laisser après lui son œuvre inachevée : cette œuvre ne peut donc être que complète, et l'homme, livré à ses propres forces, doit être à même de la comprendre et de la compléter au besoin.

Mais, si jamais l'homme doit sentir le besoin d'appui et de conseil, c'est bien certainement quand il s'agit de liberté; c'est-à-dire de cette part de liberté absolue à laquelle il a droit, lorsqu'il vit en société, et de celle qu'il doit savoir sacrifier. Car enfin, s'il était question de propriété, il serait possible, la chose étant en quelque sorte palpable et visible, qu'il pût apercevoir où finit la part qui lui revient et où commence celle d'autrui, qu'il est tenu de respecter; mais, bien que l'on puisse aussi bien dire, en théorie, que la liberté à laquelle l'homme a droit a pour limites naturelles la liberté d'autrui, il devient infiniment plus difficile, sinon tout à fait impossible, d'apprécier et de poser soi-même ces limites que chacun est en devoir de ne pas dépasser. Aussi, mettrais-je au défi l'homme livré à ses propres ressources, si consciencieux qu'il puisse être, d'arriver sur ce sujet à un résultat définitif et incontestable. Laissez la pensée de l'homme absolument libre, sans aucun frein, sans règles quelconques ni premières données, et interrogez-le sur cette grave question ; ne courrez-vous pas le risque de recevoir autant de réponses différentes qu'il y aura d'hommes appelés à répondre? C'est donc là surtout et par-dessus tout qu'il est indispensable, si nous ne voulons éternellement errer dans le vague et les ténèbres, de s'adresser et de s'en rapporter, pour la solution complète du problème, à un être d'une essence supérieure à la nôtre, et dont les ordres et les avis soient au-dessus de toute atteinte et de toute humaine discussion. Cela est tellement vrai et l'a tellement été de tous temps, que les législateurs, avant et depuis la venue du Christ, qui ont voulu fonder des sociétés et imposer leurs lois à une nation, c'est-à-dire, en définitive, fixer, étendre ou resserrer les limites de la liberté individuelle, n'ont jamais manqué de se dire dieux eux-mêmes, ou demi-dieux, ou tout au moins revêtus d'une mission divine. Les lois du *Coran* n'ont dû leur empire qu'à l'habileté avec laquelle Mahomet sut faire croire à sa mission et à sa qualité de prophète; et il est impossible de douter que ces lois ne perdent leur prestige et leur autorité, du jour où disparaîtra toute croyance, toute foi en leur essence supérieure et en la divinité de leur origine.

Ce besoin, dans la question qui nous occupe, d'un secours d'en haut, d'un appel au Créateur, est si absolument indispensable, que la solution du problème doit inévitablement varier selon, si l'on peut s'exprimer ainsi, l'appel qui a été fait par l'homme à Dieu, et la réponse qui lui a été ou qui est censée lui avoir été faite. J'exprimerai plus simplement mon idée et d'une façon plus compréhensible pour tous, en disant : La liberté, c'est-à-dire cette portion de la liberté absolue à laquelle l'homme a droit, ou bien, ce qui revient au même, la part de la liberté absolue qu'il doit sacrifier, pour pouvoir vivre en société, varie et doit forcément varier selon la croyance ou religion adoptée par l'homme pris pour sujet d'observation. Cette liberté, enfin, pour mieux spécifier encore, n'est pas et ne peut pas être la même pour le chrétien que pour le musulman ou le bouddhiste. En définitive, l'homme est par lui-même et de lui-même, ou, pour mieux exprimer la situation, doit être absolument libre, soit de rejeter toute croyance ou de s'en créer une à lui tout seul, soit d'adopter l'une quelconque des croyances ou religions existant déjà ; et nulle puissance humaine n'est en droit de lui imposer un choix, ni même d'exercer, par la force bien entendu, la plus légère influence sur le choix qu'il a à faire, et cela sous peine d'être accusée, cette force humaine, d'avoir outre-passé ses attributions en empiétant sur la liberté et les droits de l'individu. Le choix est donc ou doit être absolument libre ; mais par cela seul la responsabilité qui incombe à l'homme qui choisit est pleine et entière, et il ne doit même assumer sur lui cette responsabilité qu'à l'expresse condition que son choix a été fait à l'abri et en dehors de toute contrainte et de toute oppression. Mais, le choix étant bien et définitivement fait et dans les conditions que j'ai supposées devoir être, voici quelle en est forcément la conséquence immédiate, directe et sans retour possible. Dans le premier cas, qui serait celui où cet homme se serait refusé à accepter toute croyance adoptée déjà et simultanément par d'autres hommes, il conserve, ceci est incontestable, sa liberté absolue; mais il est aussi incontestable qu'il doit en subir toutes les conséquences, en ce sens qu'il n'est en droit de rien réclamer des autres hommes, qu'il est fatalement condamné à vivre seul, de ses propres ressources, sans avoir le droit de se plaindre à personne, des malheurs et des misères qui viendraient fondre sur lui. C'est ce qui peut se résumer en disant que l'on n'a rien à réclamer d'une société qu'à titre de compensation, et par suite et au prix de l'abandon fait à cette société d'une part plus ou moins grande de sa liberté ou de ses droits absolus. Pour dire les choses plus prosaïquement encore, si cela est possible, nul n'est en droit de requérir, quand besoin vient, l'appui d'une force ou autorité quelconque, s'il ne reconnaît lui-même cette autorité, s'il ne lui obéit ou n'a préalablement déposé entre ses mains la part nécessaire ou convenue de sa liberté et de ses droits. Ce premier cas reste donc celui d'un homme qui a conservé sa liberté absolue, c'est-à-dire la disposition pleine et entière de ses droits, mais qui n'a rien à attendre que de la pitié et de la commisération. Le second cas est celui d'un homme qui s'est librement et dans toutes les conditions de responsabilité requises, décidé à adopter et a définitivement et irrévocablement adopté l'une quelconque des croyances ayant cours sur le globe terrestre. Son parti pris, il entre de prime abord en communauté avec tous ceux de ses semblables qui partagent la même croyance ; il fait partie de leur société, fait, par son adoption même, à cette société l'abandon qu'elle réclame d'une part de sa liberté absolue, et se place, au sein de cette société, dans une situation telle qu'il a droit, en retour de l'abandon par lui fait et à titre de compensation, à une quantité d'aide, secours ou services en proportion avec la part de liberté qu'il a sacrifiée. Que ces dernières considérations soient bien et mûrement pesées et examinées par ceux qui veulent bien me suivre en ce moment, car c'est sur elles que repose la solution du problème que nous avons en vue de résoudre. Cette solution, je crois pouvoir l'affirmer, viendra bien simplement et pour ainsi dire d'elle-même, si ces données, ces premières bases sont bien établies, bien comprises et complétement acceptées.

Le fonds du principe est donc celui-ci, et ici je ne fais que répéter, afin d'être mieux compris, en d'autres termes ce que j'ai déjà dit : d'abord, un homme ne peut secouer toute obligation sans subir fatalement cette conséquence, qu'il doit vivre seul dans l'univers, dans la privation complète de tout aide et appui de la part du reste de l'humanité ; en second lieu, une société d'hommes ne peut s'être formée et exister que par suite de l'adoption d'une croyance commune par tous les membres qui la composent ; l'adoption de cette croyance commune par tous les membres, au prix de laquelle chacun d'eux fait de droit partie de cette société, équivaut pour chacun à une part de sa liberté absolue ou de ses droits naturels dont il a fait l'abandon ou le sacrifice, et tout ce que lui doit et peut lui devoir cette société ne peut être qu'une juste et équitable compensation du sacrifice qu'il a fait. Il résulte évidemment de là que, si la liberté de l'homme est d'elle-même absolue, c'est-à-dire si l'homme isolé, en dehors de toute société, est absolument libre, la liberté de l'homme social, de l'homme qui a fui l'isolement, cesse d'être absolue et se transforme en celle que nous sommes convenus d'appeler liberté relative ou sociale.

C'est donc cette liberté sociale, due à l'homme, qui est une conséquence forcée du choix et de l'adoption qu'il a faits d'une croyance, et restreinte jusqu'à certaines limites par cette adoption même, qui a besoin d'être étudiée, pesée et mesurée, et les limites en question, exactement et invariablement fixées. Or tout ce qui a été dit jusqu'à présent est d'ordre complétement général et s'applique à n'importe quelle société, parmi les innombrables sociétés qui se sont formées sur la surface de la terre. Mais il est clair que, si l'on veut pousser plus loin l'observation et l'étude de la question, en étant arrivé au point où la grande société humaine se divise et se ramifie, formant à partir de là un nombre immense de branches se ramifiant encore elles-mêmes, il deviendrait indispensable de diviser aussi l'observation et de suivre séparément chacune des ramifications. Mais ce serait étendre indéfiniment le cercle dans lequel nous voulons nous tenir renfermés, et entreprendre une interminable tâche, que de vouloir examiner tour à tour les innombrables branches qui sont issues de la tige commune. Ce travail fait au complet, en supposant qu'il fût possible d'en venir à bout, serait du reste parfaitement inutile au but que je me suis proposé. Il suffit d'ailleurs de faire observer, comme pour appuyer la vérité de la théorie exposée, qu'elle s'applique indistinctement à toute croyance et à toute société, que chacun en ce qui le concerne peut en faire lui-même l'application, et que tout ce qui va suivre pourra servir comme d'exemple; l'extension à tous les cas différents ne demandera que des modifications, nullement contraires au principe fondamental, modifications que chacun pourra aisément faire, au point de vue où il se trouvera placé. La seule chose que je dirai encore, m'adressant à tous, et qui du reste a dû être prévue déjà par ceux qui ont suivi l'ensemble des raisonnements, c'est que la liberté sociale ne peut avoir rien d'absolu, et qu'elle varie forcément avec la croyance adoptée et formant la base sociale sur laquelle s'est appuyée une réunion d'hommes pour former cette société. Ce que j'avance ici se comprend de soi-même, et chacun peut s'en rendre compte sans grand effort. Un seul exemple suffira sûrement pour le faire comprendre. Le Coran admet la polygamie et l'Évangile l'interdit; il est donc permis à un membre de la société musulmane d'avoir plusieurs femmes à la fois, et il est parfaitement libre de profiter de ce droit, dont il est défendu à un chrétien d'user. Il est bien possible qu'on ne prenne pas au sérieux cette prétention de notre part de vouloir imposer aux uns et aux autres des obligations qu'ils se sentent fort disposés à enfreindre, et à même, peut-être, d'éluder à leur gré; mais nous nous serions bien mal fait comprendre si, dans tout ce qui a été dit jusqu'à présent, se manifestait la moindre velléité d'imposer à un homme une contrainte quelconque, une loi à laquelle on dût le forcer à obéir. Cela n'est pas plus exact, au fond, que nous ne voudrions obliger un homme à contracter une dette, un engagement quelconque. Mais, ce qui est incontestable, c'est que cet homme, ayant volontairement et librement contracté ledit engagement, est tenu de le remplir, et celui ou ceux envers lequel ou lesquels il a contracté l'engagement, parfaitement en droit, au point de vue de la plus rigoureuse équité, d'exiger, par la force même, qu'il le tienne. Là-dessus, du reste, — et la liberté, croyons-nous, n'est point exclue, — repose en entier le principe des restrictions à apporter à la liberté individuelle : c'est-à-dire qu'elles sont basées et uniquement fondées sur un abandon de liberté fait par l'homme, sur un engagement antérieur et librement pris par lui. Que cet homme, ayant autrefois légèrement et inconsidérément contracté une dette, s'en repente vivement au moment de s'acquitter, rien de plus naturel; qu'il cherche à s'en dégager par tous les moyens possibles, cela se comprend encore, la nature humaine n'est pas exempte de vices; mais qu'il ait le droit de s'en dégager, au nom de la liberté, qu'il redevienne, après ce parjure, l'égal de tous les autres membres de la société, qu'il ait à réclamer les mêmes droits qu'eux tous, tandis qu'il n'a pas satisfait comme eux tous aux compensations exigées, voilà ce qu'il devient fort difficile, pour ne pas dire impossible, de comprendre.

Un fait qui s'est passé dernièrement, et qui a été diversement jugé, peut nous servir d'exemple. Un prêtre, qui, par cela seul qu'il était prêtre, avait fait — et cela se passe librement en France — vœu de célibat, qui avait reçu, en compensation du vœu ou sacrifice par lui fait, entre autres droits, celui de rester toute sa vie à l'abri du feu de l'ennemi, ce prêtre, disons-nous, venant un jour à trouver son engagement trop lourd à tenir, s'en dégage impudemment et demande à contracter mariage absolument dans les mêmes conditions qu'un membre quelconque de la société qui n'aurait point été, comme il l'était, sous le coup d'un engagement antérieur. Il encourt ainsi inévitablement le blâme et le mépris de la société; mais de cela il ne s'inquiète guère; et c'est avec l'autorité et la loi qu'il veut compter; il les somme d'autoriser son union scandaleuse, et, bien plus, de la sceller de leur sceau. Que l'autorité, mandataire d'une société essentiellement tolérante, ferme les yeux sur un pareil scandale, soit; que le code pénal ne contienne aucun article relatif à un pareil acte, soit encore, je l'approuve pleinement; mais que l'autorité, au nom de la loi, autorise, favorise et scelle une telle union, voilà ce que je ne comprendrais plus, à moins de renverser toutes règles de justice et d'impartialité. Qu'un prêtre vive avec une femme, à l'abri ou en dépit de la loi, je le veux bien; mais je ne consentirais jamais à admettre que la loi lui doive ce qu'elle doit aux autres, la sanction de son acte et sa protection. Cet homme enfin, qui s'était volontairement fait prêtre, et qui cesse volontairement de l'être, cesse par cela seul d'être chrétien;

admettons, si l'on veut, que la société chrétienne ne soit pas en droit de se plaindre de lui et de le punir, mais n'allons pas jusqu'à croire et dire qu'elle est en reste avec lui et qu'elle lui doit protection.

Un homme, pour en revenir à ce que je disais, veut avoir plusieurs femmes : la loi s'y oppose. Or qu'est-ce faire que dire à un homme qu'il n'a pas le droit d'en posséder plusieurs à la fois, sinon lui rappeler simplement qu'il est chrétien, qu'il fait volontairement et librement partie d'une société chrétienne, qu'il n'a pu en faire partie et en recueillir tous les avantages et bienfaits que moyennant un abandon d'une part de sa liberté, part fort bien définie, connue, écrite en toutes lettres, et dont il n'est pas admis à ignorer la valeur, au prix, enfin, d'engagements contractés envers cette société, dont il a voulu faire partie. Je ne saurais donc trop répéter que tout homme est libre, absolument libre d'être chrétien ou de ne pas l'être, mais que, du moment où il est chrétien, l'acceptation par lui faite de la croyance, foi ou doctrine chrétienne, comme on voudra l'appeler, qui lui vaut son entrée dans la société chrétienne, ne lui laisse plus qu'une liberté restreinte, et restreinte dans des conditions parfaitement déterminées et qu'il n'est pas en droit d'ignorer; s'il eût adopté des croyances tout autres, il aurait eu droit à une autre liberté, restreinte aussi, mais seulement dans des conditions différentes; en un mot, et pour en finir, un chrétien n'a droit et ne peut rigoureusement avoir droit qu'à ce que nous appellerons la liberté chrétienne, dans les limites de laquelle il est tenu de se renfermer, sous peine de se voir exclu de cette société, et dont, en satisfaisant à toutes les conditions requises et exigées, il peut, et doit au besoin, réclamer tous les avantages.

Le mot est dit : c'est donc la liberté chrétienne, et elle seule, qu'un chrétien est en droit et en devoir de réclamer. Cela veut dire clairement, pour tous ceux qui le veulent bien, qu'un homme faisant partie volontairement de notre société, et en recueillant tous les avantages, ne peut être absolument libre, ou ne peut l'être que chrétiennement parlant, en ce sens qu'il est tenu de remplir toutes les obligations que lui impose sa qualité de chrétien et celles-là seulement, et que l'autorité instituée est en droit de le forcer à les remplir s'il vient à s'y refuser. Mais l'autorité ne peut agir qu'en vertu de la loi : on voit donc l'absolue nécessité dans laquelle se trouve la loi d'être exactement chrétienne pour être applicable à une société de chrétiens. La loi et l'autorité chargée de la mettre en vigueur n'ont d'autre but en ce monde que de restreindre la liberté individuelle. Tout membre de la société qui connaît ses devoirs et les remplit scrupuleusement est donc ou doit être absolument libre en ce sens qu'il ne doit jamais être exposé à rencontrer sur son chemin la loi, qui n'a rien à faire avec lui. Si l'un des deux, la loi et l'individu, viennent à se rencontrer, c'est forcément que l'un a envahi le domaine de l'autre, soit l'individu venant à enfreindre l'ordre reçu et connu, soit la loi, en restreignant, plus qu'elle ne doit le faire, la liberté individuelle. Il suit évidemment de là que chez un peuple en entier composé de parfaits chrétiens, parfaits comme tous les hommes sont susceptibles de l'être, la loi s'anéantirait devant sa propre inutilité. Il est évident que par là je n'entends nullement ici, et tout le monde le comprend, tout ce qui concerne l'administration d'un pays et les règlements auxquels elle donne lieu, règlements qui ont pour but incontestable non pas de gêner, mais de servir la liberté.

On ne pourra certes pas m'accuser ici de parler dans le vague et l'indéfini : ce n'est point mon avis que je donne, ce n'est point d'après moi seul que je raisonne, et je ne m'en rapporte nullement, pour arriver à la solution cherchée, à mon propre jugement. Beaucoup de gens ont parlé et écrit sur la liberté; mais qu'ont-ils fait, en définitive? Ils ont donné leur avis sur cette importante question; voilà tout. Tous le donnent, assurément, comme incontestablement bon à suivre; mais, pourquoi? Parce qu'ils ont en eux-mêmes une foi pleine et entière, et non parce qu'ils en ont appelé de leur jugement à une autorité supérieure et infaillible. Qui est-ce qui peut donc me prouver qu'ils ont raison, et me faire admettre leurs conclusions? La foi seule que je peux avoir en eux. On le voit donc, ici comme partout, il me faut une croyance quelconque, sous peine de perdre ma qualité d'homme. Supposons que je renie le Christ et adopte tous les préceptes de M. Proudhon, qu'aurais-je fait? J'aurais changé de croyance, voilà tout, et mis M. Proudhon à la place du Christ. Tous ceux qui pensent et écrivent, s'ils ne s'en sont rapportés qu'à eux-mêmes, ont tout simplement fait un Dieu de leur intelligence, et professent une foi complète en son infaillibilité. Il ne faut pas croire que tous ceux qui élèvent la voix disent :

« Je pense que telle et telle chose doit être ainsi ou autrement. » Ils parlent, au contraire, d'une façon fort absolue, et n'admettent nullement l'existence d'un avis meilleur. Heureux encore quand ils n'en viennent pas de l'énoncé du précepte à la prétention de nous l'imposer. Je ne suis point sans avoir lu avec attention l'essai d'un des plus éminents penseurs de l'époque sur le sujet qui nous occupe : je veux parler de M. J. Stuart Mill. Certes, c'est, sous tous les rapports, une œuvre d'une incontestable valeur ; mais je dois dire que le principal mérite que je lui reconnais est précisément ce qui probablement a frappé désagréablement beaucoup de lecteurs, c'est-à-dire une sorte d'hésitation, d'incertitude que l'on sent vivre dans beaucoup de parties de son travail. Là aussi, bien que je reproche à M. John Stuart Mill de n'avoir peut-être pas une croyance assez ferme pour qu'il puisse trouver en elle un guide et un point de ralliement, il faut reconnaître en lui une sorte d'intuition de la vérité qui le fait se rapprocher plus que personne ne l'a fait avant lui de la pure idée chrétienne. Pour mieux faire comprendre l'opinion que j'ai de lui, je me permettrai de citer et d'apprécier quelques passages de son livre.

On lit, dès les premières pages : « Le principe pratique qui nous guide dans nos opinions sur le règlement de la conduite humaine est l'idée dans l'esprit de chacun que les autres devraient être contraints d'agir comme lui, et ceux avec qui il sympathise, voudraient les voir agir. » Il est impossible d'énoncer une plus incontestable vérité. Chacun, en effet, se fait en quelque sorte une liberté à lui, à son goût, la présente comme la meilleure de toutes, et cherche à en convaincre tout le monde. Eh bien, il est positif que l'on pourrait parfaitement appliquer à son auteur le principe énoncé dans la phrase que je viens de citer, et lui dire qu'en somme, c'est tout simplement son avis qu'il nous fait connaître. Heureusement pour lui, à mes yeux du moins, qu'il n'affirme que ce que l'autorité supérieure, qu'au fond il ne nie point, a pour ainsi dire sanctionné d'avance, et que dès qu'il s'éloigne, si peu que cela soit, de l'ordre évidemment et clairement donné, on le voit immédiatement donner à ses paroles une forme dubitative. Ainsi, dans les dernières pages de son livre : « Voyez, par exemple, ce qui se passe pour l'éducation. *N'est-il pas presque* évident que l'État devrait exiger de tous les citoyens et même leur imposer une certaine éducation ? » Comme tout cela est vague et mal assuré, et comme il fait bien aussi de se tenir ainsi, sur un pareil sujet, dans le vague et le dubitatif ! Il est des cas, cependant, pour ne rien omettre, où il affirme, sans autorisation supérieure, et nous donne ainsi à comprendre qu'il n'est malheureusement pas chrétien aussi sincère et convaincu que nous désirerions le voir. Ainsi : « De plus, on peut, en toute justice, rendre l'homme responsable envers la société, s'il n'accomplit pas certains actes de bienfaisance, le devoir évident de tout homme : tels que sauver la vie de son semblable ou intervenir pour défendre le faible contre de mauvais traitements. » Il faut donc que la loi force le citoyen à accomplir des actes de bienfaisance ? Lesquels ? Chacun là-dessus peut donner son avis, et la liste des avis donnés sera longue, à coup sûr : que dire, après cela, contre le droit à l'assistance, même le droit au travail? J. Stuart Mill complète sa phrase tout simplement en donnant son avis personnel. A ses yeux donc on est tenu, de par la loi, de sauver la vie de son semblable. Ainsi donc, un millier d'individus, de tous les âges et de tous les sexes, passent, à un instant donné, sur le pont Royal; un homme est tombé à l'eau et se débat en cet instant même contre la mort : tous les passants ne doivent-ils pas, sous peine d'encourir les rigueurs de la loi, se précipiter à l'eau pour sauver le malheureux qui se noie? Il suit de là que les policemen, placés tout près, bien loin de courir au secours du noyé et d'organiser son sauvetage, ne doivent avoir d'autre mission — et, certes, elle sera plus que suffisante pour les occuper — que celle de forcer tous les passants à se jeter dans la Seine. Il est vraiment singulier que, dès qu'on essaye, je ne dis pas d'enfreindre, mais seulement d'altérer le vrai sens d'un précepte divin, on soit si naturellement conduit à une absurdité. Or, dans ces préceptes divins, il y a, ceci est incontestable, ou bien l'ordre, ou bien le conseil, absolument comme il y a chez l'homme obligation et devoir. Le Christ ne nous a jamais ordonné la charité, sous quelque forme que ce soit; si même je veux rester conséquent avec mes principes, l'homme, à mes yeux, ne peut rien devoir à la société qu'à titre de compensation; or quel bénéfice puis-je recueillir en ce monde d'un acte de bienfaisance que l'on soit en droit de me forcer à l'accomplir? Le Christ a dit : « Tout ce que vous donnerez vous sera rendu au centuple dans le ciel. » Mais, pour mériter cette centuple récompense, il faut bien que je sois libre de donner; en me forçant à donner, on me prive précisément de la seule rémunération que je serais en droit d'attendre. Me priver par la force de mon superflu, c'est précisément m'ôter les moyens de faire la charité, telle que le Christ la recommande, et me mettre dans l'impossibilité de gagner la récompense qui m'attendrait dans le ciel. Vous ne vous payez point, direz-vous, de pareilles raisons : c'est que vous ne croyez pas à un autre monde, voilà tout; mais moi qui y crois fermement, qui suis chrétien, je tiens essentiellement à conserver la libre disposition de mon superflu. Je veux donc bien faire tous mes efforts pour sauver mon semblable, pour soutenir le faible contre le fort, — et ce livre n'a pas au fond d'autre but; — mais je ne veux point, en y étant forcé, compromettre la récompense que j'ai le droit d'attendre de mon dévouement. J'ai dit déjà que le jugement peut facilement arriver à se fausser par suite d'une sorte d'habitude des yeux; que de pareils sentiments soient exprimés par un Anglais, cela donc peut, jusqu'à un certain point, se comprendre : n'a-t-il pas, en effet, devant lui le spectacle continuel des *workhouses*, des monuments de la charité imposée? Mais nous n'en sommes point là, grâce à Dieu, et pourquoi n'y sommes-nous point venus? Je ne voudrais point, moi, qui ne considère les choses qu'au point de vue social, dire du mal, si peu que cela soit, du protestantisme, qui, en se séparant de l'Église mère, n'a pas cessé d'être chrétien; mais j'ai néanmoins la conviction intime que saint Vincent de Paul ne pouvait naître que parmi nous. Si donc, soit dit en passant, en fait de charité, le protestantisme a besoin de l'autorité pour secourir ses pauvres, et que le catholicisme sache s'en passer, tout en obtenant, je le crois fort, de tout aussi bons résultats, c'est, incontestablement, ou je ne sais pas y voir, que le catholicisme est plus près de la liberté que le protestantisme, et je défie que l'on trouve une preuve du contraire en pareille circonstance.

On voit donc, pour en revenir à mon sujet, que, tout bien considéré, c'est son avis, en fait de liberté, que nous donne J. Stuart Mill; mais, et d'après lui-même, ce n'est que son avis : avis et conseils excellents et dont j'apprécie sincèrement tous les mérites, et je ne désirerais rien tant que de voir tout le monde les accepter; la cause ne serait pas loin d'être gagnée. Maintenant faites de lui un chrétien sincère et convaincu, et vous verrez quelle lumière se fera soudain! Qu'il ait l'esprit pénétré de cette vérité que toute loi, toute vraie loi, vient de Dieu et doit venir de Dieu seul! Laissera-t-il à sa pensée une apparence dubitative, quand il aura tout près de lui le creuset auquel il peut la soumettre, l'autorité à laquelle il lui sera permis d'en appeler en dernier ressort? Ne saura-t-il pas voir, à ne pas pouvoir s'y tromper, une ligne de démarcation parfaitement tranchée entre l'ordre et le conseil divins, entre l'obligation et le devoir de l'homme, entre ses droits, aussi, et ses devoirs? Pour moi, comme pour bien d'autres, rien n'est plus sûr que parole d'Évangile; aussi n'est-ce jamais que d'après l'Evangile que je parle et parlerai; et je saurai me taire toutes les fois que je n'aurai pas su y trouver la réponse à une question; d'autres, je l'espère et j'en suis sûr, sauront l'y trouver plus tard.

C'est donc, en définitive, la liberté chrétienne que je voudrais examiner ici, et sur les limites de laquelle je crois si utile que chacun soit parfaitement éclairé. Ce n'est donc déjà plus une pure théorie qu'il est possible de faire, et le moment est évidemment venu où il faut entrer dans le domaine de l'application, en ce sens que le travail doit, dès à présent, se réduire entièrement à étudier et méditer le code adopté, qui est pour nous l'Évangile du Christ, et en tirer toutes les conséquences, de manière qu'il nous devienne un guide sûr dans la conduite que nous avons à tenir en ce monde.

Ainsi donc il est impossible d'aller plus loin sans faire exclusion complète de tous ceux qui ne croient pas en l'Évangile et n'ont pas en lui une foi et une confiance absolues. Cette exclusion une fois faite, je ne me trouve plus entouré que de vrais chrétiens, ou d'hommes au moins animés du plus sincère désir de le devenir, d'hommes, enfin, qui n'aspirent qu'à une chose, c'est-à-dire à connaître exactement les droits que leur donne leur titre et leur qualité de chrétien, afin d'être à même de les réclamer, et les obligations que cette qualité leur impose et devant lesquelles, quelles qu'elles puissent être, ils sont déterminés, au nom du Christ, à ne jamais reculer. Le premier travail dès lors consiste donc à lire attentivement le code, de manière à se pénétrer de ses ordres et de ses préceptes. Cela fait, la discussion peut commencer : les bases sont posées et acceptées de tous. Le travail qui doit venir ensuite, et qui consiste à examiner toutes les conséquences que peuvent et doivent avoir dans la vie humaine, individuelle et sociale, les préceptes évangéliques, ne peut plus être infructueux; car les bases étant fixes et les mêmes pour tous, il semble bien difficile, la meilleure foi d'ailleurs régnant partout et chez tous et présidant au débat (et il ne peut pas en être autrement parmi de vrais chrétiens), que l'on ne finisse pas toujours par s'entendre et que l'on n'en arrive pas tôt ou tard à de définitives et irrécusables conclusions.

C'est là l'inappréciable avantage que nous aurons toujours sur nos adversaires, les socialistes; ceux-ci, en effet, manquent précisément de ce qui fait notre force. Chacun d'eux, quelque soit leur nombre, a, nous le savons, sa croyance à lui, croyance avec laquelle il n'admet certes pas de transaction. Donc, tant qu'ils s'attaquent à l'ennemi commun, qui est en définitive la société issue de l'Évangile, le but étant commun à tous, une sorte d'harmonie, qui n'est qu'un désir commun de destruction, règne entre eux et leur donne une force qui ne laisse pas que d'être redoutable et redoutée. Les événements de 1793 et de 1848 nous montrent jusqu'où ils peuvent aller, tant que Robespierre, Babœuf, Fourrier, Saint-Simon, Cabet, Considérant, Proudhon, Louis Blanc, etc., peuvent agir d'un commun accord. Mais ces mêmes événements nous donnent aussi le spectacle des dissidences qui s'élèvent bientôt entre eux et de la désunion qui en est la suite, dès que l'ennemi commun, la seule chose qui soit commune à tous, n'existe plus ou est censé ne plus exister, et que le moment est enfin venu d'appliquer et de mettre en pratique leurs théories. J'ai toujours regretté, pour ma part, que l'Assemblée de 1848, au sein de laquelle se formaient tant de commissions, n'en ait pas suscité une qui aurait eu pour titre, par exemple, *Commission d'organisation sociale*, et dont auraient naturellement fait partie, et uniquement même, tous ceux qui, de près ou de loin, pouvaient prétendre au titre de réformateur, qui arrivaient enfin armés d'un ou plusieurs projets de réforme sociale et fondamentale. Basée sur ce principe que la vérité est forcément une, qu'il ne peut y avoir qu'une vérité, l'Assemblée était parfaitement en droit d'exiger de ces messieurs qu'ils s'entendissent tous, de les mettre en demeure de présenter un projet de société, quel qu'il fût, mais reconnu bon et adopté par tous, unique enfin comme la vérité. Qui sait si, contrairement au proverbe, les loups ne se seraient pas mangés entre eux, et ne nous auraient pas, en agissant ainsi, évité la déplorable effusion de sang qu'amena leur insuccès oratoire, et la perte de la liberté, dont nous leur sommes si évidemment redevables?

Mais ceci est en dehors du sujet qu'il s'agit de traiter, et ce n'est certes pas la liberté qui aurait pu sortir d'un pareil débat que je prétends préconiser et que j'ai l'intention d'examiner ici. Nous supposons, au contraire, le débat parfaitement clos et terminé, puisque nous admettons, par cela seul que nous sommes chrétiens, que Dieu est venu lui-même mettre fin à la discussion et aux désordres qu'elle pouvait entraîner, et nous remettre entre les mains la solution complète du problème. Aussi tout ceci n'est-il dit que pour montrer combien j'hésite, admettant la solution trouvée, à en venir à la pratique et à l'expérimentation. Je serais, pour mon compte, bien d'avis d'en rester là et de laisser à un chacun le soin d'étudier et d'interpréter le code, d'y puiser tous les enseignements qui peuvent lui être utiles comme règle de conduite, y chercher enfin, ce qu'il est sûr d'y trouver, l'énoncé clair et net de tous les devoirs qu'il a à remplir et de toutes les obligations auxquelles il est tenu. Libre à chacun, du reste, soit de travailler seul et de lui-même, soit de s'en rapporter à d'autres aux lumières desquels il peut avoir confiance, soit enfin de se réunir à d'autres et de donner lieu à ces discussions purement de détail, où pas un mot ne s'attaque aux bases elles-mêmes et desquelles il ne peut naître, tôt ou tard, que lumières et vraies conclusions.

Néanmoins on est tellement exposé à rencontrer chez un grand nombre, chez un trop grand nombre d'hommes, le défaut de paresse et d'indolence que je veux bien tenter un petit effort, au lieu et place de celui qu'ils devraient faire eux-mêmes, à cette fin de les mener, autant que possible, au résultat, en leur épargnant le plus possible de travail. C'est dire que je ne veux que causer avec eux, disserter un instant sur la matière en question et nullement faire un traité complet, qui dispense tout le monde de chercher, et qu'il suffise de lire pour parfaire son éducation. D'ailleurs, il est évident qu'à partir de ce moment, le champ devient beaucoup plus vaste; les principes existent, voilà ce qui seul est pour nous incontestable; mais il s'agit de les interpréter et, tous n'ayant pas le même jugement ou la même rectitude de jugement, cette interprétation peut bien différer un peu de l'un à l'autre, et il ne faudrait pas moins qu'un jugement parfait pour en arriver à des conclusions parfaites. Néanmoins, je crois fermement que les divergences d'opinion qui peuvent s'élever entre tous ceux que nous avons appelés vrais chrétiens, ne peuvent être guère que des nuances diverses, et dont la diversité, toute superficielle, ne peut certainement pas donner lieu à de bien terribles catastrophes dans l'existence d'une société. L'avis que j'émettrai ne pourra et ne devra donc compter que comme un de plus, car je ne peux faire ici autre chose que donner quelques idées sur mon jugement personnel, quelques exemples des résultats obtenus par ma propre étude et interprétation. Aussi, ne puis-je exiger qu'on y attache plus d'importance que n'en mérite un homme seul, qui n'a d'autre prétention, mais qui a droit à être pris pour tel, que d'être chrétien sincère et convaincu. Mais, n'oublions pas qu'il est écrit : « Cherchez » et « vous trouverez. » L'ordre de chercher est formel, et la découverte assurée à ceux qui cherchent, avec le maître et à ses côtés. Il y a là de quoi donner courage à ceux auxquels l'ordre ne suffirait pas; et cela montre aussi que nous ne devons jamais cesser de chercher, que nous aurons toujours à chercher, que la vérité absolue, enfin, n'est pas de l'ordre des choses qui sont à la portée de l'homme; que l'homme, par conséquent, ne doit pas considérer cette vérité comme un but qu'il peut et doit atteindre, mais un but vers lequel il doit tendre : c'est ce but duquel il doit chercher à se rapprocher indéfiniment, et dont il approchera certainement à mesure qu'il avancera, mais, hélas! comme la courbe assymptotique se rapproche indéfiniment de son assymptote, sans jamais l'atteindre. C'est dire en d'autres termes, que l'homme aspire indéfiniment vers Dieu, l'être parfait, la toute vérité, et tendra toujours à s'en rapprocher sans jamais pouvoir arriver jusqu'à lui. Ceci posé, il est aisé de faire comprendre la véritable idée que l'on doit se faire de la liberté : c'est que la liberté existe aussi, comme toute chose, à l'état de vérité absolue; que cette liberté, vérité complète et absolue, n'est pas à la portée de l'humanité; que l'humanité ne peut que la comprendre, ou plutôt en soupçonner l'existence, et doit, non pas l'exiger comme une chose à laquelle elle a droit, encore moins la décréter du jour au lendemain, mais tendre, par son travail, vers elle, avec cette persévérance qui naît d'un désir violent et continu d'atteindre ce but qui a pour elle tout l'attrait de la vérité.

C'est cet attrait puissant qui nous entraîne tous, absoment tous, vers la liberté, qui est le mobile de toutes nos actions. Nous cherchons à assurer, en premier lieu, le pain nécessaire à notre existence matérielle, afin d'être, aussitôt que possible, débarrassés des liens qui nous attachent à ce misérable corps, en société duquel notre âme est condamnée à vivre. Tous nos efforts, quels qu'ils soient et quel que puisse être leur but apparent, tendent vers cette liberté complète et absolue, que nous n'atteindrons jamais en entier que dans l'autre monde, quand notre âme, débarrassée de ses liens terrestres, aura su la mériter. Mais tous, hélas! ne cherchent pas à l'obtenir par le même moyen. Beaucoup, trop impatients d'y parvenir, ne consultant que leur propre et seul intérêt et leur misérable égoïsme, cherchent, par la force, à augmenter la part à laquelle ils ont droit, en empiétant sur celle d'autrui. L'homme n'est malheureusement que trop enclin à se laisser aller sur cette pente si glissante, et à suivre une voie si séduisante. Mais ce n'est pas elle que nous devons recommander; c'est cette voie, au contraire, qu'il est de notre devoir de chrétien de signaler et de condamner. Car la liberté, c'est le pain de l'âme; et nous sommes tous condamnés à gagner ce pain, comme celui de notre corps, à la sueur de notre front. Prendre sur la part de liberté qui revient à chacun pour en augmenter la nôtre, c'est voler aux autres le pain, plus précieux encore que celui du corps, celui de leur âme, et les mots : tu ne voleras pas, sont aussi bien la condamnation de l'esclavage, que celle du vol matériel et palpable.

Ceux qui ne songent donc qu'à leur propre liberté, et cherchent à l'échafauder sur celle des autres, ne peuvent être que des voleurs, dans la pire acception du mot. A nous donc de les dénoncer, si cela est possible, en tâchant de donner à chacun le sentiment vrai de la liberté, de celle à laquelle l'homme a droit, non par la conquête, mais par le travail, la seule et unique source de tous les droits; source lente, il est vrai, mais la seule à laquelle l'homme, après sa première condamnation, a conservé le droit de puiser.

L'humanité, ou, pour restreindre le champ d'observation, une société, arrivée à une époque donnée, à celle où nous vivons, par exemple, a droit, droit acquis par son travail antérieur, à un somme déterminée de liberté. Et cette somme, étant d'ordre fini puisqu'il ne s'agit pas de Dieu, c'est-à-dire fixe et déterminée, nul ne peut individuellement réclamer et posséder plus que sa part exacte, plus que la part que son propre travail lui a acquise, sans diminuer celle des autres. Cette somme de liberté, chaque génération la reçoit à titre d'héritage de la génération qui l'a précédée, tout et absolument comme un fils reçoit des mains de son père, la quantité de travail accumulé par lui ou jusqu'à lui. Cette somme étant fixe, il en revient à chacun une part proportionnée à la quantité de travail qu'il a fait ou qu'il a reçu directement tout effectué des mains de ses bienfaiteurs. C'est dire que chacun a droit, sur la liberté commune, à une part proportionnée au travail qu'il a fait pour en augmenter la somme totale. Or, la munificence d'une société en fait de liberté comme en toute autre chose, ne pouvant être indéfinie comme celle de Dieu, un membre de la société ne peut obtenir d'elle plus que la part qui lui revient de droit, sans diminuer, plus ou moins, celle de tous les autres membres. Chacun est donc en droit et en devoir de réclamer sa part, mais en se tenant scrupuleusement renfermé dans les limites exactes de ses droits. Cette juste mesure n'est malheureusement pas naturelle à l'esprit de l'homme ; et c'est précisément pour imposer un frein à l'excès de cette aspiration individuelle, et sauvegarder, contre les accapareurs, la part de tous, que les restrictions humaines deviennent nécessaires; d'autant plus nécessaires que le nombre des ambitieux égoïstes et paresseux est plus grand, et d'autant moins nécessaires que ce nombre est plus restreint.

Contre quels hommes peuvent donc avoir à s'exercer la loi et sa transcription humaine, l'autorité? Précisément contre ceux qui aspirent le plus ardemment à la liberté, si ardemment qu'ils en perdent la pure notion du juste et de l'injuste, et se laissent entraîner sur cette pente glissante qui les amène à accroître leur liberté de la part qu'ils peuvent parvenir à soustraire à d'autres. Rien de plus facile, la liberté ayant sa source dans le travail, que d'apercevoir et de comprendre ce désir violent de l'homme, qui veut jouir de la liberté de ne pas travailler, si cela lui déplaît ou le fatigue, et cherche à profiter et à vivre du travail d'autrui. De là l'esclavage et cette idée, à laquelle l'esprit se fait et s'habitue, tellement l'on croit ce que l'on désire, tellement est puissante l'illusion que l'homme arrive à se faire pour excuser ses propres fautes, cette idée, dis-je, que tous les hommes ne sont point égaux, et que des races entières ont été appelées ou condamnées à servir les autres et à travailler pour elles; de là cet esclavage, auquel Rousseau, avec sa logique certaine, concluait, malgré la répugnance qu'il lui inspirait, dès qu'il cherchait à obtenir, sans la condition du travail préalable, d'un seul coup et du jour au lendemain, cette liberté complète et absolue vers laquelle l'homme ne peut qu'aspirer, et qui ne peut exister, sur terre, qu'au profit du petit nombre et aux dépens du grand. Mais, nous l'avons dit, ce n'est pas cette liberté, si séduisante qu'elle puisse nous paraître, à laquelle il nous est permis, à nous chrétiens, d'aspirer, celle enfin que le Christ nous a appris à comprendre, à désirer et à gagner.

Que l'on remonte à la plus haute antiquité, et qu'on en vienne à l'examiner sous tous ses aspects, absolument tous, et non uniquement sous ce côté attrayant et pompeux sous lequel, hélas! on ne nous enseigne que trop à la considérer. Les Athéniens étaient libres, plus libres que nous ne le sommes assurément. Aussi le temps, les loisirs dont ils disposaient, ils le donnaient à la politique, aux arts de toutes sortes. Mais était-ce bien seulement chez eux une qualité qui les rendait propres à créer des merveilles? N'était-ce pas plutôt un privilége? Et ce privilége, ne le devaient-ils pas tout entier à ce peuple, *servum pecus*, qui travaillait pour eux et à côté d'eux? Aussi est-il parfaitement possible que la somme de liberté dont jouissaient les Athéniens fût supérieure à celle qui semble nous être dévolue; mais il est fort douteux que les choses conservassent le même aspect si on examinait le fond même des choses, et que la moyenne de liberté des Athéniens et de leurs esclaves réunis dépassât et atteignît même celle dont nous nous sommes rendus possesseurs. Qui oserait mettre en doute que l'Anglais ne soit plus libre que le Français? Et cependant que l'on fasse soigneusement des deux côtés du détroit la somme totale de liberté, et que, ces deux sommes ainsi obtenues, on partage rigoureusement l'une entre les trente-huit millions de Français et l'autre entre les quatre-vingt millions de sujets de Sa Majesté Britannique : je me plais à croire, je suis même très-fermement convaincu, que tout l'avantage serait de notre côté, et cela hors de toute proportion. Ceci revient à dire qu'une moyenne parfaitement fixe de liberté, due en entier à son travail libre, est due à chaque membre de la société, moyenne dépendant de la somme entière et variant avec l'état d'avancement de la société que l'on considère, et qu'un membre quelconque de cette société ne peut augmenter la part qui lui revient naturellement et justement, sans diminuer celle des autres. La source de la liberté étant, comme celle de toute chose à laquelle l'homme peut avoir droit, le travail, et uniquement le travail, on peut dire d'elle ce que l'on dit de la fortune publique évaluée dans son entier et dans toutes ses parties : c'est que la part de chacun est forcément limitée et proportionnée au travail effectué par lui, ou reçu par lui tout effectué des mains de ses bienfaiteurs, et que chacun ne peut accroître, plus qu'il n'est juste, sa part sans prendre sur celle d'autrui.

L'exactitude du principe que je viens d'émettre est incontestable quand il s'agit d'une société prise à un moment donné; mais il n'en est plus de même quand il s'agit de l'avenir. L'homme, en effet, ayant alors le temps devant lui, et, je l'admets, la libre disposition de ce temps, peut l'employer à accroître sa liberté individuelle, non-seulement sans diminuer en rien la liberté de tous, mais même en en augmentant la moyenne générale. Ce qui veut dire que l'homme est toujours, et à tout instant donné, susceptible, par son travail seul et à l'aide du temps qui est nécessaire à ce travail et à la venue de ses résultats, d'accroître sa part de liberté. Je remonte trop haut, en tout ceci, vers la source de tous nos droits, le travail, pour pouvoir éviter de confondre et de mêler l'un à l'autre tous ces droits, dont l'origine est et doit être commune; la liberté et la propriété se cotoyent ici de tellement près, qu'elles en arrivent forcément à une fusion presque complète : tellement l'âme et le corps sont fortement chevillés l'un à l'autre, tellement notre misérable corps a d'impérieux besoins, qu'il faut avant tout satisfaire, dont la satisfaction retient constamment notre âme près de terre et l'empêche de s'envoler aussi haut qu'elle le voudrait, faible corps, véritable tyran de cette association qui ne peut se rompre qu'avec la cessation de notre vie terrestre, et le jour seulement où notre âme pourra enfin s'élancer librement vers un monde meilleur.

La première liberté que le travail peut donner à l'homme, c'est donc de relâcher ces liens qui rivent l'association aux besoins du corps. Le premier effort de l'homme, qui aspire à la liberté, est donc de lutter contre ces besoins physiques, et d'acquérir les moyens d'en assurer la satisfaction. Deux procédés s'offrent à lui : le premier, le seul chrétien, c'est le travail, le travail auquel il se livre lui-même, qui lui fait acquérir, lentement il est vrai, à la sueur de son front, selon l'ordre qui lui a été donné, lui fait acquérir, dis-je, accumuler et léguer après lui, s'il n'a pu ou n'a voulu en jouir, à ceux qui lui sont chers, les ressources nécessaires pour apaiser et faire taire les cris et les incessantes réclamations de la portion toute matérielle de son être. Le second procédé, c'est celui que peut lui fournir la force dont il dispose : grâce à elle, il peut, en effet, s'arroger tout ou partie du travail effectué par d'autres, et étayer sa liberté de la liberté d'autrui ; c'est, en un mot, l'exploitation de l'homme par l'homme; c'est l'esclavage, cette plaie de l'humanité que le Christ est venu tout exprès pour combattre et détruire. Mais s'il condamna et parvint à faire repousser cet esclavage brutal et direct, auquel le monde était en proie lors de sa venue, il ne changea pas l'homme et ne détruisit pas cette funeste propension qui existe toujours en lui, par suite de laquelle il fait comme un effort sur lui-même pour en arriver, en quelque sorte, à excuser et à sanctifier son égoïsme : cet égoïsme grâce auquel il se fait si facilement les yeux à l'inégalité sociale. Aussi, si l'esclavage fut condamné, le servage reste une invention toute chrétienne, et la superposition de race, qui l'avait produit, vient à peine de prendre fin dans notre France très-chrétienne.

Nous sommes tellement éloignés, nous qui parlons liberté, des temps où l'homme ne pouvait encore rêver, en fait de liberté, que la satisfaction assurée de ses besoins matériels, que nous avons comme oublié ceux-ci, ne daignons plus en tenir compte, les considérant comme d'ordre trop inférieur, et tenons à peine compte à nos pères des prodigieux efforts qu'ils ont dû faire pour conquérir à leurs enfants cette première et si indispensable part de liberté. Nous avons tout loisir de cultiver nos intelligences, et, tant est puissante et insatiable l'aspiration de l'homme, nous nous plaignons encore et nous trouvons esclaves. C'est donc la politique seule, qui tant nous préoccupe, qu'elle nous semble presque être à elle toute seule toute la liberté. Serait-ce donc que nous les avons toutes acquises, excepté elle, qu'il semble que nous n'ayons plus à nous en occuper, et que dès lors il ne peut plus nous rester qu'à compter avec l'autorité? Le progrès social, ai-je dit dès le principe, conséquence du progrès matériel et moral, est le résultat d'une conquête de la liberté sur l'autorité; cela est vrai et je le répète s'il le faut; mais ce progrès social, le progrès matériel et moral ne doit-il pas forcément le précéder? Tout le progrès consiste-t-il donc dans la conquête? Et cette conquête, pour être fructueuse, doit-elle être autre chose que la sanction du progrès accompli, une consécration des résultats obtenus par le travail? Aux yeux de qui, enfin, une révolution peut-elle être la cause de la liberté? Sera-t-elle, pour nous, autre chose qu'une émeute, avortée ou réussie, si le progrès social ne s'est fait, si le mouvement de la nation, qui soulève bruyamment sa robuste poitrine, a un but autre que celui de forcer l'autorité, qui résiste, à reconnaître et à sanctionner le progrès accompli, le résultat obtenu? Non, une révolution ne fait point et ne peut pas faire la liberté, cette liberté pour tous que le Christ nous enseigne; elle ne peut être que le dernier acte, le dénoûment, le couronnement de la période sociale et le plus simple, le plus facile effort de tous ceux qui ont dû être faits pour arriver à ce couronnement. La Bastille tomba sous les coups des derniers instruments et non des auteurs de la liberté, et, si elle tomba, c'est que la marche du temps et le travail accompli l'avaient rendue inutile;

c'est que dès lors elle ne pouvait plus être qu'un monument, un triste souvenir de l'époque où elle était indispensable. Un instrument est aujourd'hui nécessaire entre les mains de l'autorité; suffit-il, pour conquérir la liberté, d'arracher cet instrument des mains qui le tiennent? Ne faudra-t-il pas bientôt le rendre à l'autorité, et plus fort qu'auparavant peut-être, si l'effort fait pour le lui arracher n'a pas été rigoureusement et scrupuleusement précédé de tous ceux qu'il faut faire pour le rendre inutile? Sont-ce enfin autre chose que des enfants, si hommes qu'ils soient, ceux qui prennent ainsi obstinément l'instrument pour la cause, qui croient qu'il n'y aura plus de voleurs le jour où il n'y aura plus de prisons, et qui ne songent pas que ce ne sont point les gendarmes qui ont édifié ces prisons, mais bien les vices de l'homme sur lesquels elles sont fondées; et qu'elles ne crouleront définitivement que le jour où les bases leur manqueront? Sont-ce des hommes, enfin, ceux qui croient que, pour atteindre à la liberté, il suffit de l'inscrire en grandes lettres sur le fronton de tous les édifices publics, et que la république existera du jour où elle sera proclamée? Ceux de nos pères qui luttaient courageusement contre les résistances d'un sol encore vierge et qui n'aspiraient qu'à voir ce sol répondre à leurs incessantes demandes, avaient sûrement et devaient avoir une bien autre idée que nous de la liberté; ils auraient difficilement compris que toute la liberté se résumât au droit de donner son avis sur la couleur d'un drapeau, et le nom à donner à l'autorité!

Ah! si nous avions plus de bon sens et de raison,

nous apprécierions mieux et plus justement le sort qui nous a été fait, et nous montrerions plus reconnaissants envers nos pères, aux travaux desquels nous le devons. Si au moins l'orgueil ne nous aveuglait pas, nous n'aurions pas la sottise de nous pavaner ainsi en conquérants, prêts à monter sur le char triomphal, et de croire que tout ce que nous avons, nous l'avons conquis nous-mêmes, et le devons à nos bruyantes et fastueuses descentes dans les rues. Des enfants! de grands enfants! voilà ce que nous sommes. Et donnons-nous un instant la peine de faire notre examen de conscience, et nous verrons si nous méritons un autre titre. J'ai déjà parlé de l'étonnante facilité avec laquelle nous nous parons ou plutôt nous affublons, en France, d'une opinion, d'une couleur politique. Chacun fait don de sa foi, croyance ou sentiment, à une cause, c'est là tout. Quant à se mettre, au préalable, à même de la servir, nul ne s'en préoccupe. Je suis légitimiste, dira l'un, et le voilà parfaitement satisfait de lui. Aussi, qu'arrive-t-il? En admettant le dévouement sans borne à la cause ainsi adoptée, à quoi se tient-on préparé? A descendre dans la rue, armé jusqu'aux dents, à cette seule fin d'expulser celui qu'on ne veut pas et mettre à sa place celui que l'on veut dans le moment où l'on agit. Là se borne, il faut bien l'avouer, toute la capacité politique de la plupart de nos compatriotes. Au delà nous ne voyons plus rien, et pour nous le problème est résolu à moitié, lorsque nous sommes parvenus à chasser l'un, et en entier, lorsque nous sommes arrivés à mettre l'autre en son lieu et place. Aussi quel moyen, dans de telles conditions, peut-on trouver de parvenir à ses fins? L'émeute, voilà tout, l'émeute réussie que l'on décore glorieusement et pompeusement du nom de révolution. Le moyen est au moins barbare, s'il n'est pas en même temps d'une incomparable naïveté; et je suis forcé d'avouer que, si le progrès était dû à de pareils actes, toute ma théorie du travail antérieur et nécessaire tomberait bien vite et d'elle-même devant sa vanité et le vide affreux qui se ferait au-dessous d'elle. Mais les résultats obtenus par le procédé sus-mentionné ne tardent pas, il faut le dire, à en faire bonne justice. Que se passait-il en 1848? Écrasés sous le despotisme politique de la monarchie constitutionnelle, on se soulève et on l'abat d'un coup de main, au nom de la liberté; après quoi on court joyeusement les rues de Paris jusqu'à ce que l'on aboutisse à l'empire. Jeux d'enfants, dira-t-on que de pareilles révolutions, passe-temps de gamins : c'est tout joie et plaisirs que d'aller pompeusement brûler un vieux fauteuil sur une place publique, au pied même d'une colonne, dont cette gaminade consacrait dignement la mémorable érection : soit, je le veux bien; mais aussi que faut-il pour ramener des enfants indisciplinés? La férule, cela est incontestable. Est-ce donc toujours le maître qu'il faut accuser d'une trop grande sévérité? N'est-ce pas souvent la légèreté et l'indiscipline des écoliers qui forcent le maître à être sévère?

Mais n'oublions pas l'extrême gravité du sujet qu'il s'agit de traiter en ce moment. Rien de plus simple, pour ceux qui veulent bien se donner la peine de réfléchir, que de comprendre combien le progrès matériel est utile au progrès moral, et combien même il est nécessaire qu'il le précède. Il en résulte évidemment que la liberté, notre liberté à nous chrétiens, devenant une conséquence, ne pouvant être autre chose qu'une conséquence du travail, étant enfin, bien qu'indirectement, une somme de travail accumulé, l'étude de cette question, si purement morale qu'elle puisse sembler au premier abord, rentre complétement dans les attributions de cette science dite économie politique, accusée à tort, par conséquent, de matérialisme exclusif; que les lois qui régissent la liberté doivent être soumises aux principes économiques, et qu'il n'est ni permis ni possible de s'écarter de ceux-ci sans nuire à celle-là. Il est évident, du reste, que le progrès moral ne peut venir que du travail moral de l'homme, que ce travail moral ne peut être possible qu'avec la liberté ou une certaine somme de liberté, en ce sens que, pour être libre de s'y livrer, l'homme doit pouvoir disposer de son temps et avoir, par conséquent, en mains les moyens de se dispenser de tout ou partie du travail matériel. Le travail moral, qui produit les sciences, les arts, la littérature, la musique, etc., ne pouvant être effectué que par des hommes dispensés de tout travail matériel, rien de plus facile à expliquer que ce double sentiment qui se manifeste en nous, c'est-à-dire l'enthousiasme dont nous sommes pleins au sujet de l'antiquité grecque et romaine, à côté de l'horreur qu'elle nous inspire. Ces loisirs, en effet, cette liberté que nous avons reconnus indispensables au travail moral, les Grecs et les Romains les possédaient infiniment mieux et plus que nous; seulement, ils ne devaient cette liberté qu'à l'esclavage, et ces loisirs qu'au travail que des esclaves faisaient pour eux et à leur place. Or il semble que le christianisme, qui est notre cœur, notre amour et notre vie, ne fût venu au monde que pour prononcer en quelque sorte la déchéance des arts et des sciences. La raison en est toute simple, c'est qu'il était venu détruire l'esclavage et toutes les formes possibles d'inégalité sociale, et faire une loi à chacun de gagner lui-même son pain, de ne le devoir qu'à son travail et non plus au travail d'autrui. Il ne fut plus, en un mot, permis au chrétien que d'acquérir et non de conquérir. Or si la conquête est simple et rapide, il n'en est pas de même de l'acquisition, qui est toujours lente et laborieuse. Il est dur de renoncer aux arts, mais il est encore plus dur à une âme vraiment honnête et chrétienne de prendre à d'autres et sur d'autres le temps et la liberté qu'il est indispensable de posséder pour les cultiver avec fruit. Nous consentirons donc à admirer l'antiquité et les merveilles qu'elle a produites; mais nous nous consolerons en pensant que ces merveilles étaient dues à l'horrible plaie de l'esclavage, que tous les chefs-d'œuvre parvenus jusqu'à nous ont bien de la peine à nous faire oublier et pardonner. Si beaux que puissent donc sembler et être réellement les résultats obtenus par l'esclavage, nous dirons anathème sur lui, et nous nous faisons, en notre qualité de chrétiens, un devoir d'en extirper jusqu'aux dernières traces et souvenirs; la liberté de tous ne peut qu'y gagner, et tout le reste avec elle.

Il fut un temps où l'histoire de notre pays, de la France, n'était autre chose, pour ainsi dire, que la biographie de nos rois. A peine en sommes-nous venus plus tard à y comprendre les faits et gestes de quelques grands personnages, grands vassaux et hauts dignitaires de la couronne, qui semblaient seuls mériter un peu de notre intérêt. En ce moment-ci nous devenons infiniment plus difficiles à l'égard de ceux qui se vouent à la science de l'histoire. Ce que nous leur demandons impérieusement, c'est l'histoire, non-seulement des rois, non-seulement de l'aristocratie, mais bien de toutes les classes de la société, à toutes les époques dont ils nous entretiennent. Or, pourquoi cette sévérité que nous montrons à leur égard ne s'étend-elle pas aussi sur les historiens de l'antiquité? Pourquoi, enfin, autoriserions-nous des hommes qui assument précisément sur eux la plus grande peut-être de toutes les responsabilités, l'éducation de la jeunesse, à défigurer, — et je me crois en droit de parler ainsi, — l'histoire des peuples de l'antiquité? Que l'on cherche à exciter l'admiration des jeunes gens à la vue des grandes actions dont ces peuples ont été les héros, qu'on leur apprenne à admirer les œuvres sublimes qu'ils nous ont léguées, et qu'on les mette à même de les apprécier, cela se comprend et doit être hautement approuvé; mais de là à leur montrer uniquement le beau côté des choses, dans l'antiquité, laissant rigoureusement dans l'ombre ce qu'elles coûtaient, les cruelles misères qui en ont été la compensation, il y a, ce me semble, de graves et importantes considérations absolument négligées, d'autant plus que, par suite des progrès dont je parlais à propos de notre propre histoire, on semble prendre à tâche, au contraire, pour ce qui nous regarde, de rabaisser nos héros en s'efforçant de montrer à nu toutes les calamités dont ils furent cause et aux prix desquelles ils se firent grands. Que peut-il en résulter? Évidemment ceci, c'est que nos jeunes gens, à une époque de la vie où l'esprit est si facilement impressionné, se prennent, et cela est bien naturel, d'un enthousiasme sans limite à la vue de l'antiquité que l'on présente à leurs yeux, la leur montrant sous un jour pompeux et brillant qui laisse bien loin dans l'ombre le prosaïsme de nos sociétés chrétiennes. Aussi voyez nos héros de 93, tout pleins de grecquisme et de romanisme, s'affubler des noms des héros qu'on leur avait appris à admirer sans réserve, et décidés à anéantir cette pitoyable et honteuse société chrétienne qui semblait être tombée sous leurs coups, et ne plus songer qu'à lui substituer au plus tôt et par tous les moyens possibles une société tout entière formée sur ces modèles antiques, qu'ils n'avaient appris qu'à admirer. Quels étaient les coupables? eux, ou leurs professeurs? Heureusement pour nous, ces sociétés n'eurent pas besoin, pour entrer en pleine décadence, d'attendre les coups du christianisme, qui sembla bien plutôt les remplacer que les détruire : c'est son action lente et presque invisible dans le principe qui l'a sauvé; car si le Christ fût venu attaquer en face et abattre d'un coup rapide les sociétés de Périclès et d'Auguste, on ne serait pas éloigné aujourd'hui de le maudire et de crier haro! sur le barbare. Que l'on étudie donc l'histoire d'un peuple, sous toutes ses faces, absolument toutes, sans en négliger une seule, car il n'en est pas une, si petite qu'elle soit, qui n'ait son importance. Je n'ai nullement l'intention de procéder ici à des réformes dans l'enseignement; je reste au contraire, si l'on m'a bien compris, parfaitement dans mon rôle en défendant, si bien que je peux le faire, la liberté chrétienne, et cherchant à confondre ceux qui, se posant en admirateurs et préconiseurs de la liberté antique, couvrent de leur plus souverain mépris cette autre liberté, bien différente, que Dieu nous a condamnés, et que le Christ nous apprend à gagner lentement et péniblement.

La liberté, la seule du moins que nous voulions accepter et que l'on soit en droit de réclamer ouvertement, c'est donc celle qui toute entière est due au travail; car c'est au travail seul, et à son propre travail, que l'homme vraiment honnête, ou chrétien, si on l'aime mieux, peut consentir à la devoir. Je dis donc, et ceci de la manière la plus formelle, qu'il n'est pas de signe plus caractéristique, plus sûr et plus infaillible, auquel on puisse reconnaître un chrétien, dans toute l'acception qu'il est possible de donner à ce mot, d'un homme qui ne l'est pas et qu'il faut par conséquent rejeter au nombre des socialistes, que le désir même de liberté qui existe en cet homme, le genre de ce désir, sa nature et l'expression qui le traduit au dehors. Toute la vie de l'homme n'est qu'un enchaînement de désirs, d'efforts pour arriver à les satisfaire, et de succès ou d'insuccès dans les efforts qu'il fait pour obtenir ces jouissances, qui sont la satisfaction de ces désirs; sorte de lutte incessante entre l'âme et le corps, entre les aspirations indéfinies de l'âme vers ce monde ou vers l'autre, et les besoins continus et les faiblesses du misérable corps qui lui sert d'enveloppe; ce corps, par son poids importun, retient l'âme rivée à la terre et l'oblige à ramper avec lui au lieu de la laisser libre de suivre cette impulsion ou plutôt cette attraction qui l'entraîne à monter, monter toujours et s'élever au-dessus de ce niveau si bas imposé à l'homme, pendant le faible espace de temps qu'il doit passer en ce monde. C'est de l'effort perpétuel de l'âme pour échapper à la tyrannie du corps et à l'esclavage auquel cette association de quelques jours la condamne, que proviennent ces aspirations vers la liberté indéfinie et sans limites au gré de l'âme, mais forcément restreinte par le corps. Et cette manifestation, en quelque sens qu'elle se produise, bonne ou mauvaise, cette aspiration vers la liberté sera d'autant plus grande, que l'âme d'où elle part sera elle-même plus grande, jouera un rôle plus grand, et tiendra une place plus grande dans l'association. Chez les âmes vraiment chrétiennes, susceptibles de grandeur comme toute autre, et plus que tout autre cette liberté tant désirée est la liberté de tous et pour tous, celle de l'humanité entière, celle qui ne s'alimente que de sacrifices, pour laquelle le Christ est mort sur la croix. Mais, à côté de cette liberté si belle, si justement enviable, qu'elle ne naît dans le cœur de l'homme qu'à l'exemple et à l'imitation du Christ, vient s'en placer une autre, l'aspiration aussi des âmes grandes et puissantes, mais liberté égoïste, individuelle, qui ne voit que soi-même, n'a d'autre but que soi et cherche à s'accroître par tous les moyens possibles, aux dépens, s'il le faut, de celle de l'humanité entière qu'elle écrase sans pitié, celle enfin dans laquelle l'âme ne cherche que sa propre expansion, et ne tend qu'à rejeter sur d'autres les obligations que lui impose le corps auquel elle est associée. Si la première manifestation est chrétienne, la seconde, certes, ne peut pas l'être. Ce sera donc, à nos yeux, la générosité même du désir de liberté chez l'homme, qui caractérisera le juste et le vrai chrétien; et son individualité, au contraire, sa personnalité, qui sera le signe indubitable du faux chrétien.

Ces deux manifestations du besoin et du désir de liberté sont, il faut le reconnaître, les deux extrêmes; mais entre elles deux vient s'en placer une autre qu'il est d'une haute importance de faire remarquer ici. Je veux parler de ce désir de liberté dont le germe est pour ainsi dire multiple, et que j'appellerai, si l'on veut bien, la liberté de caste. Il est des hommes, en effet, qui vouent leur vie à la réclamation de libertés ou de droits, aux dépens comme toujours et bien entendu de l'humanité entière, et au profit non d'un seul, non d'eux-mêmes, mais d'une collection plus ou moins nombreuse d'êtres humains. Tels sont les réclameurs de droits ou priviléges, qu'ils se dénomment aristocrates ou socialistes. Ces mots sont, je l'ai déjà dit, théoriquement synonymes; le but seul qu'ils ont en vue d'obtenir, ou plutôt la caste qu'ils ont le projet de favoriser, diffère; mais, qu'on le sache bien, toutes ces tendances à la liberté qui n'auront pas pour but l'humanité entière, sans exception d'un seul, mais seulement un seul ou un certain nombre de ses membres, ces tendances, dis-je, seront toutes de même ordre, également condamnables et préjudiciables à l'ensemble de la société. Seront donc chrétiens tous ceux qui réclameront la liberté au nom de tous, et socialistes tous ceux qui ne la réclameront, sous forme de droits ou priviléges, qu'au profit d'un seul ou de quelques-uns. Le mot de ralliement semble le même de part et d'autre, le même drapeau semble leur servir de guide à tous; mais que l'illusion cesse et que l'on prenne garde de s'y laisser prendre, car, bien loin d'agir d'un commun effort vers le but commun, les premiers travaillent pour la liberté et contribuent à son accroissement, et les seconds ne sont ni plus ni moins que coupables d'atteinte à la liberté. Conclusion : Tous les hommes aspirent à la liberté et à la possession; mais ceux-là seuls sont chrétiens qui ne veulent rien devoir, ni liberté ni possession qu'à eux-mêmes, et rien recevoir et réclamer qu'à titre de compensation et de rémunération de leurs peines et de leur propre travail.

Le véritable fondement, la base de la vraie liberté, c'est donc le grand principe de l'égalité sociale, de l'égalité des droits de tous. Le grand travail, le seul productif en fait de liberté, succédant aux efforts que fait l'homme pour se placer au-dessus de ses besoins matériels, c'est celui qui a pour but de détruire les abus et les privilèges de toute sorte, fût-ce le droit au travail, fût-ce le droit à l'aumône. Tous, en venant au monde, doivent avoir les mêmes droits et les mêmes priviléges, car le Christ appelle à lui tous les enfants des hommes, sans distinction de races et de classes. Toute loi qui fait naître un homme dans des conditions exceptionnelles et fatales, aussi bien de privilége que de misère, est donc condamnée au nom du Christ, et la même loi atteint également le lord anglais et le nègre esclave, abaissant l'un et élevant l'autre; car il est écrit de Dieu, que nous ne connaissons que par ses lois : *Deposuit potentes de sede et exaltavit humiles.* La liberté, c'est donc l'anéantissement, la suppression absolue de tout empiétement au profit des uns sur la liberté et le travail d'autrui; mais cela nous mène-t-il et peut-il nous mener à cette égalité absolue et fatale qui fait du bon l'égal du mauvais, du paresseux l'égal du laborieux, du fou ou de l'idiot l'égal de l'homme raisonnable et intelligent, et qui semble le rêve de tous les niveleurs socialistes? Non : Mais c'est plutôt cette égalité qui fait, devant la loi divine, le faible l'égal du fort; c'est cette égalité qui tend à élever tous les hommes, les plus avancés attirant à eux les retardataires, et leur faisant un devoir de les aider à avancer au lieu de leur donner le droit de les écraser; mais qui fait aussi un devoir à ceux qui sont en retard d'accepter avec reconnaissance et non de déchirer la main qui leur est tendue. Que ceux qui ont réussi aident les autres; que ceux aussi qui ont encore à faire leur chemin demandent conseil à ceux qui ont obtenu le succès, cherchent à suivre la voie qu'ils ont suivie et qu'ils leur indiquent, et acceptent sans orgueil le secours que l'on veut bien leur prêter.

On dira peut-être, en opposition à tout ce qui vient d'être dit, que les hommes ne naissent point égaux; qu'ils n'ont pas tous les mêmes droits; que les uns naissent riches et les autres pauvres. Les uns, il est vrai, naissent de parents riches, les autres de parents pauvres; mais quelle est la loi fatale qui fait qu'arrivés à l'âge d'homme, les uns seront riches et les autres pauvres? Quelle est, en France du moins, la loi qui fait que cette fortune, qui existe au moment où l'homme naît, lui reviendra forcément un jour? Qui est-ce qui dit que cette fortune ne sera pas, le jour où il serait appelé à la recueillir, la part d'un de ceux qui sont nés pauvres et déshérités? Sont-ce donc toujours les mêmes qui sont riches et les mêmes qui sont pauvres, et la fortune peut-elle être un instant confondue avec l'un de ces droits, accessibles seulement à quelques-uns et fatalement inaccessibles à tous les autres? Ne peut-on pas dire là, comme dans les rangs de notre armée, où la vraie égalité règne sûrement, que chaque conscrit emporte, en quittant le foyer, son bâton de maréchal dans son sac? A lui de le gagner, ce bâton, et de le mériter. L'empereur Napoléon Ier comprenait mieux que nous tous la véritable égalité, l'égalité sociale et chrétienne, le jour où, voulant la détruire et fonder une aristocratie nouvelle qui ne fût pas seulement un assemblage de titres pompeux et purement honorifiques, il prit, autant que semblait lui permettre le code même qu'il avait élaboré et avec lequel il crut pouvoir ainsi transiger, il prit, dis-je, exemple sur l'Angleterre, et institua les majorats. L'inégalité n'existe, en dehors de tout décret divin qui distribue comme il veut ses faveurs et toujours à ceux qui savent les mériter, en ce monde ou dans l'autre, l'inégalité n'existe réellement, c'est-à-dire ici légalement, que lorsque la fortune, — c'est à son point de vue que nous parlons, — est inaliénable entre les mains de son détenteur, et est au-dessus de l'atteinte même de ce détenteur. Mais cette qualité inaliénable n'est-elle pas aussi, — et nous montrons ainsi combien tous les grands principes sont entre eux en parfaite harmonie, — une véritable atteinte au droit de propriété? N'est-elle pas une insulte à celui même qui a été appelé à en jouir, une sorte de brevet d'incapacité qui le proclame inapte à la garder de lui-même et sans l'aide de l'autorité humaine, et une privation de liberté à lui imposée, qui lui ôte le droit d'en user à son gré, et en fait un véritable esclave? On le voit, l'esclavage est partout dès que l'on porte atteinte à la propriété, et il souffre de cet esclavage, il en supporte fatalement le contre-coup, celui-là même au profit duquel l'atteinte a été portée, et qui a la douleur de voir, dans l'avenir, un seul de ses enfants sûr d'être riche et tous les autres voués à une profonde et fatale misère. Que l'on ne cherche donc pas l'égalité absolue : Dieu seul peut la faire en créant tous les hommes égaux, égaux en qualités, en forces, en vices, etc. ; mais cherchons avec le plus ardent dévouement cette égalité sociale qui est à notre portée, qui demande, pour être édifiée, la négation et la destruction de tout privilége, sous quelque forme qu'il puisse se présenter, et qui est, je l'ai dit, la véritable base de la liberté chrétienne.

Propriété, liberté chrétienne, égalité sociale : telle est notre devise ; tels sont les grands principes qui nous viennent du Christ, et que je voudrais voir proclamer dans tout l'univers. Les moyens d'en obtenir la mise en pratique sont tous dans le travail et la destruction des obstacles. Ces obstacles, en dehors de ceux que peut nous opposer le monde matériel, sont tous dans l'abus de la force, dans l'égoïsme de l'homme, et dans les fausses interprétations ou la négation des principes évangéliques. Nous verrons mieux tout ceci se confirmer, en étudiant séparément, afin de les mieux faire comprendre, toutes les libertés, c'est-à-dire, chacun des aspects différents sous lesquels peut se présenter à nos yeux la liberté.

DE LA LIBERTÉ POLITIQUE

Je commence par la liberté politique, non que je la croie la plus importante de toutes, mais plutôt parce que c'est celle sur laquelle les yeux semblent le plus complaisamment se porter en ce moment; tant il est vrai que l'on n'apprécie bien son bonheur que lorsqu'on a cessé d'en jouir, lorsqu'on l'a perdu. Mais, je suis loin de la mettre dans mon esprit, en tête de toutes les autres; elle devrait, au contraire, à mes yeux, venir après toutes les autres, car elle n'est qu'une conséquence et pour ainsi dire le couronnement, et plus encore même, la récompense de toutes celles qui viennent avant elle, et qui ont dû préalablement être conquises. C'est aussi, et naturellement, celle que les intelligences, plus ardentes que raisonnables, plus pressées de jouir qu'aptes à acquérir, placent en première ligne, si même leur attention concentrée sur elle seule, ne leur fait pas oublier les autres, et ne leur fait pas prendre pour le fondement ce qui ne peut être que le faîte. Pour cette liberté, comme pour tout autre, et plus que pour tout autre, il faut, pour la posséder, s'en être rendu digne et avoir appris à la mériter. C'est, enfin, une maîtresse, non pas capricieuse et fantasque, mais grande et sérieuse, qui exige, avant de se donner, qu'on lui fasse une cour longue et assidue, et qu'on lui prouve la profondeur et la sincérité de l'amour que l'on a pour elle. C'est celle qu'il faut savoir conquérir au prix de longues et pénibles épreuves, mais dont nul décret, de si puissante main qu'il soit signé, ne peut forcer et violenter les volontés. Ce n'est aussi que, grâce à un respect profond et aux plus grands ménagements, qu'on peut arriver à la fixer près de soi, car son extrême sensibilité la rend craintive et méfiante, et le moindre essai de violence la fait bientôt s'exiler et s'éloigner de nous. Ce n'est enfin que, grâce à de consciencieux efforts, à de graves et sincères paroles, de celles, enfin, que l'on peut apprendre à l'école du christianisme, que l'on peut gagner son cœur, et il n'y a que la folie humaine qui puisse songer un instant à prendre de force la liberté, comme si force et liberté pouvaient un seul instant vivre en bonne harmonie, et se servir, pour se l'attacher, de liens qui violentent et compriment ses membres.

La violence n'est susceptible d'obtenir que la liberté égoïste, celle qui, ne profitant qu'à quelques-uns, se base en entier sur la part prise à tout l'ensemble du corps social. Mais celle-là n'a jamais qu'un éclat faux et trompeur, qui éblouit à peine un instant les yeux des nouveau-nés à la lumière, et ses racines ne peuvent reposer que sur des plaies sociales, et ne vivent que des douleurs qu'elle cause. Regardez donc en haut ceux qui en profitent, si vous voulez conserver un instant l'illusion et la voir belle et enviable, et gardez-vous de porter vos regards au bas de l'échelle, où vous serez exposés à ne trouver que misères et souffrances. Car là, l'échelle sociale, si haute qu'elle paraisse, est tellement étroite qu'on ne peut monter que lentement et l'un après l'autre, et ceux qui sont en haut deviennent un obstacle invincible à l'ascension de ceux qui sont en bas et qui seront réduits à consumer leur vie en impuissants désirs et en incurables regrets. Notre échelle à nous, doit être, au contraire, large et spacieuse, si large, que quel que soit le nombre de ceux qui sont montés, ceux-ci, loin de s'opposer à ce que les derniers venus montent aussi haut qu'eux, puissent, au contraire, désirer les voir monter avec eux et leur tendre la main pour les y aider; un mouvement incessant, un va et vient continuel doit se manifester tout le long de cette large échelle, car ceux qui se sont rendus dignes d'être placés au sommet, doivent pouvoir monter sans coudoyer personne, et ceux qui sont au sommet, et qui ne sont plus dignes d'y être, doivent pouvoir retomber jusqu'au plus bas degré, sans écraser aucun de ceux qui tentent de monter. Tel est le tableau que doit présenter aux yeux de tous le travail d'une société libre; tels doivent être les efforts de ceux qui veulent, pour cette société, la liberté, la vraie liberté, qu'ils tendent à élargir de plus en plus l'échelle, et non point à l'abattre d'un seul coup et obtenir ce résultat que personne ne puisse plus monter, mais aussi que tous soient forcés de rester en bas. Rétrécir autant que possible les échelons, c'est ce que veulent les aristocrates et les préconiseurs du privilége, afin de forcer tous, excepté eux, à rester en bas; faire descendre violemment ceux qui sont en haut, afin que tous soient au même, mais au plus bas degré, et supprimer même, s'il le faut, tout moyen de monter, c'est ce que veulent les socialistes, les propagateurs du mythe social et prétendu égalitaire; faire tomber les haut-montés pour se substituer à eux, sans autre profit pour l'humanité que de lui montrer l'injustice récompensée et couronnée de succès, c'est ce que veulent les ambitieux, égoïstes et intrigants, qui ne rêvent la liberté que pour eux seuls et nient d'avance les souffrances qu'elle coûtera; travailler à élargir indéfiniment les échelons, à les rendre le plus possible accessibles à tous, et pousser, aider tout le monde à monter, tout en avertissant, blâmant et réprimandant sévèrement ceux qui, trop pressés, ne s'apercevraient pas qu'ils écrasent un pied à celui-ci, une main à celui-là; tel est le devoir et tel est le but du vrai chrétien, de celui qui aspire au règne de la liberté du Christ.

Toute la question est là, au point de vue politique : ouvrir la voie d'ascension à tous, sans en excepter un seul, la faire aussi large que possible, et ne forcer ni les uns à monter ni les autres à descendre. Que ceux enfin qui sont en haut soient ceux qui sont bien et réellement dignes d'y être; que les plus haut placés soient les plus méritants, et que ceux qui restent fatalement au bas de l'échelle y soient par leur propre faute et ne puissent s'en prendre qu'à eux seuls; qu'ils n'y restent enfin que parce qu'ils sont incapables de monter et non parce que les places sont prises en haut et parce qu'on s'oppose violemment à ce qu'ils montent; que ceux enfin qui sont en haut ne s'y maintiennent que grâce à de nouveaux et incessants efforts, et qu'ils soient incessamment menacés, dans leur paresse et leur négligente torpeur, de se voir réduits à redescendre et obligés de céder leurs places à de nouveaux venus plus dignes qu'eux de les occuper. Il ne peut être fait, je crois, une théorie plus large et aussi plus complète que celle-là de la véritable égalité, de l'égalité sociale, la base de toute liberté, de la liberté politique surtout, si elle n'est pas cette liberté elle-même.

Mais cette liberté (on peut la voir ici comme ailleurs en parfaite harmonie avec tous les principes émis jusqu'à présent), cette liberté, dis-je, n'est pas et ne peut pas être de celles que l'on invente ou décrète du jour au lendemain. Des efforts lents et pénibles doivent être faits par chacun, par tous ceux qui aspirent à monter; car la liberté ne peut être que la récompense, et est la plus douce et la plus enviable récompense du travail. Le jour où Dieu chassa du Paradis terrestre l'homme qui avait désobéi à ses ordres, il ne le priva point de sa liberté, mais il lui créa des obstacles, qu'il le condamna, pour la reconquérir, à vaincre et à surmonter. Le travail seul devait être pour l'homme le moyen de se racheter et de se libérer des entraves que sa faute lui avait imposées. Le Christ n'est venu qu'aider l'homme dans son œuvre de rachat, le diriger, lui donner les ordres et les conseils qu'il devait écouter pour marcher le plus sûrement et le plus rapidement, et lui indiquer, en un mot, la voie, la seule voie qu'il devait suivre, non pour atteindre ce but, dont l'éloignement marqué par Dieu ne peut être, comme lui qu'infini, mais pour s'en rapprocher indéfiniment, l'espoir de l'atteindre ne devant disparaître qu'avec la vie du cœur de l'homme. La mort même, toute terrestre et matérielle, ne doit être, grâce au Christ et à ses enseignements, et pour ceux qui les auront écoutés et suivis, que l'entrée au sein de cette vie éternelle, où la liberté règne dans tout son éclat et toute sa plénitude, où l'âme humaine aura devant elle l'éternité pour jouir de son bonheur, l'éternité pour racheter les quelques fautes que son court séjour sur la terre n'aura pas suffi pour lui faire pardonner.

Mais cette voie de libération que le Christ est venu nous faire connaître, le Christ l'a-t-il montrée accessible aux uns, inaccessible aux autres? a-t-il marqué d'avance ceux qui seraient ses enfants et ses élus? N'a-t-il pas appelé à lui, sans distinction, tous les enfants des hommes? n'a-t-il pas plutôt rejeté loin de lui ce peuple de Dieu, au milieu duquel il était venu naître et qui l'a méconnu, pour se tourner vers ceux qui n'avaient jamais, avant lui, entendu la parole divine? Tous sont appelés; à eux de répondre, et s'ils veulent être les élus, à eux de s'en rendre dignes. La munificence de Dieu est infinie, et sa récompense atteindra tous ceux qui sauront la mériter; et l'un en la méritant et l'obtenant ne peut faire tort à un autre, en priver un de ses semblables. Telle doit être la liberté vers laquelle tous les hommes doivent tendre, cette liberté dont la grandeur et la somme, si je peux parler ainsi, s'accroît à mesure qu'on en mérite une part plus grande, qui s'accroît des efforts mêmes que l'on fait pour l'atteindre et en obtenir les bienfaits. Car, je l'ai dit, c'est une somme fixe et déterminée, à chaque époque de son existence, qui, en fait de liberté, est due à une société d'hommes; mais cette somme est susceptible de s'accroître, et cela sans limites assignables, grâce aux travaux que voudra faire dans l'avenir cette société au nom de la liberté et pour se rapprocher d'elle.

Mais à côté des obstacles, créés par la main de Dieu pour punir l'homme de sa désobéissance, viennent, hélas! s'en placer d'autres dus en entier à l'homme et à ses vices : ce sont ceux-là, puisqu'ils n'ont d'autre origine que la violence, vis-à-vis desquels la violence peut être permise, et qu'un décret, un trait de plume peut rayer et faire disparaître : ce sont ces obstacles qui n'ont de bases que dans des lois purement humaines, en dehors des lois évangéliques, opposées à ces lois, les seules divines et immuables. Tels sont les décrets tout humains de resserrement de l'échelle, d'exclusion de races et de superposition de races les unes sur les autres, ou d'égalité fatale et insurmontable, devant laquelle tous sont condamnés, bons et mauvais, courageux et lâches, laborieux et paresseux à rester en bas. Ce sont ces lois, ces décrets tout humains, qui n'ont d'appui que sur la force humaine et que condamne, loin de les soutenir, la volonté divine, qu'il est donné à l'homme d'abroger, qu'il est de son devoir de rechercher et d'anéantir. Mais pour ceux-ci même un travail long et pénible est le prix auquel la conquête doit être due. 89 a été, en France, non la conquête, mais la sanction et la consécration des droits acquis par dix-huit siècles de travaux et de souffrances. L'homme ne peut briser ses liens, si humains qu'ils puissent être, que le jour où, lui, est devenu trop fort pour être par eux comprimé, où ces liens devenus trop faibles, grâce à l'usure du temps, pour contenir sa puissance d'expansion.

89 a donc bien et hautement proclamé les droits de l'homme, mais les droits qu'il avait acquis par son travail. La nation secoua ses lisières, mais après avoir donné les preuves que ces lisières étaient usées par le temps, et qu'elle n'avait, elle, plus besoin de leur soutien. Gloire à la monarchie française, à cette monarchie de quatorze siècles, qui travailla sans relâche à user et détruire ces entraves humaines, à rabaisser l'orgueil et l'obstination de ceux qui tentaient d'envahir à jamais les hauts degrés de l'échelle sociale, et relever le courage et le moral de ceux, à l'abrutissement desquels les ambitieux égoïstes et personnels peuvent seulement devoir leur élévation constante et trop souvent imméritée. La victoire est obtenue : car, pour nous, la largeur de l'échelle est infinie, et il n'y a parmi nous ni élévation ni abaissement fatal. Tous sont appelés à monter, et ceux qui sont en haut, ne craignant plus de se voir dépossédés par l'ascension des nouveaux venus, ne songent plus qu'à aider et attirer à eux ceux qui sont encore aux derniers degrés. Telle est la cause des efforts incessants, heureux ou malheureux, habiles ou mal dirigés, faits

chaque jour pour l'éducation morale du peuple. Tous doivent être instruits, mais parce que tous sont appelés; il est inutile, en effet, d'apprendre à courir à ceux auxquels il ne serait jamais permis que de marcher lentement. D'après la loi actuelle, le dernier né d'aujourd'hui est appelé à donner son avis, dont le poids peut égaler celui de tout autre; tous donc doivent être mis ou doivent se mettre à même de le donner. Le self-government ne peut être inauguré que chez une nation qui a donné les preuves d'une suffisante éducation politique. Instruisons donc tous ceux qui sont destinés à donner leur avis, c'est-à-dire tous les Français, car la liberté politique ne peut être en ce moment que la récompense de ce travail moral qui n'a d'autre limite que l'éducation de tous.

La fortune, car il ne faut pas ici chercher à jouer sur les mots et faire des rêves irréalisables, la fortune, dis-je, fournit à l'homme qui la possède des loisirs qu'il lui est donné d'employer à son éducation morale, au développement de son intelligence. De la somme des loisirs, on a longtemps conclu le degré de capacité, et les preuves de fortune ont dû être dès l'origine les seules preuves admises, comme les plus probables au moins de capacité politique. Le cens fut inventé; mais à mesure que le progrès se faisait, que les lumières se répandaient dans les rangs, même les plus bas de la société, on en vint bientôt à comprendre que la richesse n'était pas une indispensable condition de capacité, qu'elle était loin souvent d'en être une preuve suffisante, que la richesse matérielle n'était pas la seule, enfin, et qu'il en était venu se placer à côté d'elle une autre, plus méritante, plus utile et plus digne de considération, la richesse morale et intellectuelle. Celle-ci, pas plus que la première, n'est pas toute un don du hasard, un bienfait providentiel; la liberté l'atteint aussi en même temps que la responsabilité, puisque, comme la première, elle peut, par suite des efforts de l'homme, s'augmenter et s'étendre. Le riche enfin n'est pas seulement celui qui aligne le plus beau total d'écus, c'est aussi celui qui a reçu de Dieu une puissance intellectuelle et morale, qu'il est tenu de développer et d'entretenir, et dont il est responsable vis-à-vis de Dieu et de l'humanité. Mais si la responsabilité intellectuelle incombe à l'homme, s'il est redevable envers la société des dons moraux qui lui ont été départis, est-il permis, chrétiennement parlant, de lui ôter les moyens de rendre à la société les services qu'il est appelé à lui rendre et qu'il est tenu de lui rendre? Non, sans doute; et dès lors, on le voit, le cens matériel ne pouvait pas seul régner, et une sorte de cens intellectuel, le seul même que l'égalité chrétienne puisse admettre et reconnaître, dut lui succéder; car tous ceux qui ne l'atteignaient pas ne pouvaient s'en prendre qu'à eux-mêmes ou à Dieu, qui les avait créés pauvres d'esprit; mais qui, dans son infinie justice, les relevait en même temps de responsabilité, et leur assurait en l'autre monde, dans son royaume à lui, une compensation, une récompense qui doit surpasser à l'infini celle que l'homme peut atteindre ici-bas.

C'est la substitution du cens intellectuel au cens matériel qui était l'idée dominante avant 1848, et qui produisit le mouvement dont nous avons été témoins. Nous l'avons tous vu, on ne demandait qu'une réforme, une réforme appropriée au temps et au progrès accompli; et, sans cependant exclure en entier l'ordre établi de preuves, on ne demandait que l'adjonction aux riches matériels des capacités, des riches intellectuels. Eux aussi, en effet, sentaient tout le poids de la responsabilité qui leur incombait, et voulaient être en droit et à même d'apporter leur part d'efforts à l'œuvre commune; car un auteur que j'ai déjà cité, J. Stuart Mill, nous l'a fait comprendre, le suffrage n'est pas seulement un droit, c'est aussi et surtout une charge, que chacun doit tenir à honneur de remplir dignement. Mais, hélas! les vrais libéraux ne furent pas les seuls qui prétendirent à l'honneur d'apporter leur pierre au nouvel édifice de liberté. Comme toujours parmi les hommes, le mal se tenait à côté du bien, et voulait, lui aussi, remplir son office. La nouvelle république avait donné au socialisme la possibilité de lever la tête et de faire entendre sa funeste voix. Ayant voix au chapitre, il ne faillit pas à ses traditions, et ces farouches niveleurs parvinrent à faire proclamer le suffrage universel. Les besoins du temps, les progrès de l'intelligence, avaient fait comprendre la nécessité d'élargir l'échelle électorale et de la rendre accessible à tous ceux qui étaient à même d'avoir et de donner un avis; eux, ils s'empressèrent, dès qu'ils eurent la puissance en main, d'abattre l'échelle d'un seul coup, afin de forcer tout le monde à se tenir au niveau le plus bas, et à ne plus compter que comme une unité dans le troupeau. L'extrême limite du bien est, pour celui qui aime à rêver le bonheur, incontestablement le vote de tous, mais le vote intelligent de tous ; c'est, comme toujours, cette limite placée dans le lointain horizon, vers laquelle il est ordonné et possible de tendre, en s'en rapprochant indéfiniment. Mais les socialistes firent, en matière électorale, ce que M. Proudhon avait tenté de faire pour le crédit. Le même mode de raisonnement, qui déjà nous a servi, doit faire condamner à la fois le suffrage universel et la gratuité du crédit. Ce qu'il nous faut à nous, c'est, là, comme partout, non pas l'égalité fatale, le niveau brutal et barbare, mais bien l'échelle électorale, solidement dressée et indéfiniment large ; le vote, enfin, entre les mains de ceux-là seuls qui savent et peuvent voter ; mais le vote accessible à tous, duquel personne n'est fatalement exclu. A nous maintenant à chercher et connaître ceux qui sont suffisamment haut sur l'échelle intellectuelle pour être aptes à donner leur avis ; à nous de chercher à quel échelon nous devons nous arrêter. Commencerons-nous à compter à partir du haut ou à partir du bas? Et, cela décidé, quelles seront à nos yeux les preuves d'élévation suffisantes? Quelles qu'elles soient, la théorie, on le comprend, ne peut avoir à en souffrir, et nous rentrons, dès cet instant, sur ce terrain laissé à la discussion humaine, sur lequel il est permis à l'homme de se tromper, puisqu'il a été créé imparfait. Je ne suis qu'un homme, je ne puis donc donner que mon avis ; le voici jusqu'à nouvel ordre ou jusqu'à ce que l'expérience m'ait appris qu'il y a lieu de le modifier.

Le suffrage est une charge qui incombe à tous les hommes, à tous les membres d'une société, puisque nous nous renfermons, dans cet examen, dans les limites d'une société. La conscription aussi est une charge, et une lourde charge même, malgré tout l'honneur qu'il peut y avoir à mourir pour la patrie. Or, cette charge, est-elle imposée à tous les hommes, sans distinction? Non, on le sait. Sont exclus : les enfants et les vieillards, et aussi les femmes. Je m'exprime mal peut-être en disant exclus; je devrais dire dispensés. Avant vingt et un ans, on ne doit rien encore; passé quarante-cinq, on ne doit plus rien. D'autres encore (il est inutile ici d'en énumérer la liste), grâce à des circonstances particulières, sont exonérés du service; d'autres sont déclarés incapables : ainsi des infirmités morales et physiques; et d'autres enfin, indignes : tels que les criminels et tous ceux qui ont été condamnés à des peines infamantes. Ce sont, en un mot, les différents cas d'exonération mentionnés dans le code. Or si le suffrage est, comme la conscription, non-seulement un honneur et un devoir à remplir (les consciences véritablement honnêtes et chrétiennes sauront bien me comprendre), mais aussi une charge, qui est-ce qui peut s'opposer à ce que l'on admette des cas, non d'exclusion, mais d'exonération? Il n'est pas un socialiste même qui puisse admettre qu'on envoie un aveugle au feu de l'ennemi. Serait-ce donc qu'il n'aperçoit et ne juge bien que le monde visible et palpable? Mais déjà, par cela seul qu'il a été permis à tous les hommes de voter, on ne les y a point condamnés. Le sol a pour ainsi dire manqué ici sous les pieds des égalitaires : ils n'ont su où trouver le point d'appui nécessaire pour forcer tout le monde à agir également, d'après le modèle reçu et adopté pour tous. Dès le premier moment même des cas d'exonération, qui malheureusement devaient à leur origine socialiste une apparence d'exclusion, avaient été admis. Ainsi, exclusion des femmes, des hommes au-dessous de vingt et un ans, des fous, des criminels, etc... Mais, nous le reconnaissons tous, j'espère, nous qui pouvons prétendre à comprendre la vraie égalité, le mot exclusion est faux et répugne à nos cœurs. Nous reconnaissons chez tous indistinctement l'existence du devoir; la charge incombe à tous; mais, par bonté et condescendance, nous consentons à admettre des cas d'exonération. Quels seront-ils? Il est bien entendu que nous restons toujours dans le vague, et que je ne donne que mon avis.

J'exonère donc les femmes : J. Stuart Mill s'y refuse; il les juge aussi capables que les hommes; c'est aussi peut être un peu mon avis, bien que chacun ici-bas ait sa spécialité et son rôle à jouer, et que je n'aime pas beaucoup à voir renverser et intervertir les rôles. Je dirai, du reste, ce que J. Stuart Mill a oublié, que je ne comprends guère le droit de vote sans le droit de représentation, qu'il n'y a pas plus de raison, théoriquement, d'exclure les femmes de la représentation que du suffrage. Il faudrait donc, pour que le mélange des sexes se manifestât dans le corps électoral, qu'il se manifestât aussi dans le corps représentatif. Or, je ne me fais pas une bienheureuse idée d'une assemblée ainsi composée des deux sexes. Ce sera, du reste, comme l'on voudra, et chacun peut avoir son avis. Viennent ensuite les enfants : tant que l'homme est, par le non-développement de ses facultés, forcément en tutelle, on dispose de lui et on l'exclut naturellement. Je me souviens encore de mes vingt et un ans, et j'avoue que j'étais alors fort peu éclairé en matière politique : en fait de parti, j'étais, je crois,... je ne sais vraiment pas trop; je suis tenté de croire que je n'étais rien du tout. Si l'on m'eût demandé mon avis sur quelque question un peu grave, il me semble que j'aurais été fort embarrassé. Il est vrai, on le dit du moins, que dans ce temps-là on vivait fort lentement, tandis qu'aujourd'hui on arrive d'un bond au sommet intellectuel. Mais je ne m'y fie qu'à moitié et je conserve provisoirement mon opinion, qui est celle-ci : c'est qu'un homme n'est véritablement apte, d'habitude, à juger en matière politique qu'à vingt-cinq ans; avant ce temps-là, je suis d'avis que nos jeunes gens pourraient bien être laissés à leurs travaux et à leurs amusements; les temps calmes et sérieux ne viennent que trop tôt.

Il y a aussi des cas forcés d'exclusion; fous, idiots, criminels, etc., dont je ne m'occupe point; on les connaît. Mais tout ceci est d'ordre pour ainsi dire physique et matériel, et ne tient nullement, ce qui rend la tâche facile, à l'échelon sur lequel l'individu se trouve placé. Cherchons donc le degré de l'échelle auquel nous devons nous arrêter. Le Christ portait plus complaisamment ses yeux vers le bas que vers le haut. Je commence donc à compter par le dernier échelon, et je dis, non pas seront aptes à voter tels et tels, mais seront exonérés de la charge d'électeur tous ceux qui ne sauront ni lire ni écrire. Il faut donc, à mes yeux, pour être apte à voter, et je crois me tenir bien suffisamment bas, savoir écrire. Chacun, enfin, doit être, s'il veut donner son avis, capable d'écrire son billet, et qui plus est, obligé de l'écrire lui-même. Le moyen est simple : diverses tables sont dressées dans le bureau d'élection, et là, sous la surveillance des maires, adjoints, secrétaires, conseillers municipaux, notables s'il le faut, chaque électeur sera tenu de venir inscrire son avis ou les noms choisis par lui, lui-même, sans le secours de personne, et, pour plus de sûreté, sur un carré de papier timbré d'avance à cet effet du sceau de la commune. Est-ce impossible? Je ne vois pas pourquoi? Sera-ce trop long? S'il faut du temps, tant pis, la chose vaut la peine qu'on l'y mette. Du reste, ceux qui ne pourront le trouver, pourront aisément s'exonérer eux-mêmes, car c'est un devoir de voter, un saint devoir, mais nullement une obligation, et la force n'a rien à voir en tout cela. La société, tout en constatant le devoir, est trop bonne mère pour forcer à le remplir.

Fais-je de l'aristocratie, en limitant ainsi le nombre d'électeurs? Mais, qu'on le remarque bien, je ne limite point ce nombre. Tous les hommes sont susceptibles d'apprendre à lire et écrire; tout le monde, enfin, est, non pas électeur de droit et en naissant, mais susceptible de le devenir, s'il le veut. L'égalité socialiste n'y est plus; mais l'échelle électorale, et c'est ce que nous voulons, n'est-elle pas indéfiniment large?

Ceci posé, voyons ce que va devenir la liberté politique, qui tant nous préoccupe. Voyons d'abord ce qu'elle est devenue entre les mains socialistes : le suffrage universel, sans distinction aucune de capacité ou d'incapacité, en était sorti. On tomba d'un seul coup au dernier degré de l'échelle; la majorité étant ignorante, le corps électoral se trouva forcément ignorant et inhabile. D'ici longues années, il n'y avait pas de remède possible à un pareil état de choses; on n'est pas instruit par cela seul que l'on est électeur et qu'un décret a mis votre nom sur la liste. Le suffrage, cela ne pouvait manquer, fut obligé de se remettre en tutelle; l'État devint le tuteur, c'était le tuteur naturel. Il prit en mains, comme il devait le faire, la direction des votes, sinon le vote lui-même. Il dut donc, — il ne pouvait faire autrement sans changer la loi socialiste, — choisir lui-même les représentants, ou du moins faire un premier choix qui facilitât aux nouveaux et inhabiles électeurs, un travail qu'à eux seuls ils n'auraient pu mener à bonne fin. A qui maintenant sommes-nous redevables d'un pareil état de choses? Est-ce à l'empire? Nullement, il n'en est point responsable; il a trouvé la chose faite. Ce qu'il y a de sûr, c'est que l'ignorance étant le privilége de la majorité des Français, le corps électoral institué par messieurs les socialistes était de lui-même et forcément ignorant; c'est en pareil cas la majorité qui fait loi, et c'est la minorité qui est éclairée; les choses se passent donc tout et absolument comme si tous les Français, sans exception, étaient plongés dans la plus profonde ignorance. Le corps électoral étant incontestablement incapable, il était du devoir de l'État d'agir en son lieu et place; et c'est ce qu'il a fait. Avons-nous donc à nous plaindre de l'empire? Nullement. Serait-ce donc des socialistes? Quels seraient donc les coupables, je le demande? Ah! quand on se mêle de vouloir dresser, n'importe où, un arbre de la liberté, ils accourent bien vite pour en empoisonner les racines. Nous nous donnons, nous, grande peine pour transplanter un arbre avec toutes ces racines, afin qu'il puisse reprendre vie; mais, eux ne prennent pas tant de soins; ils coupent naïvement l'arbre au pied, le taillent en pointe et le fichent en terre comme un pieu. Dieu sait, après une telle opération, le temps qui peut lui rester à vivre.

Hâtons-nous donc d'arracher de leurs mains de bourreaux la liberté, si nous voulons qu'elle vive; plaçons-là hors de leurs funestes atteintes. Repoussons loin de nous ce sauvage et barbare niveau, qui ne peut en passant qu'écraser tout le monde, et maintenons forte et ferme l'échelle que dix-huit siècles de travaux sont à peine parvenus à dresser et à élargir; ne la quittons pas des yeux, afin d'apprendre à en connaître et apprécier tous les degrés : cet examen minutieux et approfondi peut seul nous mettre à même de juger sainement et de faire à chacun la part qui doit lui être faite et qu'il mérite. La liberté politique, nous apprendrons aisément à le comprendre, c'est l'expression libre et sans entraves de la volonté nationale, mais de la volonté de ceux qui en ont une, de ceux qui peuvent agir et penser tous seuls et qui savent se passer de lisières. Que ceux enfin qui veulent pouvoir donner en acquièrent d'abord les moyens, car la plus belle fille du monde ne peut donner que ce qu'elle a, et ni chrétiens ni socialistes n'arriveront jamais à tirer un écu d'un sac vide, un avis d'un homme qui n'en a point. J'exige donc, pour que vous soyez électeurs, non pas que vous soyez bâtis sur tel ou tel modèle, mais que vous ayez un avis, ou soyez capables de vous en faire un sur la question qui vous sera posée. Est-ce être trop exigeant? Serait-il donc juste de demander à celui qui n'a pas, et n'est-ce pas bien plutôt faire injure à la misère, et chercher à la ridiculiser et l'afficher, que d'aller tendre la main à ce pauvre qui passe tranquillement son chemin un bâton à la main, une besace sur l'épaule. Si, enfin, jusqu'en 1848 on avait trop respecté la richesse, n'allons pas, en poussant les choses plus loin qu'il n'est possible, jusqu'à oublier le respect que nous devons bien plus à l'humble pauvreté qui ne demande qu'à suivre sa route. Quant à moi, je trouve que c'est faire preuve d'infiniment de largeur de vues et de considération pour la société, dont j'ai l'honneur de faire partie, que d'appeler au vote tous ceux qui savent lire et écrire, car c'est non-seulement leur demander leur avis, mais aussi, la conscience aidant, et nul n'arrivera à l'étouffer, les forcer à en avoir un.

Or si, comme je veux bien l'admettre jusqu'à preuve du contraire, le corps électoral, ainsi formé, est capable d'agir de lui-même et de se faire une opinion sur toutes les questions qu'il sera appelé à résoudre, la tutelle de l'État est-elle, comme elle l'est aujourd'hui, absolument utile? Certainement non; et, comme nous l'avons déjà remarqué souvent, y a-t-il rien, en fait d'autorité, qui puisse résister longtemps à sa propre inutilité? La liberté politique, on le voit, ne tient donc nullement à telle ou telle forme de gouvernement : ce ne sont que des enfants qui peuvent attacher à cette forme une importance capitale, et certes, ce ne sera pas nous, Français, que l'on pourra accuser d'être enfants, sous ce rapport, car, parmi nous, en pareille matière, l'indifférence a beau jeu. Cette indifférence, tant condamnée, serait-elle donc une preuve de progrès, une conséquence de ce progrès? peut-être : je suis même fort loin de soutenir que cela n'est pas. La chute de la royauté, du mythe royal, nous a, dit-on, laissés sans bases. Eh bien! qu'est-ce que cela nous fait, si nous n'en avons plus besoin? Pourquoi des lisières, si nous prouvons que nous savons marcher tout seuls et avec le seul appui de Dieu? Ne sommes-nous pas plus près de Dieu, le jour où nous nous sentons à même de nous passer de ces sortes d'intermédiaires, qui s'étaient placés entre lui et nous? Perdrons-nous à le regarder en face et à nous convaincre nous-mêmes de la puissance et de l'infaillibilité des lois de sa merveilleuse Providence?

Je dis donc qu'une forme de gouvernement, lorsque l'échelle sociale est, comme elle l'est parmi nous, Français, indéfiniment large, ne peut en rien influer sur la liberté politique; je dis même plus : c'est qu'une constitution ne peut rien ni pour ni contre elle, et cela quelque soient les soins que l'on ait mis à l'établir et à en faire jurer le maintien. La constitution que nous possédons aujourd'hui est susceptible aussi bien de servir le plus effroyable despotisme comme le libéralisme le plus exagéré; et toutes celles que l'on a faites et que l'on pourrait encore faire en France jouiront du même privilége, et seront d'avance entachées du même vice. Il est incontestable que l'assemblée Constituante de 1848 perdit, à élucubrer une de ces idéales constitutions, le temps qu'elle aurait dû employer à établir la liberté, ce qu'elle ne pouvait faire qu'en défendant les bases sociales contre la hache parricide qui les menaçait. Une révolution, qui n'aboutit jamais qu'à un projet de constitution, peut-elle donc obtenir et amener par elle-même un résultat? Je l'ai déjà dit, une révolution est, non pas un progrès, mais bien et seulement la sanction d'un progrès accompli. Si ce progrès n'a pas été préalablement fait, si sa consécration n'est pas devenue indispensable, comme l'était devenue avant 89 l'admission au rang d'hommes des classes tenues en tutelle par la royauté et l'aristocratie, le mouvement cesse d'être une révolution et devient une malheureuse et condamnable émeute. Travaillons donc au progrès général, d'abord en nous élevant nous-mêmes et nous faisant dignes de la liberté, ensuite en tendant la main à ceux qui restent au-dessous de nous et les appelant, par tous les moyens possibles, à monter avec nous. Il faut enfin qu'avant de tenter de monter un degré de plus, nous ayons réuni et préparé d'avance les forces nouvelles qui nous seront nécessaires pour nous y maintenir. Mieux vaut, en effet, ne pas monter que de s'exposer à retomber lourdement, car on ne peut prévoir le point où l'on s'arrêtera dans sa chute.

Les socialistes, par leur naïve et inconsidérée extension du suffrage, ont rejeté bien loin de nous, hélas! cette liberté à laquelle nous aspirons. Mais si loin qu'ils l'aient placée, l'ont-ils définitivement chassée? Non; heureusement l'entreprise était au-dessus de leurs moyens. Ils ont éloigné le but, mais ils n'ont pas pu le faire disparaître. La liberté, c'est, je l'ai dit, la libre et réelle expression de la volonté et du sentiment national, c'est-à-dire du corps électoral. Nous serons et devrons donc être d'autant plus près de la liberté politique, que le corps électoral sera lui-même plus libre et plus capable, non-seulement d'exprimer une opinion, mais aussi et surtout d'en avoir une. Cette liberté, celle au moins qu'une société au point où en est arrivée la nôtre est en droit de revendiquer, était obtenue du jour où l'échelle électorale était indéfiniment élargie, libre et accessible à tous ceux capables de monter les degrés et d'atteindre le point auquel il faut arriver pour faire entendre sa voix. Mais, hélas! l'échelle est abattue et nulle voix ne peut s'élever; la plus haute intelligence politique est exposée à rester au niveau du plus ignorant. Relever l'échelle serait malheureusement bien difficile; tant il est vrai qu'il faut plus de peine pour guérir un mal que pour le prévenir. Cependant si le mal est fait, nous ne devons pas moins chercher à le guérir, ou à en atténuer les effets. Le mal, c'est le vice : cherchons donc le vice, et combattons-le avec toute l'énergie dont nous serons capables. Dieu sera encore avec nous, car on le trouve toujours quand on fait effort contre le mal.

Ce que je chercherai à constater ici, c'est non point une erreur partielle, une faute accidentelle et due au manque de réflexion, mais bien un vice effroyable et fondamental, qui s'est de tout temps, depuis du moins le jour où la nation a été appelée à faire connaître son opinion, manifestée parmi nous avec une inconcevable intensité : ce vice, que le Christ condamne sans appel, c'est la fausseté. On est peut-être surpris de m'entendre formuler contre mes concitoyens une aussi cruelle accusation ; que l'on me condamne si je ne prouve pas que je suis dans mon droit. Sondez, électeurs, électeurs de toutes les constitutions, le fin fond de votre cœur et de vos consciences? Pourquoi votez-vous et sous quelle forme se traduit votre avis? S'agit-il d'envoyer à la chambre celui d'entre vous que vous avez jugé le plus digne, le plus capable, le plus honnête et le plus intègre, le plus à hauteur, enfin, de la position que vous voulez lui faire? Répondez : le but que vous avez en vue d'obtenir, est-il le bien seulement, le bien de tous? Beaucoup d'entre vous n'auraient-ils pas à rougir, s'ils étaient mis en demeure de répondre à cette question Trop de partis, hélas! se sont créés en France, pour que l'on ait de la peine à me comprendre. Partisans du gouvernement existant, et cela sous tous les régimes, vous avez voulu quand même le candidat ministériel et non le plus digne ; membres de l'opposition ou des oppositions de toutes nuances, que demandiez-vous par les votes que vous émettiez? Le renversement quand même du gouvernement, eût-il tort ou raison. Le vice est donc, avouons-le hautement, dans l'œuvre systématique accomplie, de part et d'autre, par chacun de nous ; d'une part, par les conservateurs qui approuvaient tout, le mal comme le bien, pourvu qu'il vînt du gouvernement, rendant ainsi à ce gouvernement même qu'ils avaient en vue de conserver à tout prix, le plus détestable de tous les services ; d'autre part par les oppositions, qui condamnaient d'avance et sans jugement, et qui, poussées, aveuglées par la passion, seraient allées jusqu'à préférer Dumollard, opposé au gouvernement, à Aristide conservateur. Chacun, enfin, de tous les côtés, s'évertuait à étouffer sa conscience, le jour où précisément il aurait eu le plus grand besoin de l'écouter et d'en suivre l'impulsion. Et de pareils coupables se plaindront aujourd'hui d'avoir été condamnés! Mais les plus honnêtes gens, d'ailleurs, les plus haut placés sur l'échelle sociale ne donnaient-ils pas un peu l'exemple? Je le dis hautement : la condamnation était méritée et les intelligences jouant un tel rôle, le règne de la force était redevenu nécessaire. Y a-t-il un remède à de pareils maux? Oui, sans doute, et des plus simples. Que ceux qui veulent la liberté soient eux-mêmes libres, et laissent la liberté à leurs consciences. Que cette conscience ait son libre jeu et toute son action, et qu'on ne cherche pas à la lier et à l'étouffer sous les haines de partis. Le jour où la conscience sera le seul guide de l'électeur, la conscience sera aussi, et par suite, le seul guide de celui appelé à représenter les intérêts et les sentiments de la nation, et la liberté politique, quelles que soient et la forme du gouvernement et la constitution, sera proclamée à la face du monde entier.

Croit-on, en effet, qu'un gouvernement puisse se maintenir sans chercher par tous les moyens à suivre le mouvement de l'opinion publique? Est-il possible qu'un gouvernement inintelligent dure dans un pays comme le nôtre, et peut-on admettre qu'un gouvernement intelligent soit capable, sans motif connu, sans raison, de se plaire à marcher à l'encontre des sentiments et des désirs de tous, nettement, franchement et clairement exprimés? Mettez en face d'un côté le gouvernement, le pouvoir exécutif, de l'autre le corps électoral ou représentatif; vous pouvez être assurés d'avance que, dans un pays comme la France, le plus intelligent des deux dominera l'autre, et que si l'un des deux se montre absolument inapte aux affaires et ignorant des fonctions qu'il doit remplir, il sera indubitablement écrasé et peut-être renversé. En politique, comme partout, le haut de l'échelle est au plus digne, et la lutte, toute intellectuelle, ne peut laisser au faîte que ceux qui ont su mériter d'y être et qui ne s'y maintiennent que grâce à des efforts incessants, faits pour ne pas se laisser dépasser. Il faut, dit-on, diviser pour régner. Un pouvoir fort, est seul susceptible d'être admis et seul capable de régner sur une nation divisée, comme la nôtre, en un nombre infini de partis. La liberté politique ne pourra donc exister que quand l'union se fera parmi les membres de la société. Chacun de nous ne peut se résigner à oublier ses préférences pour accepter l'élu d'un autre; notre amour-propre nous l'interdit. Faisons taire notre amour-propre, ou grandissons-nous au point de dominer toutes ces mesquines rivalités; laissons leur libre jeu à nos consciences et rangeons-nous tous, d'un commun accord, sous la bannière de celui devant lequel les plus puissants de la terre ne doivent pas être humiliés de courber la tête. Lui seul est au-dessus de toutes les rivalités humaines; lui seul est la source de toute loi immuable et infaillible; lui seul, enfin, peut nous diriger, nous indiquer la vraie voie, et nous donner, comme la plus belle des récompenses que nous puissions envier sur la terre, la liberté chrétienne. La divinité du Christ est notre mythe royal, comme l'Évangile est notre code social; nous ne sommes tous ici-bas, et ne pouvons être, depuis le premier jusqu'au dernier, du plus puissant au plus faible, que ses humbles et dévoués serviteurs. A ceux-là seuls qui croient en lui, qui reconnaissent l'infaillibilité de ses lois, et qui savent s'y soumettre, à ceux-là seuls, dis-je, est promise la liberté politique; eux seuls peuvent la comprendre et l'atteindre. Que ceux donc qui jettent le manche après la cognée, et qui désespèrent de la liberté, sachent contre qui ils murmurent; que ceux qui croient au progrès des sociétés chrétiennes, sachent à quelle influence ils rendent témoignage; que ceux, enfin, qui s'écrient que tout est perdu, parce qu'il n'y a plus de bases, apprennent que, pour ceux qui savent les voir, il en existe d'immuables, et qu'ils n'oublient pas que, pour de vrais et sincères chrétiens, le désespoir est un crime, car c'est douter de Dieu, et l'espérance est un devoir auquel il n'est pas permis de faillir.

DE LA LIBERTÉ INDUSTRIELLE ET COMMERCIALE

Je suis trop sincère économiste pour parler de liberté sans dire quelques mots de l'idéal de la plupart des économistes, du libre-échange. J'ai déjà dit quelques mots sur ce que j'entendais par libre-échange : ce n'est seulement pas à mes yeux le libre va-et-vient des denrées industrielles et commerciales ; la liberté, telle que je l'entends, comprend aussi, et cela ne peut être autrement, l'échange intellectuel, l'échange des idées. Quant à ce qui concerne le commerce et l'industrie, la question est, je crois, plus que suffisamment épuisée ; je dirai même plus, il n'existe plus contre le principe d'idées réellement, c'est-à-dire théoriquement contraires. Tout le monde comprend l'immense avantage qu'il y aurait pour tous les peuples et pour chacun d'eux en particulier, dans une liberté complète de commerce et d'industrie. On reconnaît à cette liberté une incontestable puissance de progrès et de civilisation, et elle n'est certes pas contraire à l'idée chrétienne; car, pour elle, tous les peuples sont membres d'une seule et même famille, et tout lui plaît qui tend à les unir et les confondre. Ces navires, qui vont au loin chercher les denrées et les produits industriels d'un autre monde, ne sont-ils pas les mêmes qui apportent partout, en offrant passage au missionnaire, la nouvelle de la venue du Christ? L'idée chrétienne ne peut pas comprendre des barrières, pas plus matérielles qu'intellectuelles; les vices seuls de l'homme ont inventé ces murailles qui séparent un peuple du reste du monde, et qui font de lui un monde à part au sein de l'univers. La vérité doit pouvoir pénétrer partout, partout où il y a des erreurs, de même que les denrées utiles à l'accroissement de la race humaine doivent pouvoir être apportées partout où des hommes vivent.

La reconnaissance du principe ne peut donc trouver d'opposition bien nettement formulée chez une nation chrétienne; mais l'application de ce principe peut rencontrer des difficultés immenses, des résistances aussi énergiques que les vices de l'humanité, et ces résistances, comme toutes les autres, doivent être, non supprimées par un décret, mais combattues par le travail. C'est une libération que nous avons en vue, c'est le travail seul qui peut nous être une arme pour l'obtenir. La liberté, en effet, qui n'est pas tout entière due au travail, est, si attrayante qu'elle soit, une liberté que nous repoussons; car elle ne peut être acquise qu'aux dépens et au détriment d'une portion de nos semblables. L'homme libre, mais chrétiennement libre, est en droit, non de briser les liens que ses fautes et ses erreurs lui ont imposés, mais de racheter la liberté qu'il a perdue ou à tort sacrifiée ; et le seul mode de rachat que Dieu l'autorise à employer, c'est le travail. C'est aussi le travail qui sera la source où nous essayerons d'aller puiser la liberté que nous aspirons à conquérir.

Observons le phénomène social avant d'en venir à le juger. D'où nous viennent ces barrières que tant nous voudrions voir disparaître et renverser ? Pour répondre à cette question il suffit de chercher à répondre à cette autre : Qu'est-ce qui rend ces barrières utiles ? Évidemment la nécessité où peut se trouver un pays de se suffire à lui-même, de n'avoir jamais besoin des autres. Il fut un temps, heureusement fort loin de nous, où l'homme avait peu de besoins, où il s'estimait heureux quand il possédait le pain nécessaire à sa subsistance. Ce pain, Dieu l'a voulu pour ne pas tuer l'homme dès sa naissance, ce pain, dis-je, croît en tout pays et sous tous les climats. Que l'homme n'eût pas eu d'autres besoins à satisfaire que celui de ne pas mourir, et chaque société formée par lui pouvait vivre isolée, éloignée de toute autre, ignorant même qu'une autre existât. Mais tel n'était pas le dessein de Dieu, et il voulait que tous les hommes, qui devaient s'aider mutuellement, apprissent à se connaître et à se rendre de mutuels services. Il donna donc à l'homme un nombre tellement indéfini de besoins, qu'un nouveau lui apparaissait dès que les premiers soupçonnés étaient satisfaits. Un jour vint donc où il fut impossible, et c'est ce que Dieu voulait, aux hommes de vivre isolés et loin les uns des autres. Ce fut lorsque l'homme s'aperçut qu'il avait des besoins que le sol sur lequel il vivait n'était pas à même de satisfaire, et que force était à lui d'aller chercher au loin, chez d'autres hommes, et sous d'autres climats, les moyens de subvenir à ses nouveaux besoins. Tant que les diverses sociétés, que l'homme avait formées sur la terre, purent se passer les unes des autres, elles restèrent ennemies : l'intérêt, leur égoïsme même, leur apprit la fraternité universelle, leur en inculqua les premières notions. Leurs vices les avaient fait s'isoler et s'entourer de barrières défensives ; leurs appétits, leurs besoins, leur intérêt les poussèrent à renverser ces mêmes barrières que, Dieu l'avait prévu, le sentiment de fraternité eût été impuissant à ébranler. Les desseins de la Providence sont pour nous entourés de ténèbres, et souvent le mal conduit au bien, comme le vice à la vertu, comme l'erreur à la vérité. Les premières barrières furent renversées par ceux-là même qui les avaient élevées, par les puissants qui cherchaient à étendre le champ de leur domination ; et les grandes sociétés, les grandes nations se formèrent peu à peu. Il fut un temps, en France, où chaque province vivait de sa propre vie. Grâce aux efforts incessants et envahissants de la royauté, peu à peu les barrières s'abaissèrent, et 89 n'eut qu'un mot à dire pour les saper jusqu'au ras du sol. La France était un assemblage de familles séparées de cœur et d'intérêts : elle est aujourd'hui une seule et même nation. Les intérêts sont devenus les mêmes pour tous les Français, et la guerre a définitivement cessé entre le Nord et le Midi, entre le Sud et l'Ouest, entre langue d'Oï et langue d'Oc. Qui est-ce qui est vainqueur? Qui est-ce qui est vaincu? Nul ne le sait et ne peut le dire; mais la paix est faite, et c'est le but final de la Providence.

En est-il du monde, du monde chrétien même, ce qu'il en est de la France? Hélas! non. La paix universelle est encore loin, bien loin d'être proclamée, et bien des efforts doivent encore être faits pour obtenir un but final, si évidemment marqué par Dieu à l'humanité. Les intérêts ne sont point encore communs à tous les membres de la grande famille, et la guerre se fait encore chaque jour ou menace de se faire; et les barrières sont utiles, indispensables, et le seront, hélas! encore bien longtemps. Ces barrières doivent-elles donc être, comme semble l'indiquer la théorie, d'un seul coup, du jour au lendemain, de par un simple décret, renversées et anéanties à jamais? Rien de moins chrétien qu'une réponse affirmative à une pareille question, rien aussi de plus socialiste! Une tête me gêne, je l'abats, sans forme de procès. Est-ce chrétiennement raisonné, et est-il étonnant que les raisonnements trop absolus des économistes effrayent tout le monde, et trouvent une vive résistance chez des hommes animés des sentiments les plus généreux, les plus libéraux et les plus chrétiens? C'est ce qui a lieu cependant, et chacun peut aisément s'en convaincre. Où est donc l'erreur des économistes? Est-ce dans la théorie? Nullement. Il n'est pas de vrai chrétien qui puisse jeter l'anathème sur une tendance pareille à la fraternité universelle. C'est donc dans l'application? Tous nous voulons la liberté, mais tous nous voulons ne la devoir qu'à notre travail. Nous repoussons loin de nous, sans raisonner, sans même nous informer si elle nous serait profitable, cette liberté qui se conquiert et qui n'est point due au travail, cette liberté dont tous les incontestables avantages ne seraient et ne pourraient être obtenus qu'au préjudice d'un seul d'entre nous, au prix de droits, honnêtement acquis par lui, et violemment arrachés de ses mains. Ce que nous voulons, ce que nous avons enfin le droit de vouloir, c'est, non la liberté pour demain, mais notre libération, le rachat, à beaux deniers comptants et à prix librement débattu, de cette liberté que nous avons jadis, à tort peut-être, mais volontairement sacrifiée. Nos pères ont voulu que ces barrières fussent élevées; ils ont du moins consenti, puisqu'ils ne l'ont point empêché, à ce qu'elles fussent établies : c'est là tout ce que nous voulons savoir. Les dettes que nous ont laissées nos pères nous sont sacrées, n'importe d'où elles leur venaient, quelque ait pu en être la cause et l'origine. La société française, qui ne renie point ses ancêtres, se reconnaît redevable de toutes les obligations qu'ils ont contractées, veut à tout prix payer ces dettes intégralement et sans laisser prise à la plus légère plainte; mais elle veut être libre, c'est-à-dire qu'elle veut avoir le droit de travailler, de travailler pour se racheter, et le droit de se racheter par son travail; car elle reconnaît sa dette, mais ne la veut point reconnaître éternelle.

Le grand principe de liberté industrielle et commerciale, de la liberté de tous les échanges possibles entre hommes, est proclamée : car le renversement des murs de séparation entre les différents peuples est décidé du jour où leur éternité est condamnée : ces murs, d'ailleurs, ont été élevés par la main de l'homme, et rien de ce qui sort de ses mains ne peut être éternel. Les sociétés humaines ont donc proclamé l'affranchissement de leurs rapports entre elles, du moment qu'elles se sont reconnues le droit de s'affranchir. Qu'elles y travaillent donc avec énergie et persévérance, car les engagements par elles contractés vis-à-vis quelques-uns de leurs membres sont durs à tenir et le rachat coûteux, long et pénible. Le moyen c'est le travail, car lui seul peut remettre entre les mains de chaque société, après une rude et longue épargne, les sommes nécessaires pour offrir à ceux qu'il faudra déposséder de leurs priviléges et de leurs droits acquis, une juste et équitable indemnité. Mais, qu'on le sache bien, cette indemnité, rigoureusement juste, est indispensable pour que la liberté que l'on acquerra ainsi soit pure et sans tache, et au-dessus de tout reproche et de toute récrimination. Ceux qui, sur la foi des traités, qui, basés sur des lois établies et volontairement consenties par une société, ont fondé une industrie qui les fait vivre, ne peuvent être condamnés du jour au lendemain et sans une indemnité préalable, suffisante et librement débattue, à se voir retirer violemment le privilége sur lequel ils avaient basé leur existence : ils ne sont nullement coupables des fautes commises, ils ne peuvent être rendus responsables des sacrifices volontairement faits par la société entière, et ils ont acquis, grâce non-seulement à la protection, mais plus encore à l'encouragement, des droits qu'on peut leur racheter, mais qu'on ne peut leur arracher violemment.

L'histoire est là sous nos yeux : que nous apprend-elle? Autrefois, les différents peuples ne voyaient dans leurs voisins que des ennemis naturels. La guerre était l'état normal, la paix l'exception. Dira-t-on que les doctrines du Christ n'ont pas prévalu, que les peuples seront éternellement ennemis naturels les uns des autres, et que le principe de la fraternité universelle, si loin que son adoption semble encore être de nous, soit un rêve dont nous nous éloignons au lieu de nous rapprocher indéfiniment, aujourd'hui que la paix a si visiblement pris le dessus, que la paix enfin est devenue l'état normal et la guerre une malheureuse et déplorée exception? La guerre seule, nous le comprenons aisément, rendait nécessaires ces barrières que nous désirons tant voir renversées. N'est-ce pas travailler à les détruire que de travailler à la paix? N'est-ce pas contribuer à la paix entre les peuples que de chercher, comme le fait chaque jour la science, à prouver que leurs intérêts sont communs, et qu'ils doivent se méfier par-dessus tout de ceux qui semblent avoir intérêt à les séparer, et qui ne songent, en cherchant à les convaincre, qu'à servir leur propre et égoïste ambition? Des peuples enfin peuvent-ils être ennemis naturels, lorsqu'ils sont chrétiens, lorsqu'ils obéissent à un même code qui est l'Évangile, lorsqu'ils reconnaissent tous un même maître qui est le Christ? Que chacun donc travaille à l'exemple de ce Christ qu'il révère, et apporte sa petite part à l'œuvre qu'il a commencée, à cette œuvre de rachat dont il a voulu se faire lui-même la première victime. Les barrières sont posées sur les vices de l'homme : dans l'éternelle lutte du bien et du mal, c'est le triomphe momentané du mal qui les a élevées : le triomphe du bien peut seul les abattre. Cherchons donc à donner au bien l'énergie qui semble être l'apanage exclusif du mal, et à lui inspirer cette confiance qui lui est si nécessaire pour triompher, et qu'il trouvera sûrement en cherchant invariablement son appui dans les lois infaillibles et éternelles de la Providence.

Glorifions-nous ici : car notre chère France semble appelée à jouer un grand et sublime rôle. La différence des langues, punition infligée en châtiment aux hommes qui avaient élevé la tour de Babel, n'est pas une des moindres causes de séparation entre les peuples : chaque peuple a une langue à lui, qui est née avec lui, et dont le moindre mot prononcé par l'un de ses membres suffit à le faire reconnaître. La France semble avoir reçu la mission spéciale de créer une langue, qui est comme une sorte de choix fait entre toutes les autres, anciennes et nouvelles, qui, par sa netteté et sa clarté a été choisie pour langue diplomatique, et tend chaque jour davantage à devenir comme le langage de choix de tous ceux qui ont plus ou moins monté les degrés de l'échelle sociale, de ceux qui ont fait les pas les plus grands vers la civilisation chrétienne. Les poids, mesures et monnaies, qui servent si grandement aux relations des hommes entre eux, différaient chez chaque peuple. La France semble avoir donné le jour à un type unique, dont l'incontestable supériorité est reconnue de tous, et dont l'adoption ne peut que faire faire un pas énorme à l'entente commune et à l'union des nations. Le dévouement inné de la France à toutes les causes malheureuses, chez les autres peuples, la sympathie que ces causes, à quelque nationalité qu'elles appartiennent, sont assurées de rencontrer chez elle, et le désintéressement souvent trop grand de sa politique, ne sont-ils pas des signes auxquels on peut reconnaître la grandeur du rôle qu'elle est appelée à jouer, et des preuves presque incontestables de la sainte et grande mission qu'elle semble avoir reçue? N'a-t-elle pas été la première à proclamer, entre tous ses enfants, le grand principe de l'égalité sociale, de l'égalité devant la justice, devant la loi divine et immuable? Oui, le retentissement qu'ont ses moindres cris dans les cœurs de toutes les nations nous force bien à le croire, sa mission est grande : Dieu l'aide à l'accomplir, et puissent ses efforts constants et son infatigable persévérance la mettre et la maintenir à hauteur du rôle qu'elle est si évidemment destinée à jouer dans la chrétienté, et dans l'univers entier!

On est presque effrayé à l'aspect de la tâche immense qui est à accomplir, pour en arriver à se libérer entièrement, et sans léser aucun intérêt, des entraves qui nous enlacent, et que les mauvais instincts des hommes ont fait naître entre les diverses sociétés qu'ils ont formées. Ces murs de séparation ne peuvent servir que les desseins de l'ambition égoïste. Autrefois les distances suffisaient pour séparer les peuples : aujourd'hui l'égoïsme, luttant contre la civilisation en s'appuyant des intérêts mal entendus des peuples, se débat contre l'anéantissement de ces distances : les barrières n'ont été inventées que contre la trop grande facilité de communications que les progrès des sciences et les découvertes modernes avaient amenées. Mais ces facilités même combattent contre le mal dont elles ont été la cause indirecte, et arriveront tôt ou tard à amener l'impossibilité même de ce mal. L'échange des idées, que nulle fortification ne peut arrêter, devant la puissance duquel le czar de Russie est obligé de céder, et dans lequel notre France entre pour une si immense part, suffirait du reste, à lui seul, pour faire comprendre à toutes les nations la communauté véritable de tous leurs intérêts moraux et matériels et leur faire apercevoir l'inutilité et la vanité de ces séparations toutes politiques que le mauvais génie de l'homme lui a fait inventer; elles n'ont d'autre but que de s'opposer à l'expansion du plus grand des principes chrétiens, du principe de la fraternité humaine, dont la reconnaissance est encore si loin de nous, que nous n'atteindrons jamais, mais vers lequel nous tendons indéfiniment, et duquel, en écoutant la voix divine, nous devons sans cesse et indéfiniment nous rapprocher. Que chacun suppute donc en lui-même la liste des milliards qu'il faudra amasser et péniblement épargner pour racheter, ainsi que nous devons le faire, cette liberté de relations de peuple à peuple, que l'on nous a léguée si grevée d'hypothèques, et songe sérieusement, non à combattre la théorie, mais à chercher les moyens les plus simples et les plus sûrs de nous libérer.

La paix favorise l'industrie et le commerce : la guerre les arrête. Il est donc tout naturel de songer à la paix, quand on parle de liberté industrielle et commerciale. Quelques considérations sur ce sujet trouvent donc tout naturellement leur place dans ce chapitre.

Il fut un temps, heureusement fort loin de nous, où la France et l'Angleterre, que je prends ici pour exemples, étaient, l'une vis-à-vis de l'autre, dans un état permanent de guerre : la paix n'était jamais qu'une trêve, dont la longueur se proportionnait au besoin plus ou moins grand de repos de celui des deux peuples qui avait le moins souffert. Dès que l'un des deux avait repris haleine, la guerre recommençait. Les gouvernements d'alors s'inquiétaient fort peu de l'opinion publique : et, au fait, pourquoi l'auraient-ils consultée? Qu'est-ce que cela pouvait faire aux nations que leurs rois, et les guerriers dont ceux-ci s'entouraient, fissent la guerre? Les populations avaient-elles donc un si grand intérêt à ce que leurs seigneurs n'abandonnassent pas leurs manoirs pour aller courir les aventures? Croit-on que les inconvénients de l'absentéisme, au point de vue agricole par exemple, fussent aussi bien démontrés alors qu'à présent! Il est une chose, au contraire, que nous serions bien plutôt portés à croire : c'est que les seigneurs, qui mettaient leur honneur à ne savoir ni lire ni écrire, devaient s'ennuyer cruellement chez eux : la chasse, quelques tournois, images de la guerre, leur fournissaient bien quelques distractions; mais nous n'en sommes pas moins d'avis qu'il ne fait pas toujours bon avoir affaire à un maître qui s'ennuie. Il semble, en effet, bien difficile que sa mauvaise humeur ne retombe pas de temps en temps sur ceux qui sont destinés à faire toutes ses volontés. Doit-on croire qu'ils passaient leur temps à rendre la justice, comme jadis saint Louis sous le chêne de Vincennes? Rien, dans l'histoire, ne nous porte à croire qu'ils utilisaient ainsi les loisirs de la paix. Et en supposant même qu'il en fût ainsi, ils ne devaient guère trouver en cela d'occupations bien sérieuses. Les plaidoyers des avocats étaient bientôt terminés, et les procès ne traînaient certes pas en longueur. Quant à l'exécution de la sentence, les apprêts en étaient bientôt faits : une branche d'arbre, et tout était dit. Un homme était renvoyé à son Créateur.

Aux yeux de don Quichotte, la chevalerie était un sacerdoce : le chevalier avait pour mission de redresser les torts, de délivrer l'opprimé, de soutenir le faible contre le fort. Mais la chevalerie a-t-elle pu résister aux coups que lui portait ainsi la verve ironique de Cervantès, qui couvrait à dessein de ridicule ce chevalier que l'amour du bien seul inspirait ? Le héros ne devait-il pas à une véritable folie d'avoir ainsi compris sa mission? Alors que le triomphe était assuré au plus fort, peut-on croire que les lois de l'éternelle justice fussent les seules règles de conduite? Cela était si peu vrai qu'un fou seul pouvait le croire; et à vouloir agir selon la croyance, il gagnait plus de sarcasmes et de coups que de récompenses. Si donc les chevaliers du moyen âge — nous parlons de ceux qui jouissaient de toute leur raison — étaient en tout précisément l'opposé du type que présente à nos yeux la spirituelle plume de Cervantès, certes il ne faut pas trop s'étonner si les populations les voyaient partir sans trop de regrets et ne cherchaient point à s'opposer à ce qu'ils allassent, tant que bon leur semblait, se livrer aux passetemps de la guerre. Les pays qui servaient de théâtre à la guerre en souffraient cruellement, cela est vrai ; aussi cherchait-on par-dessus tout à transporter les hostilités chez l'ennemi : les Anglais en Normandie et en Guyenne; les Français, en Italie et en Allemagne, au delà des Alpes et du Rhin. Dès lors les populations n'y perdaient rien, si même elles n'y gagnaient pas quelquefois. Charles V envoya Duguesclin au secours de Henri de Transtamare, pour débarrasser la France des grandes compagnies. Les populations ne dûrent pas se plaindre, en pareil cas, du génie guerrier de leur sage monarque.

Mais en plein dix-neuvième siècle, qu'est devenue la guerre? A-t-elle bien exactement le même sens qu'autrefois? Les soldats, d'abord, sont pris dans tous les rangs de la société. Ce sont, non plus comme autrefois des gens qui préfèrent les chances des combats et du butin aux durs travaux des champs, mais bien les meilleurs et les plus robustes travailleurs que l'on arrache à l'agriculture et à l'industrie. Le sang qui doit se répandre aujourd'hui, est donc celui que l'on a le plus grand intérêt à épargner. D'un autre côté, si la guerre rapportait autrefois, aujourd'hui elle coûte gros. L'argent étant devenu le nerf de la guerre, il a fallu songer à s'en assurer la possession, avant de rien entreprendre. De là, nécessité absolue pour les gouvernements de s'adresser aux populations, la seule mine où il soit possible de puiser. Les gouvernements ont dû forcément en venir à consulter leurs administrés, qui ne se montrent pas toujours de bonne composition.

Mais là ne se bornent pas toutes les considérations auxquelles sont forcés de s'arrêter les pouvoirs politiques. Il en est d'infiniment plus graves et plus importantes.

Les nations chrétiennes ont profité avec empressement des quelques années de paix qui leur sont venues, pour se lier les unes aux autres, pour établir entre elles d'importantes relations. Au bout de peu de temps ces rapports de peuple à peuple, sont devenus plus qu'une habitude, un véritable besoin, une impérieuse nécessité. De telle sorte que, tout à coup, il s'est trouvé que la difficulté n'était plus de déclarer la guerre et de la faire, mais bien de rompre la paix. Des intérêts d'un ordre tout nouveau se sont élevés sur les rapports internationaux; de grandes industries se sont fondées. Les nations, enfin, ont perdu peu à peu l'habitude de se suffire à elles-mêmes : condition indispensable à un peuple guerrier. Les choses en sont tout doucement venues à ce point, que l'on ne peut plus se passer les uns des autres; tellement même que le point d'honneur, qui autrefois réglait tout, et qui était d'une extrême susceptibilité, n'a plus aujourd'hui que le second rang, et est le plus souvent réduit à prendre condamnation. Un gouvernement est tombé en France sous le coup d'une accusation, qui lui a créé une situation rare dans l'histoire de France; on l'accusait de sacrifier à la paix tout, jusqu'à l'honneur même. Nous n'hésiterons pas à dire que, depuis quarante ans, cent cas de guerre se sont présentés, qui ont été soigneusement écartés par des nations qui autrefois se contentaient de prétextes souvent fort peu plausibles. C'est qu'alors on se préoccupait peu de l'agriculture, du commerce et de l'industrie : aujourd'hui il faut compter avec eux, et pour deux motifs; d'abord, parce que l'on a besoin d'eux et des ressources qu'ils produisent, ensuite parce qu'ils sont, plus que personne, intéressés dans la question.

Rien de plus merveilleux que l'harmonie inaltérable qui se manifeste entre toutes les lois qui régissent l'humanité. Toutes, d'un commun accord, semblent concourir au même but. C'est la paix que prêchait le Christ; c'est cette paix entre tous les hommes qui semble être le but final qu'il s'était proposé. N'est-il pas admirable que les intérêts les plus purement matériels, ceux qui semblent dictés par le plus pur égoïsme, par cet égoïsme qui rapporte tout à lui seul et ne voit chez les autres que des êtres à exploiter, tendent précisément à rapprocher les nations les unes des autres, à les rendre solidaires, à les pousser presque malgré elles à l'acceptation du grand principe de la fraternité universelle? On ne conquiert plus au dix-neuvième siècle, mais on veut acquérir; et ces barrières que l'État permanent d'hostilité entre les peuples avait jadis fait élever sont forcées de tomber aujourd'hui devant les besoins nouveaux qui ne cessent jamais de se créer.

Tant que la paix n'a été qu'une exception, tant qu'il a été impossible de compter sur elle et sur sa durée, les intérêts évitèrent avec soin de se baser sur de pareilles éventualités. Mais aujourd'hui que l'état de choses semble avoir subi une si complète transformation, aujourd'hui que la diplomatie paraît avoir pris en mains le rôle qui autrefois était réservé au sabre, et que la guerre est décidée par ceux qui ont plus intérêt à l'éviter qu'à la faire, la confiance en la paix a pris le dessus. Les relations internationales se sont empressées de naître, et il s'est fondé comme une nouvelle et immense liste de droits acquis, que la guerre est forcée, pour avoir lieu, de fouler aux pieds. La paix, enfin, n'a plus été un fait historique seulement, mais elle est devenue une source de richesses, une véritable propriété : source qu'il n'est pas permis de tarir sans l'assentiment de ceux qui ont appris à y puiser; propriété à laquelle il n'est pas plus permis qu'à tout autre de porter atteinte. Ah! si le Christ aimait la paix, et ne se fiait pas pour l'établir et la consolider, aux sentiments de fraternité humaine, il a bien fait de dire aux hommes : « Aidez-vous les uns les autres. » Dieu n'a pas eu tort de mettre en l'homme d'insatiables désirs, qui le forcent, pour arriver à les satisfaire, à recourir à ses semblables. S'il n'eût donné à l'homme d'autre mobile que le devoir, la fraternité universelle serait encore bien loin de nous, et il ne serait peut-être pas encore venu à l'idée d'un homme de la rêver. Mais cette fraternité — la paix entre tous les hommes — est bien le but final qu'il s'est proposé, et il n'est pas jusqu'au monde matériel qui ne semble appelé à y concourir. Le soleil lui-même se montre un de ses agents les plus actifs; car, s'il dispense inégalement ses faveurs à toutes les parties de notre globe, c'est pour donner à ces diverses parties des propriétés différentes, et pour forcer l'homme à parcourir tout l'univers, en l'obligeant à demander à un autre climat ce que celui sous lequel il est né ne peut lui fournir.

Mais revenons à notre sujet. Tc est le résultat d'un demi-siècle de paix, que nous nous sommes habitués à elle. Il nous a été donné d'en comprendre les douceurs, et nous avons appris à voir en elle une terre fertile à exploiter. Elle a fini par nous devenir indispensable, car nous nous sommes laissés aller à nous servir d'elle, à l'approprier à nos besoins; besoins nouveaux, il est vrai, mais que nous ne pouvons supprimer en nous une fois que nous leur avons permis de naître. Cette paix, enfin, est devenue entre nos mains une véritable propriété, d'une nature toute nouvelle, mais aussi appréciable que toute autre, et à laquelle nous rattache tout ce que Dieu a mis en nous de passion, d'instinct de propriété. Il fallait nous empêcher de cultiver nos champs, si l'on voulait que nous supportions aisément de nous les voir retirés; car c'est le travail qui attache au sol. Il en est de la paix pour les peuples guerriers, ce qui en est du sol pour les nomades. La loi doit interdire à ces derniers tout travail de terre. Leurs chefs doivent avoir le plus grand soin de les faire souvent changer de lieu, s'ils veulent éviter que l'idée du travail ne leur vienne et qu'il leur prenne fantaisie d'exploiter les richesses que renferme le sein de la terre; ils s'attacheraient promptement à ce coin du globe, qui se hâterait de montrer aux travailleurs toute la reconnaissance dont il est capable. La guerre, la guerre incessante, était donc indispensable pour nous empêcher de nous attacher à ce monde nouveau, dont nous soupçonnons à peine encore les richesses, mais que nous pouvons voir déjà immense, riche, fertile et sans limites, à ce monde qui a nom : la paix. On nous a permis de nous y arrêter un instant : l'idée de le travailler et de lui demander les dons précieux qu'il assure en récompense au travail nous est venue. Dès lors, nos existences mêmes s'y sont attachées; et ces existences sont menacées du jour où la paix cesse entre les peuples, qui déjà ont appris à se connaître. Le besoin qu'ils ont les uns des autres leur a fait une loi d'un devoir, un intérêt de la fraternité.

Au dire des grands politiques, le maintien de l'équilibre matériel entre les différentes nations européennes, est l'indispensable condition de la paix. Mais cet équilibre factice, ne faut-il pas se battre pour le maintenir? Depuis qu'on ne fait plus de conquêtes, on ne se bat que pour avoir la paix. Mais la guerre cesse-t-elle pour cela? et l'acte en lui-même a-t-il changé de nature, parce que le but qu'il veut atteindre est changé? Les intérêts des peuples sont harmoniques; cette harmonie, qui est le véritable équilibre, celui sur lequel on peut compter en toute sécurité, cette harmonie, dis-je, ne demande que la liberté, pour se manifester aux yeux de tous. Que les barrières, qui séparent les peuples, tombent, et l'harmonie apparaîtra. L'équilibre se fera de lui-même; les bases véritables de la paix seront posées, et la fraternité universelle ne sera plus seulement un mot pompeux et sonore, mais un avenir brillant et assuré.

DE LA LIBERTÉ DE PENSER, DE PARLER ET D'ÉCRIRE

La liberté de penser est indéfinie : rien ne peut la limiter et nulle puissance humaine ne peut l'atteindre. Elle reste évidemment absolue, mais, seulement tant qu'elle ne s'échappe pas du sein de l'homme, qu'elle ne se manifeste pas au dehors, et qu'elle n'a pas pris une forme qui la rende perceptible aux sens des autres hommes. Mais dès qu'elle apparaît au dehors, dès que l'homme, arrachant la pensée de son sein, lui donne une forme qui l'approprie aux facultés des autres, la liberté absolue l'abandonne aussitôt, elle retombe, comme toutes les autres, sous le coup des restrictions humaines, et elle se réduit, comme tout autre, à ce que nous sommes convenus d'appeler la liberté relative ou sociale. — Ici le pro blème est le même que partout : c'est le droit du chrétien à parler et à écrire que nous sommes en devoir de chercher, dont nous devons, nous chrétiens, examiner et étudier les limites : ce sont enfin les lois évangéliques qui lui sont relatives et qui frappent ce droit, sur lesquelles nous devons appeler toute notre attention. Lisons donc l'évangile et cherchons-y les ordres qui sont relatifs au droit d'émettre sa pensée et que nous sommes sûrs d'avance d'y trouver.

Nous y trouvons la défense formelle et nettement articulée, faite aux hommes, de mentir, de témoigner faussement, de porter même des jugements téméraires, de calomnier, de médire du prochain. Ne sont-ce pas là des règles? Ne sont-elles pas claires et explicites? et avons-nous, chrétiens, d'autre devoir que celui de les observer scrupuleusement? Essayons donc : et faisons, pour nous y conformer, tous les efforts dont nous sommes susceptibles. Quels que puissent être les raisonnements qui devront nous servir à arriver au but que nous voulons atteindre, il est bien évident, dès à présent, pour nous, que la liberté que nous cherchons à comprendre et à formuler, ne peut être absolue, puisque notre code suprême nous donne à cet égard des lois à observer, des ordres sur le sens desquels il nous est impossible de nous tromper. Il doit donc exister des restrictions humaines à la liberté d'exprimer sa pensée, mais ces restrictions, pour être autre chose que tyranniques et arbitraires, ne peuvent et ne doivent être qu'une conséquence directe des préceptes dont nous devons tous reconnaître l'autorité, et par suite doivent être plutôt une aide qu'un obstacle à la liberté d'émettre et de faire connaître à tous les idées, auxquelles notre intelligence aura donné naissance.

Rien de plus facile à saisir et comprendre que la tyrannie de l'anarchie d'idées. Otez toute digue à l'esprit humain, faites passer, en un mot, le niveau socialiste sur toutes les pensées, c'est-à-dire donnez à tous, aux mauvais comme aux bons la possibilité d'élever la voix, sans frein et sans limites, et vous verrez aussitôt, et comme toujours, le faible écrasé et réduit au silence, et la violence prendre le dessus. La loi restrictive, mais chrétienne, est, en effet, non pas celle qui est faite par le fort et l'aide à étouffer les cris des faibles, mais au contraire celle qui puise à sa source divine, la possibilité et la puissance de s'opposer à la violence, de relever le faible, malgré les efforts du puissant qui l'opprime, et de lui donner, pour faire entendre sa voix, cette force même qui lui manque. La vraie liberté enfin, n'est pas celle qui laisse au plus fort le droit et la possibilité de dominer de sa voix de tonnerre les douces et craintives plaintes de l'opprimé, mais celle qui donne à tous, au faible surtout, le moyen de faire entendre aussi sa voix timide et si facile à étouffer.

La véritable liberté sera-t-elle donc celle qui donnera à l'homme le droit de dire et d'écrire tout ce qui lui passera par la tête et qui lui aura été suggéré par ses passions, bonnes ou mauvaises; le droit de mentir tout à son aise, impunément, de médire sciemment ou insciemment de son prochain, de le calomnier? Non, mille fois non ; la liberté de la tribune et de la presse ne peut être illimitée, au sein d'une société chrétienne. Le vrai chrétien sait, et il n'a pas besoin de lois humaines pour l'apprendre, qu'il ne peut dire ou écrire que ce que sa conscience de chrétien l'autorise à dire ou à écrire; la première loi étant de ne pas mentir, la première condition de liberté est de s'astreindre à ne jamais dire ou écrire autre chose que ce que l'on pense réellement et fermement; de ne jamais, quelqu'en puisse être le but, modifier ou altérer sa pensée. Est-il permis d'exprimer des idées mauvaises? Oui, mais à l'expresse condition d'être convaincu de leur vérité. Dans une société chrétienne la mauvaise foi est condamnable; donc, sous peine d'attirer sur lui les vengeances divines et humaines, l'homme qui veut émettre une idée, doit préalablement, et avant toute chose, chasser bien loin de son cœur cette mauvaise foi, qui fait de lui, non pas un être libre, mais un esclave, un agent du mal. Que celui donc qui écrit ou parle, s'assure d'abord lui-même de sa propre conviction, l'appuie au besoin de toutes les preuves qu'il pourra trouver en lui et au dehors de lui et soit, à tout instant, prêt à jurer et affirmer la vérité de ce qu'il avance. A cette condition seule, il mérite d'être libre et est en droit de réclamer sa liberté.

L'Évangile défend de médire, de calomnier et même de porter des jugements téméraires. Il est donc défendu au chrétien, sous peine de cesser d'être chrétien, sous peine d'encourir les châtiments humains eux-mêmes, d'accuser injustement un de ses semblables, d'être cause directe ou indirecte d'un tort à lui fait, d'une atteinte, si légère qu'elle soit, portée à ses droits et à ses intérêts, tant moraux que matériels. La tribune et la presse ont le droit, et je dirai même plus, le devoir de chercher le vice et l'erreur et de les dénoncer : mais avant de parler il faut être sûr de ce que l'on va dire, il faut même se méfier de soi et des jugements que l'on est disposé à prononcer trop légèrement. L'homme cesse d'être libre s'il n'est pas responsable ; sa liberté, pour exister, exige donc qu'il assume sur lui la responsabilité de tout ce qu'il fera, dira ou écrira. Si ce qu'il fait est mal, il faut qu'il en porte la peine; si ce qu'il dit est faux, ce qu'il écrit contraire à l'exacte vérité, il faut qu'il subisse le châtiment réservé à sa fausseté. L'autorité protectrice de la liberté est donc, non celle qui fait la loi, elle est toute faite ; non celle qui formule d'avance les défenses, elles sont toutes formulées; mais celles qui, laissant toute liberté à l'homme, comme elle doit le faire tant qu'il ne contrevient pas aux ordres divins, porte au contraire la main sur lui dès qu'il a agi contrairement à ces ordres. Agir préventivement sur les actions de l'homme, c'est porter atteinte à la liberté; le condamner au châtiment quand il a commis la faute, c'est aider à la liberté, c'est témoigner en faveur de la responsabilité, sans laquelle cette liberté cesse d'exister. Toute loi préventive sur la presse et la tribune sont de création tout humaines, et à ce titre seul nuisibles à la société. Il est inutile de faire des lois, elles existent et ne peuvent être ni refaites, ni mieux faites : il ne doit être question que de les appliquer, de dresser le Code pénal, c'est-à-dire la liste des punitions qui seront infligées à ceux qui auront enfreint l'ordre, qui auront méconnu ou méprisé la loi divine.

Si donc l'on veut arriver d'un seul coup à la liberté de penser, de parler et d'écrire, à la plus grande somme de cette liberté qu'il nous soit donné d'acquérir sur terre, c'est-à-dire enfin à l'anéantissement de l'autorité humaine sous le coup de son inutilité, une seule condition est nécessaire, suffisante et indispensable, c'est d'être sincèrement chrétien. La loi, ou plutôt le Code pénal, tel que je voudrais qu'il fût, ne peut rien avoir à faire à l'égard d'un véritable chrétien : celui-ci, en effet, est au-dessus du code, ou plutôt ce code, tout de châtiment, n'a rien à faire avec lui. La loi préventive lui est connue : c'est celle dont son titre même indique qu'il reconnaît l'autorité, et s'il a su la comprendre et s'en bien pénétrer, il doit être, au sein d'une société où a été proclamé le règne de la véritable liberté, cuirassé contre toute atteinte humaine. Il est, en effet, grâce à l'obéissance qu'il montre envers Dieu, absolument dégagé, libéré de toute obligation envers les hommes, de toutes celles que la force humaine, du moins, serait en droit de lui imposer. Si donc vous voulez être libres, faites-vous dignes de l'être; réglez vos comptes avec Dieu, pour n'avoir pas à compter avec les hommes; enfin, et en un mot, soyez ou faites-vous chrétiens. L'esclavage a été le châtiment de la désobéissance de l'homme, la liberté doit être et sera, comme toujours, la récompense assurée d'avance à son obéissance.

Que sont les lois tout humaines? que peuvent-elles être et quels peuvent être leur action et leur effet? Voici deux peuples : les Anglais et les Français. Les lois préventives sur la presse sont infiniment plus dures, rigoureuses et tyranniques chez nos voisins que chez nous; en faut-il conclure que la liberté de parler et d'écrire soit plus grande chez nous que chez eux? Tout le monde sait ce qui en est, et peut répondre à cette question. Que font donc ces lois, si soigneusement et si rigoureusement faites, chez le peuple anglais? Eh! grand Dieu! elles dorment du plus profond sommeil : voilà tout. Le bon sens anglais s'est rendu justice à lui-même, il a fait de lui-même la part du feu, et, loin de s'épuiser en vains efforts pour détruire et faire abroger ces lois, il a pris le seul et le meilleur parti, qui est de les rendre inutiles. En France, un jour, il n'y a pas encore longtemps, toute loi sur l'expression de la pensée cessa d'exister. Si la France avait été digne de la liberté qu'elle venait de conquérir, si les progrès faits par elle l'avaient mise à hauteur de cette liberté, si elle avait été capable de se gouverner elle-même, de faire, comme je disais tout à l'heure, d'elle-même la part qu'il faut nécessairement faire au feu, eût-on songé à rétablir des lois nouvelles et plus sévères encore que celles que l'on avait anéanties? Non, certainement. Il n'est pas d'homme, capable de marcher tout seul, qui ait la naïveté de se donner un guide et de le payer chèrement. Qu'est-ce qui force donc les hommes à se donner des maîtres, sous la tyrannie desquels trop souvent ils gémissent? Mais tout simplement leur ignorance et la prédominance de leurs vices. Ils sont libres, c'est-à-dire qu'ils sont parfaitement libres de choisir entre l'autorité de Dieu et l'autorité humaine. Qu'ils méconnaissent celle de Dieu, ils n'éviteront pas le châtiment que sa toute justice leur réserve, et, pour comble, ils auront à lutter contre les pouvoirs humains; qu'ils reconnaissent au contraire la souveraine autorité de leur créateur, et non-seulement ils se rendent dignes de la récompense par lui promise en l'autre monde, mais dès ce monde-ci, ils arrivent du même coup à se délivrer de la tyrannie tout humaine, que l'inutilité qu'ils lui infligent par leur obéissance à Dieu, annule et tend à faire disparaître. L'idée chrétienne, enfin, admet et reconnaît des Césars, chargés d'administrer les intérêts de tous et de garantir la liberté et les droits de chacun contre les atteintes des détracteurs de cette idée, mais elle ne reconnaît d'autre maître que Dieu.

Il me serait impossible de voir sans indignation une assemblée, chargée de représenter les intérêts d'une société comme la nôtre, discuter des projets de loi sur la presse. Ces lois, en effet, puisqu'il s'agit ici d'une nation de chrétiens, sont trop clairement faites déjà, pour qu'il soit possible et même permis de les discuter. Un corps législatif ne peut avoir absolument rien à y voir; il ne peut être évidemment question que de leur application, et cela n'est point, on le sait, de la compétence d'une assemblée de législateurs. S'il s'agissait de socialistes, les choses devraient être autrement, cela est hors de doute : ils veulent, eux, ils le prétendent du moins, la liberté; mais en même temps, et c'est en cela surtout qu'ils dépassent les intelligences les plus simplement raisonnables, ils suppriment la responsabilité. Or, est-il possible de concevoir la liberté sans la responsabilité, de même que la responsabilité sans la liberté? Et la liberté, au sein d'une société d'hommes, ne pouvant être absolue et n'ayant d'autre frein naturel que la responsabilité, que devenez-vous le jour où vous supprimez précisément cette responsabilité, votre seule ressource contre les excès de la liberté? N'êtes-vous pas aussitôt forcés de la remplacer, d'y suppléer par la contrainte? Qu'alors vous preniez la peine de discuter les termes de cette contrainte, le mode de son action, cela se comprend. Supprimez le mobile qui fait agir l'individu, vous êtes tenu de le remplacer par la force active; supprimez la responsabilité, vous êtes tenu tout aussi bien de lui substituer la force restrictive. Des deux côtés et en même temps vous tuez l'individu et en faites une machine plus ou moins bien organisée. Laissez-les agir toutes les deux au contraire : le mobile subsiste; ce mobile est précisément celui qui est le plus susceptible de faire agir l'individu, qui agira mieux et plus sûrement, librement que par suite d'une impulsion venant du dehors et à laquelle sa nature peut le porter à résister; d'un autre côté, dans chacun de ses actes, il se trouvera face à face avec la responsabilité qui lui incombe, et trouvera en elle un frein, mieux fait et plus sûr que tous ceux que vous pourriez imaginer.

Je pense et écris ma pensée : est-elle bonne ou mauvaise? est-elle susceptible d'agir dans un bon ou dans un mauvais sens? est-ce vérité ou fausseté? Je l'ignore et m'inquiète fort peu de le savoir. Qu'est-ce que cela peut me faire en définitive, si je ne suis pas responsable des conséquences que peut avoir la traduction de cette pensée? Supposons, au contraire, que la responsabilité ait tout le jeu qu'elle peut avoir : je parle d'un de mes semblables en termes injurieux; le crédit qui le fait vivre repose sur la confiance qu'il a su inspirer; je m'efforce, par une série de mensonges, ou j'arrive, par suite de jugements trop légèrement prononcés, à ébranler cette confiance, à l'anéantir peut-être. Ne dois-je pas être responsable de mes paroles? n'ai-je pas un compte à rendre du tort qu'elles ont fait? est-il enfin plus permis de tuer la réputation d'un homme, qui vit de cette réputation, que de lui voler sa bourse? Les lois préventives sur la tribune ou la presse sont donc d'absolue nécessité au sein d'une société socialiste; elles sont parfaitement inutiles, puisqu'elles sont déjà faites et parfaitemont faites, au sein d'une société chrétienne, d'une société qui admet la responsabilité. Laissons à ceux qui sont compétents dans la question des châtiments à appliquer ces lois, à en étudier les formes et les termes; le législateur ne peut y toucher sans s'exposer à se voir traiter de socialiste. Laissons donc, autant que possible, agir la liberté; mais la liberté dans tout son entier et toute sa plénitude, et surtout ne songeons jamais à en faire agir une moitié en supprimant la seconde part, la responsabilité, qui n'est pas la moins importante des deux. Ayons, au contraire, foi en Dieu, c'est-à-dire fions-nous à la responsabilité, dont il a chargé l'homme, pour servir de correctif à la liberté; il ne nous serait pas possible d'en créer un meilleur et plus sûr. Le mal a son rôle à jouer : ce sont les souffrances que me cause la faim qui m'avertissent que je dois manger. Si ces souffrances n'existaient pas, j'oublierais peut-être même de manger, et la vie s'éteindrait insensiblement en moi sans que je m'en aperçoive. De même l'erreur a sa mission; les maux qu'elle produit, quand son action n'est pas contrariée, avertissent bientôt de sa présence : les maux servent donc à la faire découvrir, et la notion de l'erreur est déjà un grand pas vers la vérité. Laissons donc, nous qui aspirons à la vérité, à l'erreur la possibilité de se produire et de nous avertir. Écoutons toutes les voix, pourvu que ces voix soient sincères et convaincues; car, je crois l'avoir déjà dit, mieux vaut pardonner à vingt coupables que condamner un innocent. Je proclame donc, comme sacrée, la liberté de parler et d'écrire, mais à deux conditions expresses : c'est que celui qui parle ou écrit soit convaincu de ce qu'il dit ou écrit, et, en second lieu, qu'il soit responsable, non-seulement devant Dieu, mais aussi devant les hommes, de ses paroles et de ses écrits, et assume sur lui toutes les conséquences qu'elles peuvent entraîner.

DE LA LIBERTÉ RELIGIEUSE OU DE CONSCIENCE

La liberté de conscience est absolue comme la liberté de penser. Rien de plus antipathique à l'idée chrétienne que l'usage de la force pour violenter les consciences; rien de plus opposé à l'esprit de l'Évangile que l'inquisition; mais dès que la croyance ou pensée religieuse se manifeste au dehors de l'homme par des paroles, des écrits ou des actes, n'a-t-elle pas, comme toute autre action humaine, ses principes, ses lois et ses règles, auxquels elle est tenue d'obéir? C'est ce qu'il s'agit de rechercher ici.

Tant que la croyance, la foi, la pensée religieuse, restent rigoureusement contenues au fond du cœur de l'homme, il est de toute évidence qu'elles demeurent au-dessus et à l'abri de toute atteinte humaine : les rapports que l'homme a avec son Dieu, les sentiments intimes qui le lui font comprendre, admirer, aimer, craindre ou braver, restant directs entre l'homme et son créateur, c'est-à-dire ne se manifestant par aucun signe extérieur, ne peuvent avoir aucune influence, ni bonne ni mauvaise, sur le reste de l'humanité, et l'homme ne peut avoir nul compte à en rendre aux hommes, à un autre qu'à Dieu lui-même. Mais traduisez en paroles cette pensée religieuse, qui s'agite au fond de votre âme, donnez-lui une forme que les sens des autres hommes soient susceptibles de saisir, aussitôt cette pensée agit sur ceux de vos semblables qui l'entendent et l'écoutent; elle est à même d'influer sur leur pensée, de l'altérer, de la modifier, dans un sens ou dans un autre. La force physique, matérielle, a son action sur l'homme; elle peut l'amener à agir autrement qu'il n'eût fait sans elle et en dehors de son action, à l'état enfin complétement libre; aussi cette force ne doit-elle pas agir aveuglément et doit-elle, au contraire, se soumettre elle-même à des lois supérieures à elle, c'est-à-dire venant d'en haut, qui ont pour but de la mettre en jeu, en temps opportun, de la modérer et de la régler. Si l'expression de la pensée, c'est-à-dire cette pensée appropriée aux facultés des autres hommes, est susceptible d'influer sur eux, d'amener une modification quelconque dans leurs actes, en modifiant la pensée qui est en eux et qui est le mobile de ces actes, ne doit-il pas y avoir des lois, qui, comme pour la force matérielle, lui viennent d'en haut et soient destinées à la diriger et à lui indiquer la voie qu'elle doit suivre? Ou l'homme est absolument libre, c'est-à-dire privé de toute aide et secours de la part de son Créateur, c'est-à-dire abandonné par lui à ses propres forces, ou l'homme a reçu de lui ces lois qui non-seulement dirigent sa pensée et sa croyance, mais la contiennent et marquent les limites du champ qui lui est assigné, et qu'elle ne doit pas dépasser sous peine de retomber dans le vague et les ténèbres, dans le chaos intellectuel, au sein duquel, avant la révélation, avant la venue du Christ, l'homme errait sans but et sans direction. Il est vrai que ce but, cette direction, l'homme orgueilleux, l'homme qu'anime et inspire l'ange déchu, le génie du mal qui lui fit commettre sa première faute et le fit chasser du Paradis terrestre, l'homme orgueilleux et impie les nie et les repousse ; il préfère errer librement dans les ténèbres que vivre au sein de la lumière en acceptant et observant les lois divines. La vie humaine n'est qu'une lutte entre les deux influences du bien et du mal, entre Dieu qui aime l'homme et veut le sauver, et son éternel ennemi qui ne rêve que sa perte. L'homme a été laissé maître de se prononcer pour l'un ou pour l'autre, d'opter entre les deux influences qui agissent sur lui ; et c'est en cela précisément que consiste cette liberté dont il est si fier, et qui fait de lui, tant qu'il vit, cet être indépendant, image en petit, bien petit, il est vrai, de la divinité, mais aussi, hélas ! responsable de ses pensées et de ses actes. Cette liberté qui lui est si chère et si précieuse, en ce qu'elle le rapproche de son Créateur, est aussi une charge lourde qui l'écrasera s'il ne cherche un appui. Dieu était cependant assez puissant pour détruire en lui l'influence du mal et l'attirer tout à lui ; mais, s'il eût agi ainsi, il ôtait dès lors à l'homme toute liberté et aussi toute responsabilité, et le temps qu'il le condamne à passer sur terre aurait cessé d'avoir un sens appréciable et défini. Cette vie terrestre, qui a été donnée à l'homme, n'a d'autre but que de l'amener un jour devant le tribunal de Dieu, chargé de cette liberté même, dont il aura joui, et de cette responsabilité qui lui aura incombé, liberté et responsabilité qui font qu'il aura à répondre de ses pensées et de ses actes, et qu'il méritera la récompense ou encourra le châtiment, proportionné à l'étendue de ses fautes, châtiment, au gré de l'infaillible justice divine, limité ou éternel. Nier la liberté et la responsabilité en l'homme, c'est ôter tout sens à la vie humaine; c'est tuer l'homme, si ce n'est nier Dieu.

Si la religion, comme semblent l'admettre beaucoup de gens, n'avait uniquement pour but que Dieu et l'autre monde, je serais fort éloigné de l'idée de la soumettre ici à un examen quelconque, de chercher à en analyser l'esprit et les conséquences. Mais, on le sent bien, cela se comprend de soi-même, la religion n'est pas seulement un culte; ce n'est pas, à moins d'en faire un instrument, un simple moyen ou procédé d'adorer Dieu, une forme quelconque sous laquelle se manifeste l'admiration des hommes pour leur Créateur. Je l'ai dit dès le principe, et je doute que jamais on parvienne à me donner preuve du contraire, il n'y a pas d'homme sans croyance, pas de société sans une religion. La croyance, et par suite la religion qui en est et doit en être la traduction fidèle, la croyance, dis-je, est, non pas une pensée à laquelle un homme peut ou non se laisser aller, qu'il peut, selon son caprice, modifier ou changer, mais c'est la base, le fondement, la cause d'existence de cette société, ce qu'il est forcé de reconnaître s'il veut avoir le droit d'en faire partie. Le grand tort des législateurs, à nos yeux, est précisément l'oubli de cet immuable et incontestable principe, et d'avoir tenté de trouver ailleurs qu'en Dieu lui-même l'origine de toute loi. C'est là un écueil que l'antiquité païenne avait toujours eu grand soin d'éviter; et il est vraiment remarquable que nos législateurs chrétiens se soient si aisément laissé entraîner à se briser contre lui. Quand j'ai essayé de parler de la loi, j'ai fait sentir, autant que j'ai cru devoir le faire, l'impossibilité de trouver ailleurs que dans la volonté divine la source et la base d'une loi, qui fût une véritable loi, et non pas une production de l'inventive, changeante et capricieuse imagination de l'homme. Je n'ai fait en cela que suivre l'exemple que le paganisme nous avait donné, et que notre titre de chrétien ne nous force nullement à rejeter, et je n'ai voulu prouver qu'une chose : c'est que le législateur, tout en pouvant dans ses recherches mettre la main sur une vérité, cherchant sur terre et parmi les hommes l'origine de la loi, le législateur enfin, qui ne songe à faire d'elle que l'expression écrite de la volonté des hommes, fait forcément de la loi — ce qui est contraire à son esprit même — une chose vague, capricieuse et variable à l'infini, et, je dirai même plus, quelque chose d'immoral, puisqu'à ses yeux la volonté de la majorité, quelle qu'elle soit, est appelée à faire loi. Les législateurs, comme les économistes, ont et doivent avoir le don, le génie de l'observation; mais les uns comme les autres doivent précisément se méfier de cette qualité, nécessairement dominante chez eux, et veiller soigneusement à ce qu'elle n'agisse pas despotiquement sur la marche de leurs travaux. Ils doivent enfin se servir de ce don précieux, mais non point en être esclaves. Si, en effet, ils restent et se tiennent rigoureusement renfermés dans leur nature humaine qui est imparfaite, et s'ils prennent le plus grand soin de ne jamais recourir à Dieu, est-il possible, puisqu'ils sont hommes, qu'ils évitent d'en arriver, une fois ou une autre, à des conclusions au moins douteuses et peut-être même à de véritables erreurs?

Un homme de génie, aspirant au titre de législateur, observe diverses sociétés : il est indubitable que, les usages et coutumes adoptés par chacune des sociétés sur lesquelles il porte les yeux étant différentes, il est tenu, s'il observe bien, de bâtir un code particulier pour chacune d'elles, et cela même selon l'époque à laquelle a lieu l'observation. Il s'ensuit que, si le code est le résultat uniquement de l'observation, ce code doit, pour être bon et possible, varier avec chaque société et être, chez chacune d'elle, susceptible de varier, suivant les progrès ou la décadence, suivant enfin les usages et coutumes adoptés par elles, et qui peuvent incontestablement varier et se modifier à l'infini. Est-ce là un véritable code? et ces observations sont-elles bien réellement dignes de faire loi parmi nous? Mais maintenant que son observation ait pour champ, par exemple, une société chrétienne; et j'entends évidemment par là une société dont, sauf de rares exceptions, tous les membres sont chrétiens. A ses yeux — il daignera peut-être le remarquer en passant — cette société aura adopté la religion du Christ;

et ce sera là toute la part qu'il songera à faire au fondateur de notre société. Mais si son observation est bien faite, et si réellement cette société est chrétienne, c'est-à-dire si au moins la majorité de ses membres ne se contentent pas du titre de chrétiens, quels usages, quelles coutumes, quelles lois enfin est-il exposé à y trouver après avoir bien cherché? Immanquablement une de celles qu'il aurait pu trouver, sans tant observer, dans ce petit livre, qu'il a peut-être oublié de placer sur un rayon de sa bibliothèque, et qui est intitulé Évangile. Que fait cet homme en agissant ainsi? D'abord il se donne beaucoup de mal pour découvrir, en supposant encore qu'il découvre, ce qu'un peu de confiance en Dieu et en la révélation lui aurait fait trouver de prime abord et sans le moindre effort; ensuite il prend tout simplement l'effet pour la cause. Ce n'est pas, en effet, parce que les hommes qu'il examine sont chrétiens, qu'ils en sont arrivés à observer, en majorité du moins, la loi qu'il a la singulière prétention d'avoir découverte, mais c'est bien parce que ces hommes observent cette loi, faite avant eux et au-dessus d'eux, qu'ils sont chrétiens. Dans la manière de procéder que l'on semble avoir adoptée pour découvrir les lois qui régissent notre société, il est impossible de ne pas voir, ou bien un fonds de véritable naïveté, ou bien un incommensurable orgueil qui pousse l'homme à supprimer Dieu et à ne reconnaître d'autre maître que lui-même, ou enfin, et tout au moins, une sorte de folie, une singulière et ridicule monomanie. Cette folie est précisément celle qui fait que l'homme va volontairement, selon l'expression vulgaire, chercher midi à quatorze heures, et n'attache de prix et de valeur qu'à ce qui lui a coûté des peines immenses à acquérir. Ce sont enfin de véritables tours de force qu'il effectue à grand'peine pour obtenir la chose la plus simple du monde, et cela de gaieté de cœur. Voici, en effet, quel est son mode d'action : un objet est là sous ses yeux, à portée de sa main : s'il le veut, il n'a qu'à tendre la main et saisir l'objet; mais cela est trop simple. Il tient à avoir cet objet entre les mains, mais il ne veut le devoir qu'à ses peines et il s'impose, volontairement, l'obligation de ne l'atteindre qu'après des exercices de corps incroyables et d'effroyables contorsions. J'ai soif : Dieu m'a donné, pour apaiser cette soif, de l'eau en abondance; sous ce rapport même sa munificence a été infinie; mais non, je ne boirai pas de son eau; je suis trop orgueilleux pour consentir à lui rien devoir. La science m'a appris que cette eau est un composé d'oxygène et d'hydrogène; je vais chercher n'importe où, et quelque peine que cela me coûte, ces deux éléments qui me sont nécessaires, et que je suis bien obligé, notez bien ceci, de demander en définitive au Créateur de toutes choses, et je m'en sers, par les moyens que mes recherches m'ont appris, pour en composer de l'eau. La loi est là, sous mes yeux : il me suffit d'ouvrir un livre pour l'y voir inscrite en toutes lettres. Eh bien, non! je ne l'ouvrirai pas : c'est trop simple, trop facile, et aussi trop humble. J'aime mieux deviner ce qu'il contient et ne devoir la connaissance de cette loi, qui m'est indispensable, qu'à de pénibles recherches et de longues observations.

Ainsi raisonne l'homme, on ne peut le nier : c'est ainsi qu'il perd en recherches vaines, et dont les résultats ne peuvent être que douteux, le temps qu'il pourrait utiliser pour avancer dans la voie du progrès. Est-ce autre chose que la misérable vanité, dont il est envahi, qui le pousse à agir seul, indépendamment de Dieu, et lui fait repousser l'aide que le Christ est si doucement venu lui offrir ? Je le répéterai jusqu'à satiété : sans Dieu l'homme n'est pas; sans révélation, il n'y a pas de loi; sans lois, il n'y a pas de société possible. Si vous n'admettez pas la révélation, vous êtes tenu d'en inventer une et de vous faire prophète ou apôtre vous-mêmes; car si vous ne soufflez pas dans le sein des hommes une croyance solide et durable, vous échouerez au port, et la société que vous rêvez de fonder se réduira à son inventeur, à vous-même. Cela étant, pourquoi essayer de faire naître dans le cœur des hommes une croyance nouvelle, qu'ils répugnent à admettre? pourquoi ne pas profiter de celle qui y a déjà pénétré, et qui demande si peu pour s'inculquer à jamais dans nos cœurs? Est-il donc si néeessaire, pour être homme et en revêtir tous les nobles attributs, de lutter contre le Christ, comme jadis Satan contre les anges restés fidèles? Si sa voix est divine, n'est-il pas plus glorieux de marcher à ses côtés et d'aspirer à être le premier de ses serviteurs?

Mais je quitte des yeux les socialistes, pour les reporter vers vous, chrétiens, et je vous adresse cette question : est-il possible qu'une loi existe et se perpétue sans de fidèles gardiens, chargés de veiller à son entière conservation, et chargés aussi de la transmettre pure et inaltérée aux générations qui se succèdent sur la terre? Quels sont ces gardiens? Les apôtres d'abord, et, après eux, leurs successeurs; l'Église et ses ministres, qui n'ont pas cessé jusqu'à ce jour d'avoir pour mission de garder la source de la loi, l'Évangile... Le Christ est remonté vers son père; sa mission était accomplie. L'Église est destinée à suppléer à son absence ct à servir d'intermédiaire indispensable entre la religion et l'homme, comme le professeur entre la science et l'élève. Sans l'Église et ses ministres, gardiens sévères des livres sacrés, la loi religieuse s'altère et se perd sous l'action intéressée des passions humaines, et avec elle la société que le Christ a fondée. La loi divine est le sang de la société : supprimez cette loi, la vie s'arrête et la société entre en décomposition; altérez-en la pureté, laissez un instant ce sang se vicier et la maladie, la souffrance, l'épuisement précurseur de la mort, apparaîtront aussitôt. L'Église chrétienne est à la fois l'apôtre, tout prêt à expliquer la loi à tous ceux qui viennent pour l'entendre et la comprendre, et le dragon, que nulle arme n'effraye, préposé à sa garde, chargé de la défendre contre toute atteinte et toute souillure.

La conscience est-elle absolument libre? Oui, sans nul doute. Est-il permis de nier ou d'altérer seulement la loi de Dieu? Oui encore, mais à une condition : c'est celle d'aller vivre ailleurs que dans une société chrétienne. Voulez-vous enfin prendre part aux bienfaits de la civilisation et contribuer au progrès? Observez la loi du Christ et n'essayez pas de la modifier ou de l'altérer, car nous voulons vivre et nous ne souffrons pas qu'on altère la pureté de notre sang. Vous la méconnaissez ou la niez? éloignez-vous, car vous ne pouvez vivre parmi nous, et allez, comme les Mormons, fonder ailleurs une société qui ne peut pas être la nôtre. Nous sommes assez forts pour tolérer parmi nous l'orgueil, l'erreur, l'ingratitude et l'ignorance ; nous tolérerons même qu'ils s'échappent de votre sein en paroles acrimonieuses ou en écrits subversifs et injurieux ; nous le pouvons, grâce à l'appui tout puissant sur lequel nous reposons, mais il ne faut cependant pas dépasser certaines limites, car nous apprenons à respecter le mariage et la famille, qui assurent la perpétuité de notre race et la pure transmission de notre sang, et nous ne pouvons tolérer qu'un disciple de Mahomet vienne, au milieu de nous, étaler son harem, ses esclaves et ses eunuques.

Ai-je prononcé légèrement, lorsque j'ai refusé au socialiste le titre de chrétien? La loi du Christ est-elle une religion simplement, ou bien la base fondamentale de notre société? Puis-je être chrétien, en restant seulement adorateur de Dieu et du Christ, et me dispensant d'en observer les lois? Et ces lois, que je suis tenu de connaître, comprendre et observer, qui me les enseignera, qui me les expliquera? Où sera le code immuable et inaltérable, auquel je puis avoir une confiance sans bornes? Ah! nous le savons tous où il est : nous savons tous quel en est le gardien, et nos ennemis ne l'ignorent pas plus que nous. Aussi est-ce à lui qu'ils s'adressent et qu'ils en veulent. Ils sentent, comme nous et mieux que nous quel est le fondement de notre société, et eux qui rêvent non de l'altérer, mais de la tuer, savent bien où il faut frapper pour tuer. Rome a toujours été le but suprême de la barbarie, et les barbares de tous les siècles ont toujours compris que là était le cœur de la chrétienté. Mais ce sont de grands enfants, de vrais et ignorants barbares, ceux qui croient qu'on tue l'homme en brûlant l'effigie; pour nous Rome est partout, partout où il y a des cœurs chrétiens, partout où l'Évangile, dont Rome a l'honneur d'être gardienne, n'est pas mort dans le souvenir des hommes. Mais Rome et le pape sont le but des socialistes : est-il utile de l'expliquer? Faut-il montrer qu'au dix-neuvième siècle, le barbare n'a pas encore oublié le rôle qu'il doit jouer? et son acharnement contre le lieu du dépôt sacré n'apprend-il pas à tous l'incontestable vérité de ce que j'avance? le socialiste n'est pas chrétien, et l'Évangile est la base de notre société.

La religion et la société sont plus qu'intimement liées l'une à l'autre : elles ne font qu'un à elles deux. Elles sont inséparables comme l'âme et le corps, et leur séparation est un arrêt de mort. Autre religion, autre société. Vous ne pouvez toucher à l'une sans toucher à l'autre; si l'association veut vivre, que l'harmonie, la concorde la plus parfaite règne entre les deux éléments qui la constituent : c'est l'intérêt surtout de la société; car la religion, comme l'âme, peut vivre, d'une vie propre à elle, sans la société; mais, sans la religion, la société se décompose et meurt, comme le corps que l'âme a quitté.

Mais, hélas! le Christ n'est plus parmi nous; il est remonté sur son trône céleste : et ses successeurs, tous dévoués qu'ils puissent être, n'ont pu être que des hommes. L'erreur et l'homme sont si près l'un de l'autre que trop souvent ils ne peuvent éviter de se heurter. L'Église, qui succédait au Christ, avait sa mission à accomplir. Dès sa naissance elle lutta, c'était son devoir, contre la force et la puissance; sa faiblesse, qu'étayait le Christ, lui était une arme, et la persécution et le martyre ne servaient qu'à la retremper et la raviver. Mais un jour vint où elle triompha et fit Rome chrétienne de Rome païenne. A partir de ce jour, sa puissance l'éblouit; elle oublia qu'elle était venue combattre les puissants et se crut ou se fit puissante elle-même. Tant qu'elle ne s'adressa aux rois que pour déposer les indignes d'entr'eux, pour rabattre leur orgueil et mettre un frein à leur tyrannie, Dieu la soutint, car elle défendait la cause de l'opprimé et du faible. Mais le jour où elle voulut se faire l'égal des puissants, et oublia le faible et le pauvre, flattant le riche et le fort et s'appuyant sur eux, Dieu la châtia, et à la voix de Luther un coup terrible la frappa au cœur. Un roi qui ne voyait plus dans le pape, qu'un souverain comme lui, un de ses égaux qui essayait de le dominer et morigéner, secoua ce qui n'était plus qu'un joug; sa voix trouva de l'écho auprès de son peuple tout entier, qui ne savait plus voir dans le chef de l'Église le soutien du faible contre le fort, et l'Angleterre échappa à l'Église de Rome. Un jour le pape, voulut, comme un simple roi de la terre, étendre ses domaines et s'arma de l'épée : aujourd'hui, cette épée que Dieu ne soutient pas lui tombe des mains, et ses domaines lui sont disputés. C'est qu'ils n'étaient plus que des hommes, ceux d'entre les papes qui oubliaient leur mission, pour ne plus voir que leur puissance, et qui délaissaient le faible pour se faire eux-mêmes forts et puissants.

La mission de l'Église est de lutter sans relâche contre la force et l'oppression : c'est un rôle de libérateur, à l'exemple du Christ, qu'elle est appelée à jouer. La liberté, la liberté de tous les hommes est son but final, et cette liberté ne peut être son ennemi. Cette liberté, elle lui a donné naissance, c'est son enfant; elle doit, non pas le renier, mais ne pas cesser un instant de l'instruire et diriger. La liberté. je l'ai dit, est le pain de notre âme : c'est l'Église qui doit nous apprendre à le gagner : le domaine de l'Église est partout où le pain manque, et non point là où il est en abondance. Ce que nous voulons, c'est gagner notre pain; que l'Église nous enseigne et nous aide à travailler, nos cœurs seront à elle : qu'elle combatte avec nous l'erreur, la violence, la contrainte, la barbarie et l'oppression, et aux jours de détresse, elle trouvera en nous de fidèles et dévoués soutiens, ou plutôt les jours de détresse n'apparaîtront plus jamais pour elle; celui qui la soutiendra tient entre ses mains la puissance infinie. Le Christ est venu nous apprendre à nous libérer, c'est la liberté qui doit être le but de l'Église, qui lui succède, et c'est cette voie qu'elle doit nous montrer et nous enseigner à suivre. La liberté ne peut donc être l'ennemi de la véritable Église; elle ne peut être au contraire que son arme toute puissante.

Les États temporels du pape lui ont échappé des mains; est-ce la liberté qui les lui a arrachés? L'Italie travaillait à sa libération : les conseillers du pape résistaient au mouvement au lieu de l'aider et de le diriger. La liberté italienne fit-elle un progrès, un pas, le jour où un souverain envahit, sans cause et sans prétexte, les états de son voisin? Cette invasion était-elle juste? Pas plus que ne le serait l'invasion de la Belgique par la France. La justice et la liberté peuvent-elle donc marcher l'une sans l'autre? Aussi après cette marche funeste, après cet appel à l'injustice, que devint la cause de la liberté? N'est-elle pas tombée entre les mains de ses ennemis, des socialistes? N'a-t-elle pas cessé d'être la cause de la liberté pour devenir celle de la violence et de l'oppression? et n'est-ce pas la violence, et non point la liberté, qui a envahi les États de l'église, et menace chaque jour le trône terrestre du chef de la chrétienté? Ah! l'Église aura beau faire; il ne lui est point donné de faillir à sa mission et de la changer. Elle trouvera toujours un appui dans la liberté, un ennemi implacable dans la violence. Sa mission est de libérer : elle ne peut rien avoir à faire avec les puissants : ses yeux doivent se porter en bas, sur les faibles et les souffrants. Qu'elle soulage la souffrance et la misère : ceux qu'elle aura soulagés et relevés ne manqueront pas à son appel.

Mais la première de toutes les conditions que doit remplir celui qui est chargé d'enseigner, c'est de savoir lui-même. Que nos maîtres donc apprennent à ne pas se tromper à la voix de la liberté! qu'ils sachent reconnaître, parmi ceux qui prononcent ce mot sacré, celui qui l'aime et sait la comprendre, et celui qui se sert de ce mot comme d'un instrument au service de son égoïsme et de son ambition. Que parmi les hommes qui ont des armes à la main, ils sachent distinguer ceux qui se défendent de ceux qui attaquent : car l'épée est aussi bien une arme pour la violence qu'un moyen de défense pour celui qui est attaqué : et le même vêtement peut couvrir aussi bien le méchant que le bon et le juste. Le mal revêt à dessein le vêtement que porte le bien. La tâche assignée aux hommes sur terre n'est point facile : celle assignée à ceux qui sont chargés de les instruire peut-elle n'être pas hérissée de difficultés? Mais la difficulté n'effraie pas les âmes courageuses, grandes et fortement trempées; elle leur est au contraire un stimulant et une force nouvelle. Dieu a semé des difficultés sous les pas de l'homme, mais il n'a pu lui créer d'obstacle qu'il ne fut, avec son aide, capable de surmonter. La vie est pénible et le pain dur à gagner : mais impossible n'est pas chrétien.

De terribles coups sont sans cesse portés, aujourd'hui, à la religion, par ceux qui veulent détruire la société. Ils comprennent bien, je l'ai dit, que l'une est la base, est l'âme de l'autre. Quant à moi, je suis parfaitement d'accord avec eux, et je dis sans hésiter, que c'est la religion adoptée par une société d'hommes qui fait cette société. Aussi, bien que nous n'ayons en vue ici que la pure science, on sent qu'il est impossible de traiter les questions sociales sans tenir compte de la religion, qu'on est sans cesse exposé à rencontrer sur ses pas; et, pour être un bon et véritable économiste, il faut, comme pour être bon médecin, prendre grand soin de ne point séparer l'âme du corps, et les traiter au contraire tous deux à la fois, la vie sociale comme la vie humaine, n'étant qu'une conséquence de leur association et de la bonne harmonie qui règne entre les deux. Ce que j'ai eu en vue dans cet écrit, c'est surtout et peut-être uniquement de relever le moral de la société, moral un peu abattu, convaincu, comme je le suis, que la santé du corps y gagnera. Rien ne brise les forces comme le découragement, rien ne les ranime comme la confiance et la foi en la justice de la cause que l'on défend. C'est donc, en science sociale comme en médecine, l'école matérialiste qui peut seule ne voir dans le sujet à traiter que la portion matérielle de l'individu et qui peut négliger tout ce qui a rapport à la partie morale. L'école spiritualiste s'exposerait à tomber absolument dans les mêmes erreurs et des conséquences analogues, si elle se laissait aller à sacrifier l'une à l'autre. Les deux parties sont essentielles à la vie : les deux méritent l'attention et les soins. La science n'est complète et vitale, ou plutôt elle ne le sera que lorsque la lutte aura cessé entre le spiritualisme et le matérialisme et que la plus parfaite harmonie se sera établie entre eux. Ce n'est pas un accès de spiritualisme, ni de matérialisme, qui a pu faire dire à un prêtre, éminent penseur, et que son caractère sacré pousse vers la liberté au lieu de l'en éloigner, que l'écomie politique serait peut-être le salut des sociétés menacées : ces paroles n'ont pu lui être inspirées que par ce jugement sain et vigoureux que donne la notion de la science unique, de l'accord parfait et inaltérable, qui doit régner entre les différentes branches, entre lesquelles malheureusement elle est encore divisée ou plutôt morcelée. Déjà le progrès montre combien elles se relient toutes les unes aux autres, et, pour moi, non-seulement la philosophie religieuse et la philosophie sociale ne peuvent pas être ennemies l'une de l'autre et en antipathie incurable, mais bien au contraire elles ne font à elles deux qu'une seule et même science. Le progrès ne peut amener qu'à les fondre de plus en plus l'une dans l'autre. Qu'y a-t-il d'étonnant à ce que nos ennemis, les socialistes, nous montrent l'irréligion sous toutes ces faces? ils sont conséquents avec eux-mêmes, voilà tout : ils ne peuvent pas ne pas trouver la loi divine en face d'eux et contre eux. Nous sommes tous les jours témoins des luttes qu'ils ont entreprises contre tout ce qui est religion, et certes nous sommes fort loin de nous étonner de leur acharnement mais nous nous étonnerons encore moins de leur insuccès.

Dans un écrit qui a en vue la société toute entière, dans tout son ensemble, il est donc évident que la religion doit trouver sa place, et je n'ai pu éviter de la lui faire. Je me décide donc à aborder, quoique non sans craintes, quelques graves questions auxquelles elle a donné lieu. Je veux d'abord parler d'événements déjà loin de nous, de la réforme et de la naissance du protestantisme. Le but de l'homme, sur terre, est la liberté : ceci posé, voyons ce qui est arrivé. Dans les dernières années du moyen âge la puissance de l'Église avait atteint son apogée : avec la puissance naissent les abus, et nous serons les premiers à reconnaître la nécessité, à l'époque dont il est question ici, de véritables réformes à introduire dans les actes de l'autorité religieuse. Mais les passions ont de la peine à s'arrêter une fois qu'elles sont déchaînées : il ne s'agit plus bientôt de réformer l'Église catholique, on en vint à en altérer les dogmes : les papes abusaient peut-être de leur puissance ; des remontrances étaient peut-être nécessaires; cette puissance devint un joug que l'on dut secouer. La grande société chrétienne se scinda; les Églises protestantes se fondèrent. La première idée de réforme était venue au nom de la liberté : le protestantisme, qui naquit d'elle, était-il utile, indispensable à la cause de la vraie liberté? c'est ce qu'il s'agit d'examiner. Mais que l'on se rassure : c'est au point de vue uniquement scientifique et économique que je parle : je respecte toutes les croyances sincères.

Voici la question : le catholicisme, comme on se plaît à nous le répéter sous toutes les formes, est-il antipathique à la liberté? Le protestantisme est-il plus favorable à cette même liberté? Il semble en ce moment que les causes libérales soient mieux défendues parmi les nations protestantes que chez les catholiques. Au premier abord on se laisserait aller à le croire. Mais d'abord nous ne nous arrêtons point aux apparences; ensuite je prie qu'on n'oublie pas la définition que nous avons cherché à donner de la liberté; et je demande s'il est bien vrai que l'échelle sociale soit aussi élargie parmi les protestants que parmi nous? Où a-t-on vu que les inégalités sociales aient plus disparu chez eux que chez les catholiques? Sera-ce en Angleterre, par exemple, qui semble en ce jour avoir réalisé l'idéal de la liberté politique? Le sol anglais est l'inaliénable propriété de trente-cinq mille familles. Est-ce la liberté qui rend ainsi la propriété inaccessible à tout le reste de la nation, et qui ne permet pas à ceux qui travaillent d'acquérir et à ceux qui ne savent plus où ne veulent plus travailler, de perdre ce qu'ils ont? Est-ce au sein d'une nation libre que l'État peut ainsi se faire garant et responsable de la fortune de quelques particuliers, et se charger d'exclure de la propriété territoriale tout autre que les membres choisis pour faire partie de l'aristocratie? Cette aristocratie enfin, sous quelque forme qu'elle existe encore, en Angleterre comme en Allemagne et en Russie, est-elle donc, pour nous chrétiens, aux yeux desquels l'égalité sociale est une des premières conditions de la liberté, une garantie de cette liberté et bien plus une cause pour elle d'existence? N'est-il pas évident au contraire que c'est au sein du catholicisme que l'égalité sociale est née et a été pour la première fois proclamée, et est-il un pays catholique où le principe d'inégalité légale a pu conserver des racines bien profondes? Avons-nous donc tant à regretter cette liberté politique, bâtarde et boiteuse, que nous admirons si naïvement en Angleterre? Ce double aspect qu'elle nous présente de quelques privilégiés, pourvus de richesses et d'honneurs, qu'ils n'ont nullement besoin de mériter, à côté de la plus effroyable misère et de l'émigration forcée? Ne cesserons-nous donc jamais d'admirer cette politique égoïste et avide de fils aînés, habitués dès l'enfance à voir tout se rapporter à eux, à ne voir qu'eux au monde, et à croire que l'univers repose sur eux? L'influence anglaise qui est grande, vu les efforts que l'Angleterre est tenue de faire pour placer avantageusement ses cadets déshérités, et pour donner des lieux de refuge aux malheureux que chaque année elle est forcée de rejeter hors de son sein, cette influence, dis-je, est-elle donc tellement civilisatrice? N'est-ce pas l'avidité qui la pousse à envahir ainsi qu'elle le fait tout ce qui est digne d'être enviée, et voit-on jamais un agent anglais occupé d'autre chose que d'exploiter un peuple et un pays? Jetez donc les yeux sur les Indes et dites-moi ce que c'est que la civilisation anglaise. La race anglaise a effectué de merveilleux travaux dans l'Amérique du nord; mais il a fallu pour cela que cette branche de la famille se séparât de la mère patrie; et en ce moment-ci elle lutte avec une cruelle énergie contre l'esclavage qui s'est introduit dans son sein, et qui est une des formes, en nombre infini, qu'est susceptible de revêtir l'inégalité. Si donc cette apparence trompeuse de liberté, que l'on appelle la liberté politique, ne peut pas être pour nous la liberté toute entière, nous ne pouvons voir en quoi le catholicisme est l'ennemi né de la liberté, et le protestantisme sa seule branche de salut.

Mais ce n'est pas tout. Voyons-nous un peuple sans une religion? Non. Existe-t-il une religion sans chef? Non encore. Une fois l'autorité du pape repoussée, quels ont été les chefs de chaque religion nouvelle? les rois, les empereurs : le roi en Angleterre, le czar en Russie. Que les socialistes dont le grand principe est *tout par l'État*, trouvent bien et raisonnable que le chef de l'État soit aussi le chef de la religion; d'eux nous le comprenons aisément. Mais devons-nous nous attendre à entendre l'énoncé de pareils principes de la bouche de véritables libéraux? cela n'est pas probable. Puisque néanmoins il est reconnu qu'il faut une religion, qu'à cette religion il faut un chef, ne devons-nous pas nous réjouir de voir l'autorité religieuse reposer en d'autres mains que celle du chef de l'État. Eh! bien, voici précisément nos ennemis, qui jettent feu et flammes, et crient par dessus les toits, dès qu'il s'agit du pape, que les deux pouvoirs temporel et spirituel ne peuvent aller ensemble, qu'il faut absolument et violemment même les séparer l'un de l'autre : et tout cela pour en arriver, comme dans les pays qui ont secoué le joug du pape, à refaire à ses propres dépens ce que l'on se sera donné tant de mal à défaire au profit de quelques Italiens qui s'en souciaient fort peu puisqu'ils n'ont jamais pu réussir à le faire eux-mêmes; et tout cela en définitive, cela est incontestable, pour en arriver à mettre la religion sous l'autorité de l'État, à faire du chef politique et temporel en France ou ailleurs, le chef spirituel, et attirer sur nous les innombrables inconvénients que ces messieurs se plaisent tant à voir et à découvrir chez d'autres. Il y a vraiment là de quoi renverser l'idée qu'on a pu se faire de l'existence d'une raison humaine. Il n'y a pas jusqu'à M. Proudhon, qui, tout en reconnaissant, pour ne pas se brouiller avec ses amis, qu'il n'est pas *papalin*, ne soit forcé d'avouer que la cause de la liberté se fourvoie.

Pour moi, je prétends et soutiens fermement que le protestantisme est suffisant pour la somme de liberté à laquelle les nations d'aujourd'hui peuvent avoir droit, mais qu'un jour viendra où il sera insuffisant; où l'on sera obligé d'arracher au chef de l'État l'autorité religieuse; et comme il faudra toujours un chef à la religion, les protestants seront tenus de s'en créer un, en dehors d'eux-mêmes et de leur société, ce qui n'est autre qu'un pape, et que ce jour-là ils nous féliciteront sincèrement d'en avoir un tout fait et tout trouvé, et reconnaîtront que sous ce rapport, nous sommes, en fait de liberté, en avance sur eux. Ils comprendront d'eux-mêmes qu'il vaut mieux travailler courageusement à la vraie liberté que perdre son temps à chicaner sur quelques dogmes.

J'en suis donc arrivé à ceci ; c'est qu'il faut, cela est de toute nécessité, du moment qu'on supprime le pape, que les pouvoirs temporel et spirituel se réunissent dans la même main chez chaque nation chrétienne. Mon égoïsme le plus pur et un désir trop ardent de liberté à mon profit, m'indiqueraient donc, comme moyen, de rejeter l'endosse sur une autre nation que la mienne, de faire ici aussi la part du feu, et de maintenir, coûte que coûte, le pape à Rome. Mais si je raisonnais ainsi, toute générosité de ma part serait mise en doute : et c'est certes ce que je ne veux point. J'écoute donc ce que tout le monde dit autour de moi, ce que disent, bien entendu, les libéraux. Voici ce que j'entends de tous côtés. L'idéal d'un bon gouvernement est le gouvernement représentatif, celui où l'opinion publique se manifeste le plus librement, et est le plus prise pour guide, c'est-à-dire le gouvernement monarchique constitutionnel, dans lequel le roi est un fantôme, où, en d'autres termes, le roi règne et ne gouverne pas. Eh bien ! si cela est vrai, je dis et je soutiens que le gouvernement du pape est aussi susceptible et plus susceptible que tout autre de réaliser cet idéal. Le gouvernement temporel du pape peut être représentatif : qu'est-ce qui l'en empêche? L'opinion publique ne peut-elle pas chez lui se manifester comme chez tout autre? Un monarque consent difficilement à rester fantôme, mannequin : sa dignité d'homme s'y oppose : le pape a bien d'autres soucis et affaires que les choses terrestres et temporelles : n'est-il pas plus susceptible que tout autre monarque d'être fantôme, au point de vue temporel, et de laisser d'autres gouverner pour lui? Qu'est-ce qui empêche le pape de prendre un Rossi pour premier ministre. Un monarque temporel a ses intérêts dynastiques, ses affections de famille, qui, au dire des gens compétents, nuisent à la liberté politique, en le poussant toujours à augmenter ses droits et ses attributions, à accroître l'héritage qu'il aura à léguer à son successeur : le pape n'est-il pas précisément débarrassé de tous ces inconvénients, à l'abri de toutes ces tentations, délié de tout engagement terrestre, exempt de tous ces défauts trop inhérents à la nature humaine pour qu'on puisse jamais arriver au monarque idéal? Le gouvernement du pape, aux yeux de ses détracteurs, semble forcément théocratique; je ne vois point pourquoi il serait théocratique, quand il s'agit d'intérêts tout temporels : s'il l'est, c'est un malheur et un abus qu'il faut corriger, voilà tout : et j'oserai presque dire que s'il est théocratique, il est coupable de l'être. Il ne serait peut-être pas impossible de prouver que le gouvernement théocratique est, lui aussi, une des formes multiples que peut présenter le socialisme. Ainsi, non-seulement le gouvernement temporel du pape n'est pas forcément théocratique, mais il ne doit pas l'être, et il est aussi susceptible et plus susceptible que tout autre d'être libéral, puisqu'il est plus essentiellement chrétien que tout autre. C'est pourquoi, ce ne devrait pas être à nous à lui donner des leçons de libéralisme, mais bien chez lui que nous devrions en aller chercher. C'est lui qui doit donner l'exemple et le mouvement, et il doit, puisque rien ne l'en empêche, que rien chez lui ne s'oppose au progrès et qu'au contraire tout le favorise, marcher à la tête de la civilisation. N'oublions pas non plus que la propriété est notre base, et sachons voir que les biens de mainmorte en infirment le principe aussi bien que les majorats.

Les États du pape sont aujourd'hui envahis : mais, je l'ai déjà dit, ce n'est point la liberté, mais bien au contraire la violence, qui en est coupable. C'est d'abord l'Angleterre, qui n'a vis-à-vis du pape aucune mesure à garder, qui, grâce à son aimable et généreux système politique, ne peut s'habituer à voir son bien ailleurs que dans le mal des autres, qui pousse en ce moment l'Italie dans la mauvaise voie où elle s'est engagée. Croit-on que ce soit par générosité que l'Angleterre a fourni passage sur ses vaisseaux à Garibaldi? Était-ce bien Garibaldi qu'elle transportait et non point seulement un fauteur de désordre? Était-ce bien à François II qu'elle en voulait, et n'était-ce pas plutôt vers Rome qu'elle poussait le nouveau barbare qui une fois déjà l'avait envahie? Est-il donc permis, après tous les renseignements qu'elle nous a fournis, de se tromper sur sa conduite et de s'aveugler sur sa générosité? Les coupables sont encore les socialistes, Mazzini et compagnie, qui toujours trouvent un refuge en Angleterre, et qui, plus experts et plus habiles que nous, savent bien que c'est à Rome, entre les mains du pape, que sont les tables de la loi, les bases de notre société. Ils n'ont pu jusqu'à présent réussir à ébranler, à faire périr les membres de la grande société, ils s'attaquent à son cœur, à son principe de vie : s'ils ne savent ce qu'ils font et ne comprennent pas bien le but qu'ils poursuivent, l'instinct leur suffit et le génie du mal est toujours là, sans qu'ils s'en doutent, pour diriger leurs pas. Nous pouvons donc nous tromper sur le sens des attaques dont le chef de la catholicité est l'objet ; les socialistes, eux, ne s'y trompent point.

Une grande pureté de sentiments est presque inséparable d'une sorte de naïveté, dont il est utile de se défier ; sous l'empire d'une extrême honnêteté on est, en effet, porté à se faire illusion sur le compte des autres, et on ne met peut-être pas à dévoiler les véritables desseins de ceux qui sont loin d'être doués d'une pareille hauteur d'esprit, toute l'adresse et toute la finesse qu'il faudrait employer. L'honnête homme enfin est plus susceptible qu'un autre d'être pris pour dupe. Il n'est pas de cœur vraiment généreux qui n'ait battu au cri de liberté poussé par l'Italie, ce beau et noble pays, depuis si longtemps courbé sous le joug de l'étranger. Tant qu'il n'a été question que de chasser les étrangers du sol national, et même de détrôner ceux des princes qui s'étaient laissés aller à se faire par trop ostensiblement les vassaux d'une puissance ennemie, tout le monde sympathisa avec les efforts des Italiens pour reconquérir leur nationalité, et fit des vœux sincères pour le succès de leur cause. Quand je dis tout le monde, il est bien évident que j'entends ainsi parler de tous ceux qui pensent et agissent, et que je ne puis y comprendre ceux qui, réduits à l'état de statues, personnifient la négation de tout progrès possible, et manifestent une disposition à l'inertie et une résistance invincible à tout ce qui n'est pas l'ancien ordre de choses. Ceux-ci ont tellement peur d'aller trop vite qu'ils évitent avec grand soin de faire un pas ; et cet excès est aussi loin que l'autre de la vérité. La cause de l'Italie repoussant l'étranger, qui y était toujours resté à l'état de dominateur, sans avoir laissé naître entre vainqueurs et vaincus le moindre germe de fusion, eut donc, cela était tout naturel, droit aux sympathies de tous les cœurs vraiment honnêtes et généreux : beaucoup de ces sympathies, et les meilleures, ont été perdues pour elle. Pourquoi? N'est-ce pas, comme je l'ai dit plus haut, parce que la cause de la liberté est devenue celle de la violence? N'a-t-on pas vu des Italiens, oubliant l'étranger, porter la main sur des Italiens? Est-il possible enfin de voir dans les projets actuels d'unité italienne autre chose que l'ambition démesurée, qu'aucun moyen n'effraye et n'arrête, d'une monarchie qui ne songe qu'à étendre sa domination? Sous l'influence de cette ambition, secouant le joug de toutes règles de justice, cette monarchie a-t-elle pu trouver des aides ailleurs que parmi ceux sur le compte desquels je reviens si souvent, qui voient dans l'invasion de Rome, non point l'agrandissement d'une monarchie, mais l'expulsion du pape, et, à leurs yeux, le renversement, avec la tête du catholicisme, de tout l'ordre social de notre monde de dix-huit siècles? Dans un pareil ordre de choses, la politique toujours généreuse et honnête de la France peut-elle convenir à ceux qui prétendent au glorieux titre de régénérateurs de la liberté italienne, et qui la rendent chaque jour plus impossible? Leurs yeux ont dû se détacher de ce pays qui les avait aidés de son sang et se reporter sur cette Angleterre, prête à intervenir partout où le désordre se fait jour, partout où il y a du mal à faire ou à favoriser, et qui a toujours pour principe immuable de troubler l'eau pour y pêcher plus à l'aise. C'est à Londres que prennent naissance les projets contre Rome : y a-t-il là de quoi nous surprendre? cela peut-il nous étonner de la part d'un peuple qui depuis tant d'années écrase et persécute une nation entière de catholiques, qui n'a d'autre tort que celui d'être la plus faible?

Avons-nous donc eu tort, nous vrais chrétiens et, qui plus est, catholiques, d'aller aider les Italiens à chasser l'étranger? Non : car on ne doit jamais se repentir d'un mouvement de grandeur et de générosité, et d'avoir contribué, où que ce soit, à un progrès de la vraie liberté. Et c'était bien alors la vraie liberté qui était en cause ; on le sent, sans être forcé de se l'expliquer. Il n'y a rien dans l'ordre naturel des choses qui puisse amener à désirer la prolongation indéfinie d'une occupation de l'Italie par des Autrichiens. Les Napolitains, disait-on, gémissaient aussi sous la tyrannie : que ne s'en débarrassaient-ils? Avons-nous, Français, appelé les Italiens à notre aide quand nous avons conquis notre liberté intérieure, et sommes-nous habitués à faire intervenir l'étranger dans nos querelles de famille? Si un Garibaldi essayait de débarquer en France pour y effectuer une révolution, le premier pas qu'il ferait sur notre sol ne suffirait-il pas pour apaiser toutes les haines de parti, les faire oublier un instant, et mettre l'arme défensive aux mains de tous les Français? Est-ce un peuple, celui qui gémit sous le joug, se plaint et s'endort affaissé sous le poids de ses misères, et mérite-t-il tellement nos sympathies? N'avons-nous pas énoncé ce grand principe que, pour jouir de la liberté, il faut s'être rendu digne d'elle? Si les Italiens ne sont pas encore dignes de la liberté, qu'ils souffrent en silence, et travaillent à s'améliorer et fortifier; car, sans cela, ils ne posséderont jamais, sous le nom de liberté, qu'une tyrannie qu'on leur imposera, et un tel changement de nom ou de décors ne trompera certes jamais ceux qui savent voir et comprendre. Il ne suffit pas de chasser un roi pour conquérir la liberté : ce n'est pas le tyran qui fait la tyrannie, c'est la faiblesse des sujets, et cette faiblesse ne se corrige pas ainsi du jour au lendemain, grâce à un coup de main sur la personne du souverain. Ne faut-il pas être pur socialiste et aveuglé par la croyance au mythe et à sa puissance absolue, pour croire un instant que cet homme, que l'on renvoie si aisément, tient entre ses mains toutes les causes du mal, tous les fils du despotisme, et qu'il suffit de le changer ou d'en mettre un autre à sa place, pour faire faire à toute une société, vers le progrès, un pas que mille ans de travaux et d'efforts énergiques ne suffiraient peut-être pas à lui faire accomplir? Sera-ce donc toujours d'en haut que devra partir la liberté? Cette liberté, est-elle donc simplement une fleur qui vit d'elle-même, sans racines, ou dont les racines n'ont nul besoin, pour s'alimenter, de reposer sur un sol fertilisé et bien préparé? Que l'on prépare le terrain, qu'on l'arrose de ses sueurs, et quand il sera suffisamment fertilisé, la liberté saura bien y venir d'elle-même et y croîtra, belle et grande, de tous les sucs nutritifs que ses racines y trouveront. On ne peut pas, quand on jette les yeux sur les efforts socialistes vers la liberté, ne pas se rappeler les procédés employés par les enfants pour se faire un jardin en quelques instants. Ils coupent des fleurs et les plantent en terre par leur tige; la fleur conserve encore quelques moments sa beauté, mais elle est déjà morte à l'instant même où elle est plantée. N'est-ce pas aussi le même ordre d'idées, la même hauteur de vues, qui poussent ces grands enfants vers Rome, leur faisant croire que du jour où ils auront chassé le pape, ils auront tué la religion? Si le Christ était mortel, il y a longtemps que son nom aurait disparu des mémoires humaines : s'il est immortel, il rit de leurs misérables insultes, et de cette naïveté qui les amène à croire qu'ils l'auront tué le jour où ils auront brisé ou peut-être seulement déplacé son image. Quel grand enfant que l'imagination humaine, et combien il a besoin, pour devenir homme, des leçons de la science!

L'ignorance est donc l'ennemie : l'arme qui nous est donnée pour la combattre, c'est la science. Que cette science pénètre donc dans le cerveau du dernier d'entre les hommes; l'imagination cessera d'y dominer en maître, et la cause du bien et de la vérité sera gagnée. Un homme d'un immense génie, qui, on ne sait trop pourquoi, s'est fait notre ennemi, ou plutôt fait des efforts surhumains pour en revêtir l'apparence, l'auteur d'un livre dans lequel la religion et le socialisme semblent s'arracher une âme errante et incertaine, qui a quitté son premier point d'appui et n'a pas encore su faire choix d'un autre, l'auteur des *Misérables*, enfin, nous le dit lui-même : c'est la nuit qui est l'ennemi des hommes, c'est elle qu'il faut combattre et dissiper. Un homme né bon et intelligent, voué à l'ignorance, tombe dans le crime et achève de se dégrader au bagne. Un saint homme, un apôtre du Christ, lui tend la main au fond de l'abîme dans lequel il est tombé, l'attire vers lui, vers lui si haut placé, et lui fait apercevoir la vraie lumière. La nuit et la lumière luttent un instant dans le cœur de cet homme, et tout un magnifique chapitre est consacré à nous montrer cette lutte, et les douleurs que cause aux yeux de cet homme, habitué à la nuit, les premiers rayons de clarté. Le sauveur de cette âme misérable, et plus misérablement enveloppée, celui qui d'un mot la remet ainsi sur la voie du bien et de vérité, n'est-ce pas un prêtre, un ministre même de cette religion que les nouveaux et faux amis du grand poëte insultent chaque jour et accablent de coups et d'injures? Le nouveau socialiste n'a pu oublier ses premières leçons : il ne peut méconnaître cette religion qui l'a reçu à sa naissance, qui, la première, a fait naître en lui la vraie lumière. Ce sont ses ministres, il le comprend plus encore qu'il ne le dit, qui ont pour mission de tendre la main aux misérables, et de chasser la nuit.

Tel est aussi, à nos yeux, le véritable rôle de l'Église, sa véritable mission parmi les hommes : chasser la nuit partout où elle naît, et empêcher l'erreur de naître, pour n'avoir pas plus tard à la combattre et à souffrir de ses insultes. C'est le misérable, c'est l'homme qui vient de naître, faible, chétif, et qui ne sait où diriger ses pas, vers lequel ses yeux doivent se porter avec le plus de sollicitude. Le mal présent frappe les yeux et fait verser des larmes de sang, mais tous les efforts ne doivent pas être consacrés à le combattre, et une grande part, la plus grande même, doit être employée à prévenir le mal à venir. Il faut détruire le germe de la maladie, dès qu'il paraît, avant même qu'il se montre aux yeux humains, et non attendre que les progrès du mal l'aient rendu incurable. Il est plus simple et plus facile de vacciner mille enfants que de sauver de la petite vérole un homme chez qui le germe a été laissé. Les prêtres sont les médecins des âmes, à eux donc de les vacciner ; à eux de détruire, sur ce sol encore vierge, le germe du vice et de l'erreur, à y substituer la notion du bien ; à eux à chasser la nuit et à faire que l'homme n'ouvre les yeux qu'à la vraie lumière. C'est l'Église, nous l'avons dit, qui est gardienne et dépositaire des tables de la loi sacrée ; c'est à ses ministres à nous la faire connaître. C'est la science qui peut seule combattre l'erreur ; que l'enseignement du peuple soit le but des serviteurs du Christ. Ce ne sont pas les riches, les forts, et les hommes déjà faits, qui ont le plus besoin d'eux ; ce sont les vrais misérables, les pauvres, les enfants, tous ceux enfin qui ne peuvent marcher seuls, et qui ont besoin d'être aidés, sur lesquels leurs yeux doivent le plus se porter.

Les socialistes menacent chaque jour d'empiéter sur le domaine de l'Église, et beaucoup de vrais chrétiens se joignent à eux et mêlent leurs efforts aux leurs pour arracher le pauvre à l'ignorance. Ce devoir est tellement grand, tellement impérieux, qu'à défaut de l'Église ce sera l'État qui sera chargé de le remplir. Mais ou bien l'instituteur a pris la place du prêtre, ou le prêtre s'est laissé prendre cette pénible, difficile, mais glorieuse fonction. Que l'Église ne s'absorbe donc plus dans le soin de ramener le présent au bien, et de guérir le mal déjà grand et devenu peut-être incurable; qu'elle songe plus à l'avenir, et préfère le grand triomphe final à la satisfaction du moment; qu'elle oublie l'homme, s'il le faut, pour regarder l'enfant; qu'elle laisse le fort et le riche sous le coup de la responsabilité dont le chargent sa force et sa richesse, et qu'elle aille là où la responsabilité ne peut encore avoir son action; qu'elle réclame, c'est son droit, l'éducation, l'enseignement du faible et du pauvre : c'est dans une étable qu'est né le Christ, et non sur les marches d'un trône.

Le clergé s'était joint à l'aristocratie, en France, et faisait cause commune avec elle, ou plutôt le clergé s'était fait lui-même aristocratie : il avait voulu, lui aussi, des priviléges et des terres inaliénables. La philosophie du dix-huitième siècle le battit en brèche, comme elle faisait pour la royauté, comme elle faisait pour l'aristocratie. Le génie du mal qui la poussait au delà des limites qu'elle aurait dû, non pas accepter, mais poser et maintenir elle-même, lui fit confondre un instant la religion avec ses ministres, et la tourmente de 89 eut pour effet d'abattre à la fois et le clergé et la religion. Tout disparut pour faire place quelque temps à toutes les anarchies, aux anarchies d'idées, de croyances et de religions. Mais le vide immense qui se fit tout à coup ne tarda pas à peser sur les consciences humaines, et chacun bientôt aspira au retour de ce qui avait été et ne pouvait pas ne pas être, de ce qui avait besoin de réformes, mais qui ne pouvait être supprimé. Aux acclamations de la nation entière les autels furent relevés par la main d'un homme que Dieu semblait avoir créé pour les plus hautes destinées. Le concordat fut, on le sait, sa plus belle œuvre; le nouveau clergé français en est venu, ce clergé pur de tous priviléges aristocratiques, pénétré des plus purs principes d'égalité sociale, qui peut servir d'exemple et de modèle en même temps que de conseiller. Réduit à lui seul, le clergé ne pouvait être chargé et n'était chargé, en effet, que de l'éducation religieuse du peuple. Plus tard sont revenus se placer à côté de lui les corps religieux, moins responsables, puisqu'ils n'ont point charge d'âmes. Personne mieux qu'eux n'est à même d'entreprendre cette tâche difficile et ingrate, qui demande un dévouement sans bornes et que ne peut compenser nulle récompense terrestre, celle de détruire à sa naissance le germe du vice, de faire de ces enfants qui naissent à la lumière des citoyens véritables, des hommes dignes, non-seulement d'être chrétiens, mais de faire partie d'une société chrétienne. Qu'ils laissent aux riches, à même de supporter toutes les charges de la responsabilité, le soin d'élever leurs enfants : ceux-ci ont en main ces ressources au moyen desquelles tout s'obtient, et qu'ils se dévouent sans partage à ceux qui n'ont reçu en venant au monde que les droits que leur a donnés le Christ aux bienfaits de la charité chrétienne; c'est à eux de montrer qu'elle est inépuisable; c'est à eux qu'incombent les peines et les fatigues de l'éducation du peuple; et, nous l'avons dit, plus que tous autres ils travailleront à la liberté, ceux qui chasseront ainsi la nuit et qui rendront à ces intelligences, appelées à penser et à prononcer, la liberté que l'ignorance leur enlève. Les riches ne doivent les voir approcher d'eux qu'avec terreur, car ils ne peuvent pas cesser de leur rappeler cette terrible menace : « Il est plus difficile à un riche d'entrer dans le royaume des cieux qu'à un chameau de passer par le trou de l'aiguille; » et ils n'ont d'autre consolation à leur apporter que cette autre parole : « Tout ce que vous donnerez vous sera rendu au centuple dans les cieux. »

Si l'éducation du peuple, du pauvre, est un des plus saints devoirs de l'Église, qu'elle craigne de se voir remplacée et de voir l'éducation par l'État, c'est-à-dire la charité forcée, substituée à la charité libre. Comme toujours l'Église a le socialisme en face d'elle et contre elle : qu'elle ne cesse pas un instant de le combattre, non-seulement en dévoilant l'erreur, mais en luttant de dévouement et d'énergie. Qu'elle apprenne à tous à respecter, non-seulement la religion du Christ, mais aussi la société qu'il a fondée, et dont elle est destinée à être la base la plus immuable et le plus ferme soutien.

La liberté de conscience est-elle ressortie pleinement de

tout ce que j'ai dit? A-t-on pu voir que j'aie cherché à violenter les consciences humaines? Certes la pensée est loin de moi de vouloir forcer à croire ou à ne pas croire, imposer une croyance plutôt qu'une autre. J'ai dit hautement que chacun était libre, absolument libre de professer à haute voix une croyance quelconque, mais ce que j'ai cherché à prouver, c'est que cette liberté que l'homme se réserve atteint sa responsabilité : c'est qu'il ne peut renier et rejetter une croyance, sur laquelle une société d'hommes s'est fondée, sans s'exclure lui-même et volontairement, ou sans s'exposer à être exclu, avec plus ou moins d'intolérance, de cette société : qu'on ne fait partie d'une société, et qu'on n'est appelé à en recueillir les bienfaits, qu'à la condition de lui avoir fait abandon d'une part de sa liberté, abandon qui se manifeste par l'adoption de la croyance commune, ou tout au moins un respect suffisant pour elle. Mais ici que les âmes trop peu élevées pour voir les choses de si haut, n'aillent pas croire que tout est religion et que par chrétiens j'entende ceux qui pratiquent les devoirs de leur religion : la croyance au Christ va beaucoup plus loin, et ce que j'ai cherché à prouver dans cet écrit, c'est qu'elle est aussi sociale que religieuse.

Tel est le fonds véritable de l'erreur socialiste, que l'un quelconque des fondateurs ou rêveurs de société commence invariablement par refuser, dans les choses humaines, toute participation à la volonté divine : que par conséquent il peut tailler la société qu'il a enfantée, sur n'importe quelle portion de l'humanité et avec quelques hommes que cela soit. Vous lui remettriez en mains un effroyable mélange de chrétiens, catholiques ou protestants de n'importe quelle secte, de grecs, de musulmans, de disciples de Confucius, de Boudha, etc., qu'il n'hésiterait pas une minute à tenter l'essai de son invention, sans s'inquiéter le moins du monde des prédispositions ou des sentiments intimes de chacun des membres du troupeau qui lui est confié, et sans songer un instant, croyez-le bien, à leur annoncer la parole de Dieu et à leur inculquer à tous une croyance commune. Une croyance en Dieu! une religion! Mais n'est-ce pas pour ces messieurs l'ennemi social, la mort de tout progrès? Demandez au *Siècle*. Et ce que j'ai cherché à prouver, ne nous le prouvent-ils pas eux-mêmes tous les jours? Si, comme ils le prétendent du moins, ils ont en vue de changer de fond en comble la société, n'est-ce pas précisément à la croyance commune, à la religion qu'ils s'attaquent sans cesse? Ne nous montrent-ils pas que c'est bien là la base sur laquelle notre société repose et qu'ils croient fermement qu'ils seront vainqueurs le jour où ils auront abattu la colonne sur laquelle s'appuie tout l'édifice social?

La tolérance religieuse est poussée si loin, dans nos sociétés chrétiennes, et certes ce n'est pas moi qui leur adresserai un reproche à ce sujet, que l'on en est venu à croire que la croyance ou religion était devenue complétement indifférente à l'ordre social. Mais je prie que l'on me dise quelles sont les croyances qui peuvent vivre ainsi mêlées les unes aux autres. Croit-on, par exemple, qu'on arrivera jamais à fondre les Arabes avec les Français, et que deux races pourront ainsi se mêler, l'une ayant pour base principale la propriété, et l'autre le droit de parcours? Peut-on raisonnablement songer à autre chose qu'à les cantonner et à les laisser vivre à côté de nous? Le jour où ils vivraient de notre vie, se soumettraient à nos lois fondamentales, ce jour-là ne cesseraient-ils pas d'être mahométans pour devenir chrétiens? Les protestants de n'importe quelle secte vivent au milieu de nous sans le moindre inconvénient, et sans qu'il nous soit possible de les distinguer : mais n'ont-ils pas la même croyance que nous dans la révélation, le Christ et l'Évangile? Ne sont-ils pas chrétiens, socialement parlant, tout et absolument comme nous? Les quelques dogmes, qui établissent une différence entre le catholique et le protestant font-ils naître une difficulté de l'ordre purement social? Les juifs eux-mêmes ne croient-ils pas en la révélation, et les dix commandements de Dieu sont-ils autres pour eux que pour nous? Et cependant, si faible que puisse être socialement la différence entre eux et nous, cette différence a-t-elle jamais disparu complétement? Ils ont, on ne sait trop pourquoi, — un souvenir des temps antiques, — conservé un mépris souverain pour tout ce qui est attaché à la glèbe et travaille de ses mains : aussi voit-on jamais un juif agriculteur ou industriel? Sont-ils partout autre chose que des manieurs d'argent? Mais notre sentiment à nous est qu'il n'y a dans cet instinct absolument rien de religieux, et qu'ils ne doivent le choix de ce gagne-pain qu'à la menace d'expulsion qui a toujours été suspendue sur leur tête, et qui ne leur a fait attacher de prix qu'aux richesses susceptibles d'être emportées dans leur fuite précipitée, à laquelle ils semblent toujours se tenir prêts. Ils sont toujours parmi nous à l'état d'hôtes et ne se fondront jamais avec nous, tant qu'ils n'auront pas fait leur paix avec le Christ.

La croyance enfin n'est pas purement religieuse : elle est aussi sociale, et c'est sous ce point de vue surtout que nous la considérons ici. C'est la croyance sociale qui est la condition *sine qua non* d'existence au sein d'une société ; car la loi sociale est faite pour tous, puisque tous les hommes doivent être égaux devant elle, et, comme nous l'avons déjà dit, cette loi ne peut sanctionner le mariage d'un côté et autoriser la polygamie de l'autre.

La liberté, la propriété libre et accessible à tous, le travail libre cherchant, méritant et trouvant sa récompense naturelle, et par-dessus tout, et comme base de tout, l'égalité sociale : tels sont les vrais et les plus incontestables principes proclamés par l'Évangile. A l'Église donc, si elle veut être vraiment chrétienne, à les proclamer, à travailler à leur propagation, à assurer leur triomphe. Mais qu'elle se tienne bien en garde contre l'erreur qui l'entraînerait à les combattre. La liberté, qui doit être son plus puissant moyen d'action, puisque c'est une libération de l'humanité entière qu'elle a en vue, l'effraye aujourd'hui ; après lui avoir donné naissance, elle en était venue à la redouter ; en ce moment elle est tout près de la condamner. Le danger est grand pour elle : le précipice est sous ses pas. Un pas de plus dans cette voie d'antilibéralisme, et une chute effroyable peut l'amener définitivement à ce point où elle cessera d'être chrétienne pour n'être plus que catholique.

Si l'on ne croit pas au danger que nous signalons ici,

qu'on lise un récit exact et vrai des expériences sociales tentées par les Jésuites des missions du Paraguay. Est-ce que l'accusation de socialisme ne les atteint pas? N'étaient-elles pas fondées sur les bases du plus complet communisme? La suppression de la liberté n'est-elle donc pas la plus violente négation du Christ?

En travaillant à notre libération, nous obéissons à ses ordres les plus formels : bien plus, nous continuons l'œuvre qu'il a commencée et qu'il a voulu vivifier de son sang. Que l'Église travaille avec nous, et nous la bénirons. Qu'elle épargne à nos cœurs l'immense douleur qui naîtrait en eux, le jour où nous nous verrions forcés de travailler loin d'elle, de nous libérer, c'est-à-dire de remplir nos devoirs de chrétiens sans elle, et, peut-être plus encore, malgré elle.

CONCLUSION

Frédéric Bastiat dédiait son livre des *Harmonies* à la jeunesse. Supposait-il que la jeunesse fût plus apte et plus à même de juger que l'âge mûr? Il semble naturel, au contraire, de supposer que l'étude, le travail, la réflexion et les leçons de l'expérience doivent mettre l'homme fait plus à même d'apprécier des questions d'une si haute importance, que de jeunes hommes qui entrent à peine dans la vie sociale. C'est que Bastiat avait reconnu une grande vérité : l'homme, en avançant en âge, gagne sûrement du côté de la science et de l'érudition; mais il est peu d'esprits assez forts, assez doués d'énergie propre et d'empire sur eux-mêmes pour éviter d'aller se heurter, sinon se briser, contre un grand écueil; cet écueil, celui contre lequel vient trop souvent se perdre le plus bel apanage de l'homme, le sentiment et l'amour de la liberté, la foi en la liberté, c'est la désillusion, c'est le refroidissement du cœur et aussi souvent l'érudition, qui fait que l'homme cesse de juger par lui-même et finit par désapprendre l'art de juger. Cette foi existe encore chez l'homme jeune; son esprit est encore exempt de préjugés, d'idées préconçues, dégagé des liens qui finissent tôt ou tard par l'enlacer et anéantir tout ou partie de ses facultés; cet esprit est libre, enfin, et c'est là la première et la plus indispensable de toutes les conditions nécessaires à l'homme pour juger sainement. C'est cette condition à laquelle Bastiat tenait par-dessus tout.

L'homme aspire à la liberté, il réclame à grands cris cette liberté pour lui et pour tous. Il se jette avec rage et acharnement sur tout ce qui peut revêtir à ses yeux ne fût-ce que l'apparence d'une tyrannie quelconque; et il ne sait pas voir que, toujours, il est lui-même le premier et le plus impitoyable des tyrans qui l'oppriment.

L'impartialité ne peut être un attribut que de l'homme libre. L'homme animé du véritable esprit de justice, qui se sent sous l'influence d'un préjugé, d'une idée préconçue, d'un sentiment de haine ou de vengeance, doit se faire justice à lui-même et se condamner lui-même au silence. S'il passe outre, de deux choses l'une : ou il fera le mal, et le remords l'atteindra, ou le mépris et le dédain étoufferont ses misérables cris.

Cette qualité d'impartialité si indispensable à celui qui parle ou écrit, l'est tout autant à celui qui est appelé à apprécier les jugements portés. C'est cette impartialité, cette liberté d'esprit, que chacun est susceptible de conquérir en dominant ses passions, que je viens réclamer de ceux qui m'auront fait l'honneur de me lire : tout prêt d'ailleurs, et d'avance, à prendre condamnation et à me juger plus sévèrement que je ne serai jugé, s'il m'est démontré qu'involontairement même je me suis un instant écarté de la ligne de conduite que je m'étais rigoureusement tracée.

Le but à atteindre, c'est la liberté : la liberté humaine et la liberté sociale. Mais, qu'on le sache bien, cette dernière ne peut venir qu'après la première. On ne peut composer une société libre avec une réunion d'êtres humains qui ne le sont pas. La liberté sociale est mathématiquement la somme des libertés individuelles des membres qui la composent. Chacun, en augmentant sa propre liberté, accroît d'autant la somme totale; et il ne peut rien pour la liberté sociale celui qui n'a pas su conquérir sa propre liberté. L'adjonction d'un membre non libre à l'ensemble social ne peut que diminuer la moyenne. La première condition à remplir pour être apte à travailler à la liberté, c'est donc d'être libre soi-même.

Mais que de peines, que d'efforts, pour en arriver à dominer les passions, pour refouler au fond de son cœur, ou tout au moins faire taire un instant les haines, les antipathies, la vengeance qui l'ont envahi ! C'est en cela que l'homme peut se montrer grand, et donner au monde une idée vraie de sa force et de sa puissance. Je le répète, l'homme n'a pas de plus cruel tyran que lui-même. Les plus grandes âmes ont été écrasées sous cette effroyable tyrannie. Napoléon Ier a-t-il montré une seule des faiblesses inhérentes à l'humanité? N'avait-il pas toutes les qualités qui font l'homme grand et fort, et le placent, dès son apparition, au-dessus des autres hommes? Et cependant a-t-il pu éviter de donner au monde le spectacle d'une chute immense? Quel était donc l'ennemi qui avait pu triompher de Napoléon? Nul autre que Napoléon lui-même. C'était en lui-même, et en lui seul, qu'il avait trouvé ce tyran dont il ne sut pas ou ne voulut pas triompher, et qui l'écrasa. Le premier consul était presque complétement grand, parce qu'il était libre. Après Bayonne et Moscou, il n'était plus qu'invincible : le héros avait cessé d'être libre : ses passions le dominaient; il avait trouvé son maître et son vainqueur.

Si des hommes, si haut placés sur l'échelle morale et intellectuelle, en arrivent néanmoins à trouver un maître, à courber la tête sous le joug d'un tyran, qui est-ce donc qui sera libre? Sera-ce l'homme susceptible de subir une influence étrangère, venant du dehors, assez faible pour se laisser envahir par des haines, des idées de vengeance, des déclamations subversives, des préjugés?

Oh! le préjugé! C'est là un tyran redoutable, contre lequel on ne saurait assez lutter. Tout semble contribuer à lui donner prise sur nous, à lui ouvrir les portes de notre cœur et de notre jugement. Pouvons-nous avoir échappé à l'influence de ce despote, lorsque nous sortons des mains de ces professeurs qui, comme j'ai essayé de le dire, s'appliquent à nous prouver que l'antiquité païenne est le dernier degré du beau et du bien, et notre société chrétienne un foyer de corruption, en nous présentant la première sous ses beaux aspects seulement, embellis encore par l'imagination, et la seconde sous ses plus tristes côtés, agrandis encore à nos yeux par leur proximité? Qu'est-ce donc, pour ne citer qu'un exemple, que ce héros merveilleux, que l'on présente si souvent à notre naïve admiration, Scipion l'Africain, qui n'a pas de plus beau titre de gloire que celui de n'avoir pas abusé d'une femme que le sort de la guerre avait fait tomber entre ses mains? Il était donc le seul Romain capable d'un pareil acte de générosité, que sa vertu dût être célébrée comme un acte d'héroïsme? Daignerait-on donc tenir compte aujourd'hui à l'un de nos généraux d'avoir épargné un vaincu? Ne ferait-on pas impitoyablement passer par les armes le dernier troupier qui essayerait d'abuser de la victoire, celui qui manifesterait la moindre de ces velléités qui étaient usages et coutumes chez ces modèles de grandeur et de vertu qu'on appelle des Romains? Que conclure de là, sinon que les grandes et célèbres vertus sont devenues si vulgaires parmi nous, qu'elles en sont arrivées à perdre ce qui en faisait précisément le plus grand mérite : la rareté.

Suis-je parvenu au bout de la tâche que je m'étais imposée? Suis-je arrivé à me faire comprendre? Je l'espère, mais n'ose y croire. Le jugement qui sera plus tard porté sur ce livre peut seul me l'apprendre. Tout ce que je puis dire, c'est que la plus sincère conviction a toujours dominé dans tout ce que j'ai dit ; ce que je demande donc par-dessus tout et ce que je me crois en droit d'exiger de ceux qui me jugeront, c'est la même loyauté et aussi la même conviction. Je suis fort éloigné de croire que j'aurai pu mettre ainsi sous les yeux de tous, plus que mon opinion personnelle, quelque chose de supérieur à l'opinion d'un chacun, qu'il ne soit pas permis de discuter. Je suis trop antisocialiste pour me décider ainsi et prononcer en dernier ressort. Je demande au contraire l'avis de tous, priant chacun de me venir en aide, et d'ajouter ce que je n'aurais pas su voir. Je suis tellement éloigné de l'idée d'imposer mes jugements, que, en écrivant ce livre, j'ai été poussé, non-seulement par le désir de voir adopter mes idées, mais aussi par un sentiment de véritable curiosité, qui me fait consulter tout le monde sur le degré d'importance et de vérité qu'il faut y attacher. Ce n'est autre chose qu'une voix que j'essaye de faire entendre dans la discussion : il n'y a en moi rien de socialiste, rien enfin de ce qui se croit en droit d'ordonner, de prononcer et d'imposer.

J'ai longtemps et attentivement regardé autour de moi ; j'ai écouté beaucoup plus que parlé, et, je ne crains pas de le dire, j'ai vu partout indécision, incertitude, défaillance, confusion et manque de foi. Je me suis aperçu avec douleur que, même pour les plus sincères chrétiens, dix-huit siècles nous séparaient trop du Christ, et avaient suffi à faire oublier tout ou partie de la mission qu'il était venu accomplir. La religion seule en avait conservé le souvenir; la société semblait l'avoir totalement oublié. Si j'interrogeais les plus purs et dévoués chrétiens, et si je leur demandais leur avis sur la durée de notre société, un sentiment de douleur dominait toujours dans leur réponse. Cette société, à leurs yeux, déclinait chaque jour et devait tomber, puisqu'elle n'avait pas de bases. Pas de bases! étais-je sans cesse tenté de m'écrier. Le Christ est donc mort? Il n'était donc pas éternel? Il n'était donc pas Dieu? C'est ce cri, qui sans cesse me venait sur les lèvres, que j'ai voulu faire entendre à tous. Tout ce que j'ai donc voulu, c'est dire à ceux qui prétendent que notre société n'a pas de bases, qu'ils blasphèment; à ceux qui manquent de confiance, qu'ils n'ont pas de foi; à ceux qui ne voient dans le Christ que le fondateur de notre religion, qu'ils ne sont qu'à moitié chrétiens, et qu'ils risquent, comme Ananias, d'être repoussés par ce Christ même dont ils se croient les dévoués serviteurs et les sincères croyants.

Un jour les hommes, fous d'orgueil, tentèrent d'escalader le ciel et de rentrer dans ce paradis, d'où leur faute les avait chassés : le trouble, le désordre, la confusion des langues se manifesta aussitôt parmi eux; ils avaient entrepris en commun une œuvre impie, ils cessèrent d'être unis et se séparèrent, différents et ennemis les uns des autres. La fraternité universelle mourut au pied de la tour de Babel : la guerre, les massacres, les haines, la violence, la barbarie, l'esclavage lui succédèrent. Mais alors la misère des hommes devint trop profonde; la miséricorde divine se laissa toucher, et le Christ vint parmi nous proclamer de nouveau les principes, et jeter les premières bases de cette universelle fraternité, en appelant tous les hommes du nom de frère et leur disant : « Aimez-vous les uns les autres; aimez votre prochain comme vous-mêmes. » Et à sa voix le barbare courba sa tête orgueilleuse, et le successeur d'un martyr vint un jour dominer le monde chrétien, du haut de ce trône même sur lequel s'asseyait le chef de l'empire romain. Rome ne cessa pas d'être la capitale du monde; elle devint la capitale du monde chrétien. Des nations se formèrent autour d'elle, sur les ruines de l'antiquité païenne; mais ces nations ne sont que les membres d'une même famille, de la grande famille chrétienne. La douleur fait saigner le cœur du Christ, lorsqu'il voit ses enfants se déchirer entre eux; car pour lui tous ces hommes sont frères, qui ont répondu à sa voix. Il n'y a pour lui, sur terre, que des hommes, dont les uns sont déjà chrétiens et les autres appelés à le devenir. La république universelle, dont le seul nom fait rire bien des gens parmi les esprits forts, est loin de nous, mais elle existe en principe : elle a été proclamée il y a dix-huit cent soixante-trois ans, et depuis lors, quoi qu'on en puisse dire, nous n'avons fait que nous rapprocher d'elle chaque jour. Chacun des membres de la grande famille peut s'administrer séparément et vivre d'une vie propre, sans que pour cela ils soient ennemis naturels ; et le pape, du haut de Rome, domine toute la grande famille et en est, non le roi, non l'administrateur, mais le chef spirituel.

FIN

TABLE

PREMIÈRE PARTIE

SECONDE PARTIE

PARIS. — IMP. SIMON RAÇON ET COMP., RUE D'ERFURTH, 1.

www.ingramcontent.com/pod-product-compliance
Ingram Content Group UK Ltd.
Pitfield, Milton Keynes, MK11 3LW, UK
UKHW020305230726
13925UKWH00001B/222